世纪之交，我们站在时代的入口，亟待着文化价值系统的重构，并深感任重道远；而重新阐释和挖掘中国传统哲学的意义世界，促使其精神的现代转生，是现代性文化价值体系确立过程中不可或缺的重要一环。

《中国哲学青年学术文库》正有志于这一文化精神的担当，精心筛选了一批在中国哲学博士论文基础上撰写而成的优秀著作。在这里，聚集着一批活跃于中国传统哲学研究领域的青年学人，他们贵于创新，展现和昭示着未来。我们希冀本文库的出版，有助于他们对中国传统哲学做出新的开掘，从中发现一片新的精神世界；我们也诚邀更多的博士俊杰加入到我们的文库行列，祈盼庶几能推出一批学术新人。

正德配天

ZHENGDEPEITIAN

黄　星　著

中国哲学青年学术文库

ZHONGGUO ZHEXUE QINGNIAN XUESHU WENKU

——先秦儒家君道观研究

人民出版社

目 录

序

张 立 文

　　翻翻文若朝阳鸣,似璞有价筑书城。黄星博士的书稿认为,"君道"简言之就是"为君之道"。所谓"为君之道",应指为在不同历史时代中,人们对社会最高统治者君主所实行的治国理政的政治、经济、文化、法律、制度的方针政策,以及道德、价值、治乱、兴衰的融突和合的整体的评价。中国自古以来是中央统摄下的"一天下,财万物,长养人民,兼利天下"①的国家,是君臣联合治理的宗法社会,而与西方异。正因为君臣共同管理万物,养育人民,使整个天下的人都得到利益。因此,君道的是非善恶、社会的治乱兴衰,与广大人民群众的生命安危、财产有无,相切相关。

　　何谓君主? 荀子说:"君者,民之原也;原清则流清,原浊则流浊。"②君为源,民为流,源的清浊影响流的清浊,君正正朝廷,朝廷正正百官,百官正而天下正。荀子说,所谓道,就是为君道而言,"道者,何也? 曰:君之所道也。君者何也? 曰:能群也。能群也者,何也? 曰:善生养人者也;善班治人者也;善显设人者也;善藩饰人者也。善生养人者人亲之,善班治人者人安之,善显设人者人

---

① 《荀子·非十二子》,梁启雄:《荀子简释》,古籍出版社 1956 年版,第64 页。

② 《荀子·君道》,梁启雄:《荀子简释》,古籍出版社 1956 年版,第 162 页。

乐之,善藩饰人者人荣之。四统者俱而天下归之,夫是之谓能群。"①道是君主所遵循的道,君主善于按一定的分工次序把人们组织起来,善于养活大众,善于治理百姓,善于任用安置人,善于文饰人民。善于养活人而亲附君主,善于治理人而安定君主,善于任用人而满意君主,善于文饰人而敬重君主,这四者均具备才叫作能群。若此四者丧失,天下也就失却了,所以说,君道存则国存,君道亡则国亡。这就是君道所应具备的条件和前提。

基于对君道的探赜索隐,黄星博士的书稿展开对神、政、治之间的相对相关、相辅相成的联通,构成君道的逻辑系统;对尧舜禹夏商周禅让传承的相禅相让、相承相传,构成绵延不绝的序列关系;对贤能之士仁民教民与神、政、治之道的贯通,构成先秦君道整体的逻辑体系。

书稿对神、政、治赋予精微的探赜。在尧舜禹夏商周的人文语境里,人们崇拜敬畏天神,作为人间在世的最高统治者君主,其由上天任命。所以有"君权神授""上天赐命"的记载,为君道披上神圣的外衣,是天神任命君来统治天下,以至君本人成为"天子",是天的儿子代替天神来统治。这既为君的地位的合法性作论证,又为其统治权力的合理性作阐释。从《殷墟卜辞》《竹书纪年》以及《尚书》等文献中,中国先民的宗教信仰体系突出了天神崇拜和祖宗崇拜。天神崇拜和祖宗崇拜并非分离为二,而是融合无间,恰为董仲舒所说:"天亦人之曾祖父。"②人本于天,天人一也。人副天数。人的小节、大节、五脏、四肢副天的日数、月数、五行、四时。天

---

① 《荀子·君道》,梁启雄:《荀子简释》,古籍出版社 1956 年版,第 164—165 页。

② 《卷十三·人副天数》,苏舆:《春秋繁露义证》,中华书局 1992 年版,第 318 页。

人不仅在人身上与天相副,而且在血缘宗族、意识德行上也相互联通。① 这就为天人感应、天神信仰夯实了根底。夏、商、周三代在天神与祖宗神、"王权神授"与"敬敷五教"之间形成结构性的融突张力,在天神与祖宗神之间,祖宗神服从天神,传达天神意志给其宗族子孙。在这里,天神扮演着主宰、监督王权实施者君主的角色,并充任关怀天下百姓根本利益和规范君主及臣民的行为的指导。既然王权神授,就要"恪谨天命";若要"祈天永命",就要"敬敷五教""敬德保民""以德配天"。周公在总结夏商两代天命不延的原因时,认为就在于"不敬厥德",才导致"早坠厥命"。"敬德"包括王权掌握者君主自身德性修养行使德政政治以及保养民众等。② 这样便构成神道政道、治道圆融的、精微的逻辑体系。

书稿对尧舜禹夏商周的禅让和传承谱系作出精细的序列。早期各民族君王谱系,大多口耳相传。中国传说时代的帝王谱系,据司马迁《史记》所援引的《世本》与《大戴礼记·帝系》对校,并结合《史记·五帝本纪第一》,其传承谱系在尧之前的序列大致可为黄帝→帝颛顼→帝喾→帝挚→帝尧。其间没有严格体现"家天下"体系中的"父子相继"的传承方式。帝喾是颛顼的"族子",而非嫡长子;帝挚是帝喾之子,而非嫡子,由于其政绩不显,而传位于其兄弟尧。但依《尚书·尧典》和《尚书·舜典》文献,尧禅让于舜,并非其一人决定,而是征求各部落首领的意见而定,尧曾否定了放齐提议的嗣子丹朱和驩兜提议的共工,亦否决了众人所提议

① 参见张立文:《中国哲学思潮发展史》下卷,人民出版社 2014 年版,第409 页。

② 参见张立文:《中国哲学思潮发展史》下卷,人民出版社 2014 年版,第33 页。

的鲧。尧采纳了四方部族首领提议,不要将帝位继承者的选择仅限于在朝为官之人中,这样舜由于人格品行优秀而被推举出来,又经过考验,尧才传位于舜。这种严格的选择,保证了禅让的无偏性、公正性和正确性。保证被禅让对象是德才兼备的人,在推行教化、总领百官、接待诸侯朝觐等执政才能上是胜任的,是天命所赐。帝舜禅让禹是因为禹治水的成功。禹以后中国帝位传承便由禅位转变为传嫡长子,这便是从"公天下"转变为"家天下"的一种形式,构成中国古代家国同构的形态。

书稿对贤正士人、仁民教民与治道的关系作出精到的阐述。"士"是中国古代典制礼法内自主运行的阶层。春秋战国时,士阶层不断扩大,并不断流动于各国之间,成为独力支撑礼法如常、匡扶时君、出谋划策的动力,在当时百家争鸣、百花齐放的哲学、政治、兵法、礼乐的创新中扮演了主角。他们在各自的领域构建了理论思维体系,涌现出诸多世界著名的哲学思想大家如孔子、老子、墨子、管子、庄子、孟子、荀子和孙武等,以及世界名著如《周易》《诗经》《道德经》《论语》《墨经》《庄子》《孟子》《荀子》《孙子兵法》等,为中国文化的创造作出了伟大的贡献。中国文化以无比璀璨的风采登上世界文化舞台,成为中国之所以为世界文明古国的标志之一。民在整个社会秩序结构中具有关键性的地位与作用,历史经验证明,"得民心者得天下,失民心者失天下"。桀纣的灭亡和商汤、周文武的吊民伐罪,便是历史的告诫,所以有"民为邦本,本固邦宁","民为贵,社稷次之,君为轻","水能载舟,水能覆舟"的箴言,这是历史经验教训的总结。于是周公提出"敬德保民",孔子提出德礼化民,孟子提出仁政保民,荀子提出裕民养民。老子讲:"圣人常善救人,故无弃人;常善救物,故无弃物。是谓袭明。故善人者不善人之师,不善人者善人之资。不贵其师,不爱其资,虽智大迷,是谓要妙。"①主张救人救物,而不弃人弃物,不善人应向善人老师学习,善人以不善人为借鉴。不贵不爱其师其资,虽自以为有智慧,实是糊涂。管子认为,"政之所兴,在顺民心;政之所废,在逆民心"②。墨子主张"兼相爱,交相利",爱别人、别家、别国,也像爱自己一样。仁民爱物,这是君主治国理政的根本。邦本明,政治清;政治清,国富强;国富强,民生丰;民生丰,社会序;社会序,君道安。

《正德配天——先秦儒家君道观研究》,资料扎实、逻辑紧密,做到精微探赜、精细序列、精到阐释的三精,而言前人所未言,是为先秦儒家君道观的贡献。黄星乃是罗安宪教授的博士生,由于安宪教授的悉心指导,才取得如此硕果。

是为序。

2021 年 3 月 20 日(辛丑年春分)
于中国人民大学孔子研究院

---

① 《老子·第二十七章》,任继愈:《老子新译》,上海古籍出版社 1985 年版,第 118—119 页。
② 《管子·牧民》,黎翔凤:《管子校注》,中华书局 2004 年版,第 13 页。

引　言

在我国漫长的历史演进过程中,"君主"作为形式上或实际上的最高统治者,其在社会秩序的合理维系上往往起到了不可替代的作用。所以几千年来,意欲匡扶社稷的有识之士们大多选择"正一国者,必先正一心"的曲线策略,从君主本身的执政理念乃至思想道德修养入手,以实现自身的某种具体化的治国平天下的构想。而辛亥革命以来,我国两千多年的封建君主制度不复存在。新中国的建立,更标志着马克思主义理论成为解决当下乃至未来可能面对的社会问题的根本指导思想。由此,在当今这个社会主义的时代中,"君主"一词似乎离我们日益远去了。在我们现行的舆论价值体系中,或倾向于对从属于封建专制制度的君主加以坚定的指责与批判,以彰显我们当前社会主义制度的切实优越性;或将君主作为某个历史时代的附庸,以在对故纸堆的梳理中求得某种体系或理论上的完善;或对曾经严肃的君王形象予以符合当下流行趋势的某种"创意化"解读,以满足大众某种程度上的精神文化需求:这便是当下通常所倾向的三种对于"君主"这一词汇的不同角度的解读方式。那么,在这种客观的社会情势下,我们对"君主""君道"这一类概念或思想的研究是否还具有、或是怎样才能具有真正的现实意义,这便是我们首先需要解决的一个不容忽视的问题。而我们所要证明的也恰恰是传统的君道思想与我国现行价值体系的不冲突性乃至有促进性。

马克思主义理论诞生的初衷,是为了解决西方社会日益增长的社会问题。马克思留意到了其所身处的社会环境所存在的诸如经济危机之类的不可避免的一系列深刻矛盾,并最终在长时期的理论创作中,用广泛涵括政治经济学、辩证唯物主义、历史唯物主义以及科学社会主义的相对完善的思想理论体系,对西方社会所存在的冲突和矛盾予以一种预设化的解决。在笔者看来,与其说我们的先辈是被马克思主义理论体系所深深地吸引,不如说当时的革命先行者们是被科学社会主义理论所描摹的美好愿景真切地打动。严格地说来,当时乃至现在的马克思主义理论体系并没有真正的完善,并且由于历史与具体国情的不同,我们也不能简单地对其照搬照抄。正如"实践是检验真理的唯一标准"这一句话所隐含的某些意味,我们所谋求的一直是自立自强于世界民族之林,而发展的具体手段与途径则不必拘泥于狭隘的本本主义乃至业已证明其失败的"苏联发展模式"。所以我们的治国理念一直是坚持"有中国特色"的社会主义。那么,什么又是"有中国特色的"呢? 笔者窃以为在这一概念的界定中,我们离不开对自身民族传统与历史的整体把握与回顾。马克思从生产关系角度定义的"封建社会"不同于西方历史学家所通常使用的"封建社会"概念①,而我国历史进程中的"封建社会"又颇异于西方通常的"封建社

---

① 《大英百科全书》将其主要定义为"historiographic construct designating the social, economic, and political conditions in western Europe during the early Middle Ages, the long stretch of time between the 5th and 12th centuries",即公元 5 世纪至 12 世纪之间的早期中世纪时的西欧的社会、经济和政治状况。这也是西方历史学界所公认的看法。参见 *Encyclopaedia Britannica* 2012 电子版的搜索结果,*Encyclopaedia Britannica* 2012 *Ultimate Reference Suite*, Chicago: Encyclopaedia BritannicaInc., 2012。

会"限定。既然我们历史中的君主拥有远胜于西方君王的现世权力，那么，我们的君主也必然在自己的领土中发挥着远超西方诸王的俗世影响力。而在漫长的历史演进过程中，处于被统治地位的人们也逐渐累积了对于君主是否正确发挥其世俗影响力的评判标准，并伴随着时代的发展而将这一界定标准予以代代延续。君主的个体特征也在这一进程中逐渐虚化，并抽象为某种具有共性的判断标准。由此，历代君王在事实层面上不异于承载着万民期冀的祭祀典仪中的尸主，某种共性的标准在审核着担当尸主一职的君王们是否称职的同时，也在一定意义上决定着祭仪的结果，亦即当时社会所可能的发展趋势与走向。

在我们的民族历史中，君主，或是代替君主发挥其现实影响力的个人或团体，其实恰恰是维持当时社会稳定、平衡乃至促进社会大跨步发展的诸种力量因素中极其重要的一环。所以，如果我们不是从传统的个人英雄主义来解读君主之品行、才干所带来的太平盛世，而是将之界定为宏观的、一种可以促进社会、时代良性发展的力量载体，那么，我们对于君主以及君道的研究，也就转化为对君主所承载着的抽象的事实统治力量与现世影响力、是否符合某种共性判断标准的分析。而其在现实层面上的可能性应用，也将为我国的治国理念提供具有相当价值的涵养与补充。毕竟我们现时的国家管理也面临着如何恰当行使政府权力以及发挥与之相匹配的社会影响力的问题。而无论是古代的君主还是当下的政府，在其行使权力并对社会产生一定倾向的影响时，都面临着一个抽象的存在于被统治、被领导的人们心中的共性的判断标准的考核，而本书所力争予以解决的也正是这一具有历史性与延续性的抽象性标准是什么的问题，亦即在一段具有时间限定的历史时期下、彼时的人们对于君主理应承载着的君道的一般性的观点与看法以及其中所蕴含着的自古至今人们内心深处并无改易的真正的希冀与期待。

本书的标题名为《正德配天——先秦儒家君道观研究》，所以本书首先需要界定的就是本书话语体系中的"君道"的讨论范围。何谓"君道"？简言之："为君之道"也。以"变为、成为"解"为"字，则有"人之何以成为君王"之意，此言君位获得的正当性问题；以"作、从事"解"为"字，则有"人君应如何行事"之意，此言人君所应行之政治之实。而"君"之一字，从《说文》之解，为"尊也，从尹发号，故从口"①，此处用之，实为"人所共宗之尊"之假名，是一定地域内的、至少是名义上的最高权力拥有者的指称。而"道，所行道也"②，与"君"合而述之，"君道"亦可解为君主应行何路、何所尊奉；另由"道"字本有的方向性解"君道"，其既有"上从何自"的疑问，其又有"下应何之"的迷茫，所以，这也就是对君道由何而始和君道所行何之的探问。由此，先秦诸子之于"君道"，其既有孔子对人君"为政以德，譬如北辰，居其所而众星共之"③的期待，其亦有老子对掌权者"得一以为天下正"④的总领式教诲，其更有韩非子提出的"抱法处势则治，背法去势则乱"⑤的基于现实的指导。但以其治世理念之不同，终无法为一。而"观"字，就代表着这种生活于不同时代、不同地域中的人们对某一类事物所秉持的

---

① （汉）许慎撰，（宋）徐铉校订：《说文解字》，中华书局1963年版，第32页。
② （汉）许慎撰，（宋）徐铉校订：《说文解字》，中华书局1963年版，第42页。
③ 杨伯峻译注：《论语译注》，中华书局1980年版，第11页。
④ 语出《老子》第三十九章"侯王得一以为天下正"（王弼本"正"作"贞"），类似的另有第三十二章的"侯王若能守之，万物将自宾"和第三十七章的"侯王若能守之，万物将自化"（陈鼓应：《老子注译及评介》，中华书局2009年版，第212、188、203页）。
⑤ 高华平、王齐洲、张三夕译注：《韩非子》，中华书局2010年版，第608页。

相同抑或是不同的观点与看法。由此,本书所致力于的"君道观"研究,实际上也就是我国身处不同历史分期中的人们对君道由何而始、君道何所尊奉、君道所行何之等一系列关涉君道的基本问题的权衡评判以及其中有无深意的探讨。而随时代变迁,"君"名有"皇、帝、王、伯(霸)"①之别;"君"封有天下、邦国、封国之变;"君"

①　邵康节在其《观物内篇》中有提出类似的分类观点。如:"修夫意者三皇之谓也,修夫言者五帝之谓也,修夫象者三王之谓也,修夫数者,五伯之谓也。"[(宋)邵雍著,郭彧整理:《邵雍集》,中华书局 2010 年版,第 12 页]而据《白虎通疏证》解之,"帝王者何? 号也。号者,功之表也,所以表功明德,号令臣下者也。德合天地者称帝,仁义合者称王,别优劣也。……皇者何谓也? 亦号也。皇,君也,美也,大也。天之总,美大称也,时质,故总之也。号之为皇者,煌煌人莫违也。……号言为帝者何? 帝者,谛也,像可承;王者,往也,天下所归往。或称天子,或称帝王何? 以为接上称天子者,明以爵事天也;接下称帝王者,得号天下至尊言称,以号令臣下也。……霸者,伯也,行方伯之职,会诸侯,朝天子,不失人臣之义,故圣人与之。非明王之张法。霸犹迫也,把也,迫胁诸侯,把持其政"[(清)陈立撰,吴则虞点校:《白虎通疏证》,中华书局 1994 年版,第 43—63 页]。我们由以上引文可知:皇、帝、王、伯(霸)是不同时代君主之名号,以其功业、行事之不同,故同质而异名。原其本质,尽皆为"君",其皆得享尊荣之位,且可施令于人。而得名为"皇",以其"煌煌人莫违也",亦即其功业辉耀、普惠众人;得其名为"帝",以其"谛也,像可承也",亦即传承有序,可继先人之志;得其名为"王",以其"天下所归往",亦即民心之所向;得其名为"伯(霸)",以其虽为方伯,却有总会诸侯之能,亦即名为臣属,实迫诸侯。此时之"伯"仅为假称,亦可有公、侯等具体爵位之别。至于"天子"之称,以其上承于天,代天经国。另有孤、寡、不谷等,从《老子》第四十二章之解,"人之所恶,唯孤、寡、不谷,而王公以为称"(陈鼓应:《老子注译及评介》(修订增补本),中华书局 2009 年版,第 225 页),此为"君"之自称。"君"之自谓,亦有"予(余)一人""一人"等,亦即"王者自谓一人者,谦也,欲言己材能当一人耳"[(清)陈立撰,吴则虞点校:《白虎通疏证》,中华书局 1994 年版,第 47 页]。当然,在笔者看来,这其中内蕴更多的,恐怕并不是《白虎通疏证》所以言之的"自谦",而是某种"天下地上、唯我独尊"的体认与超然的政治担当。

政有"道德、智谋、气力"①之异:此所谓"世殊事异"也。而君道观的形成以及演变,本身就不乏在漫漫历史长河之中求其经解的意味。所以,我们试解"君道观"的过程中,便不妨从"君道观"在不同时代、不同社会环境中可能存在的"损益"之处入手,以探究无论世殊时异、风云变幻,"君道观"所不应改易之"彝常"。

因篇幅所限,故本书仅以"先秦时期",亦即中华有文明之发端至公元前 221 年(秦朝建立)②这一时间区间为研究范围。而这一时期,又因其具体社会环境的显著不同而分为三个时代,亦即中华有文明之发端至公元前 771 年(西周灭亡)③、公元前 770 年至公元前 477 年④、公元前 476 年至公元前 221 年。这也就是我们传统意义上所经常言及的"上古至三代""春秋时期"和"战国时期"。而这一段时间区间,也正是先秦诸子以及后来的仁人志士们所经常援引、取法的年代。

为了使本书的研究更为体系化,笔者拟以儒家君道观理论在这几个时期的演进为主线来进行探讨,同时兼辅之以道家、法家、墨家为代表的先秦诸子的相关君道观思想。由此,我们必须先明了何为儒家以及儒家与这几个学派的历史渊源。

---

① 此为韩非子在其《五蠹篇》中的说法,"上古竞于道德,中世逐于智谋,当今争于气力"。(高华平、王齐洲、张三夕译注:《韩非子》,中华书局 2010年版,第 702 页)

② 此处断代据万国鼎编,万斯年、陈梦家补订:《中国历史纪年表》,中华书局 1978 年版,第 82 页。

③ 此处断代据万国鼎编,万斯年、陈梦家补订:《中国历史纪年表》,中华书局 1978 年版,第 62 页。

④ 此处断代据《史记》以周元王元年(公元前 476 年)为六国年表之始,[(汉)司马迁撰,(宋)裴骃集解,(唐)司马贞索隐,(唐)张守节正义:《史记》,中华书局 1999 年版,第 538 页)],故笔者以此年份为春秋、战国之分期断代。

据章太炎先生解之,"儒有三科,关达、类、私之名"①。就广义而言,从《说文》之解,儒者当为方术之士之总名。② 而随着时代之演进,"儒"名之"能指"也逐渐狭义化。这也就是章先生所提及的"类""私"之名。《汉书·艺文志》有言曰:"儒家者流,盖出于司徒之官,助人君顺阴阳明教化者也。游文于六经之中,留意于仁义之际,祖述尧舜,宪章文武,宗师仲尼,以重其言,于道最为高。"③由此段文字观之,儒家群体最早起源于"司徒"这一承担教化民众义务的职司。然试从《周礼》的相关记载论述之,我们则会发现,分列于《周礼》第二位顺序的,以"掌邦教,以佐王安扰邦国"④为务的地官司徒,只有在"以本俗六安万民"时,才在其第四项本务中出现了"联师儒"的字眼。而所谓"师"者、"儒"者,实际上则是《周礼·天官冢宰第一》中提到"以九两系邦国之民"时,所论及的"三曰师,以贤得民;四曰儒,以道得民"。所以,就《周礼》的记载而言,与其说"儒家"是"掌邦教,以佐王安扰邦国"的"教官之属",不若说"儒家"是"掌邦治,以佐王均邦国"⑤的"治官之流"。这可能也就是清代段玉裁于"儒"字所注明的:"儒之言优也,柔也。能安人,能服人。又儒者,濡也。以先王之道能濡其身。"⑥虽

---

① 参见《原儒》,刘梦溪主编:《中国现代学术经典　章太炎卷》,河北教育出版社 1996 年版,第 98 页。

② "儒,柔也。术士之称。从人需声。"[(汉)许慎撰,(宋)徐铉校订:《说文解字》,中华书局 1963 年版,第 162 页]

③ 陈国庆编:《汉书艺文志注释汇编》,中华书局 1983 年 6 月第 1 版,第 117 页。

④ (清)孙诒让撰,王文锦、陈玉霞点校:《周礼正义》,中华书局 1987 年版,第 641 页。

⑤ 语出《周礼·天官冢宰第一》,(清)孙诒让撰,王文锦、陈玉霞点校:《周礼正义》,中华书局 1987 年版,第 15 页。

⑥ (汉)许慎撰,(清)段玉裁注:《说文解字注》,上海古籍出版社 1981 年版,第 366 页。

然《周礼》的创作年代尚有争论①,《汉书》所引的"司徒"也并不一定必为周制中的"司徒",但以《汉书》所提及的"宪章文武,宗师仲尼"来看,为孔子所推崇的周朝典官制度,在定位儒家职能上,其必具有天然的合理性。所以选择儒家思想为研究主线,必将颇利于不同时期的君道观体系之承接与关联。且对于"掌邦治"的儒家而言,其对"君道"的定位与界说,既是其不可回避、不会回避的话题,也是体现其学派理论特色的个性所在。毕竟先秦时期的君主作为整个社会政治的事实核心,其具有理论上的权力唯一性。所以,儒家的基本政治思想构建,不仅无法回避君主,如果其要在真正的实践中得以惠及万千庶民,君主反而是其真正的凭借与依靠。儒家之政治哲学,在某种程度上,也正是以君主为核心、中心而构建起来的"为君之道"。

而选择以儒家君道思想为研究主线,亦有利于串引以道家、墨家、法家为主的先秦诸子之说。就道家而言,本其渊源,向时孔子适周问礼、曾得老聃之教益②;较诸两家,道、儒有"无为""有为"之辨、"出世""入世"之争。以墨家而论,祖述源流,墨翟曾习

---

① 笔者从孙诒让先生之说,以《周礼》为"斟酌损益,因袭积累,以集于文武,其经世大法,咸粹于是"[《周礼正义序》,(清)孙诒让撰,王文锦、陈玉霞点校:《周礼正义》,中华书局1987年版,"序"第1页]之书,亦即以《周礼》为周公所作。而胡适先生因对《周礼》等书的真伪存疑,其倾向于"凡从需之字,大都有柔弱或濡滞之义"(《说儒》,欧阳哲生编:《胡适文集》5,北京大学出版社1998年11月第1版,第7页),所以胡适先生初解"儒"为服古衣冠、文弱迂缓、柔逊之人。(《说儒》,欧阳哲生编:《胡适文集5》,北京大学出版社1998年11月第1版,第7页)

② 参见《史记·孔子世家》,(汉)司马迁撰,(宋)裴骃集解,(唐)司马贞索隐,(唐)张守节正义:《史记》,中华书局1999年版,第1540页;以及《史记·老子韩非列传》,(汉)司马迁撰,(宋)裴骃集解,(唐)司马贞索隐,(唐)张守节正义:《史记》,中华书局1999年版,第1702页。

孔子之学①；考诸学派，墨、儒有夏、周之本争，乐、葬之用辨。论及法家，考其渊流，孔子曾嘉誉管仲②，韩非亦受业于荀卿③；综较其说，法、儒又有"利""义"之辨、"今""古"之别。由此观之，以先秦儒家君道思想为主线、其他三家为辅论的行文方式，其实是颇有利于我们总览先秦学术风气之概貌的。当然，由于儒家以及先秦诸子，基本都兴起于西周衰末后的春秋时期，所以笔者于上古至三代这一时期的分说，就只能以时代演进为序，而不能像春秋以来的时期那样，以儒家思想之流变，分而论之。以上古至三代实为儒家以及先秦诸子所共同宗法之学术渊源，所以，笔者力图在行文之中，还原其时历史的真实风貌，而非某一具体学派的一家之言。且上古至三代之文献典籍，多为儒家所辑，就其引证材料而言，亦非不类。余敦康先生认为"九流十家发生学的共同源头就是以六经为载体的文化传统"④。而姜广辉先生认为后世所谓之"六经"实为儒家经典之代称，非指实数⑤；且以"六经"价值取向的合宜性、文化本源的启示性、思想体系的开放性、本文意义的演绎性、时代主题的超越性等内在根据，孔子认为汇辑这些文献便可

---

① 参见《淮南子·要略》，何宁撰：《淮南子集释》，中华书局 1998 年版，第 1459 页。

② 参见《论语·宪问》："子贡曰：'管仲非仁者与？桓公杀公子纠，不能死，又相之。'子曰：'管仲相桓公，霸诸侯，一匡天下，民到于今受其赐。微管仲，吾其被发左衽矣。岂若匹夫匹妇之为谅也，自经于沟渎而莫之知也？'"（杨伯峻译注：《论语译注》，中华书局 1980 年版，第 151—152 页）

③ 参见（汉）司马迁撰，（宋）裴骃集解，（唐）司马贞索隐，（唐）张守节正义：《史记》，中华书局 1999 年版，第 1706 页。

④ 余敦康：《先秦诸子哲学对宗教传统的继承与转化》，《文史哲》2004 年第 6 期。

⑤ 参见姜广辉主编：《中国经学思想史》第一卷，中国社会科学出版社 2003 年版，第 30 页。

以"述而不作"。①

　　又鉴于本书之目标是以儒家学说为主论,通过先秦不同时期、不同学派君道观之相关问题的损益对比,来明晰君道观之发展脉络,以及植根于其时之中的先秦诸子之君道观的相对真实形象。所以本书的研究方法在对相关时代的哲学文献、典籍进行精读、比较、解析之余,也注意相关史学文献的引入与论证,主要采用哲学和史学结合,对比互证的方法,以对搜集到的资料进行分析、综合、比较和归纳,进而得出经得起史学溯源的"一家之见"。下面我们便开始对先秦君道思想的原初探问,首先解决"君"从何来的问题。

---

① 　姜广辉主编:《中国经学思想史》第一卷,中国社会科学出版社 2003 年版,第 30—38 页。

第一章　君道之始——君位传承之原初探问

从本书"引言"部分所援引的《说文解字》注解①，我们可知，"君"之一字的本意是对拥有发号命令权力的人士敬称，而本书则更多地强调"君"之一字在组成"君主""君王"这一类词语时所具有的"独一无二"的属性。所以，君道观所涵盖的能指范围也并不仅仅只局限于"君"之一字，在不同的时代环境中，其极可能有不同的扩展。例如：以其功业辉耀、普惠众人，而名之为"皇"；以其传承有序、可继先人之志，而名之为"帝"；以其民心所向、天下归往，而名之为"王"；以其名为臣属、实迫诸侯，而名之为"伯（霸）"。② 而由《今文尚书》中"王"字共 269 见，《古文尚书》中"王"字凡 140 见；《周易》经文之中"王"字亦有 17 见。③ 我们可以推知，在前诸子时期，亦即中华有文明之发端至公元前 771 年的这一段时间，我们研究范围内的"君"字，其实在大多数时候是以

---

① "君"之一字，从《说文》之解，为"尊也，从尹发号，故从口"。[（汉）许慎撰，（宋）徐铉校订：《说文解字》，中华书局 1963 年版，第 32 页]
② 该名号的详细梳解，请参见本书"引言"部分的注解。
③ 参见张立文：《中国哲学范畴发展史（人道篇）》，中国人民大学出版社 1995 年版，第 681 页。

"王"字出现的。所以此时的君道观其实也就可以写作王道观①，而此时的"王"在我们自身的文明系统中也具有确实的唯一性。从理论上说来，大多数君王只有即位伊始才享有事实上的最高权力。所以本书对君道亦或是此时王道的探讨便首先从不同历史阶段的不同君位传袭制度入手，力图探讨诸种君位传承制度之中是否横亘着某种不易的准则以及申明以儒家为主的先秦诸子对这些传承方式所秉持的基本态度与理论倾向。而这也是我们在具体探讨先秦时期以儒家为主线的君道观之前，所必须首先解决的"君"从何来的问题。

一、传说时代的帝位传承谱系

首先我们需要加以疏解的，即是何谓传说时代。据徐旭生先生在《中国古史的传说时代》一书中的说法，早期各民族的发展历史多为口耳相传，当时的文字发展并不丰富，所以在漫长的文字发展完善期后，从前传说中的事迹才被最终搜集、系统整理以及记录。而这一段传说时代的历史也就与事件发生之时便得到辑录的狭义的历史相区别，即指代殷墟时代（约公元前 1300 年的盘庚迁

---

① 在《中国哲学辞典》中，韦政通先生持有这种看法：其对"君道"的释义为"做一个好的国君，应该具备些什么条件?"（韦政通编：《中国哲学辞典》，台湾水牛出版社、世界图书出版公司重印 1993 年，第 347 页）而将"王道"视为《洪范》篇中的一种道德政治理想，且这种理想是孟子政治哲学的重要组成部分。（韦政通编：《中国哲学辞典》，台湾水牛出版社、世界图书出版公司重印 1993 年版，第 164 页）本处，笔者只是认为，在字形上，这一时期的"君"字可以写作"王"字，而不是将君道与王道在意义上完全等同。

殷开始)之前约一千余年的文献中有所记载的不可考证的相关传说。①

　　那么我们应怎样正确对待这段传说中的历史？据徐旭生先生的说法，虽然传说时代的历史与通常的历史相较具有很多的不确定性，但是"无论如何，很古时代的传说总有它历史方面的质素，核心，并不是向壁虚造的"②，且"传说与神话是很相邻近却互有分别的两种事情，不能混为一谈"③。据徐旭生先生考证，两千年来，我国的学人还是基本倾向于相信这一段历史中的英雄主角的真实存在性的。直到辛亥革命以后，西欧 19 世纪中叶以来的批评史料风气传至我国，所谓的疑古学派出现，这一段历史才遭到普遍质疑。④ 但是徐旭生先生认为他们的治学方法实际上是很有问题的。徐先生援引张荫麟先生的看法，认为他们"太无限度地使用类证"⑤。而对类证这一方法，法国史学家色诺波（Charles Seigno-bos）早已申明自己的观点："现存之载籍无某事之称述，此犹未足为证也，更须从来未尝有之。故于载籍湮灭愈多之时代，类证愈当少用。其在古史中之用处，较之在十九世纪之历史不逮远甚"。⑥徐先生进一步例举了美洲印第安人的两种等级的酋长制度以及周

---

① 参见徐旭生：《中国古史的传说时代》（增订本），文物出版社 1985 年版，第 19—20 页。

② 徐旭生：《中国古史的传说时代》（增订本），文物出版社 1985 年版，第 20 页。

③ 徐旭生：《中国古史的传说时代》（增订本），文物出版社 1985 年版，第 21 页。

④ 参见徐旭生：《中国古史的传说时代》（增订本），文物出版社 1985 年版，第 21—22 页。

⑤ 类证，按照原文的说法，即是"因某书或今存某时代之书无某史事之称述，遂断定某时代无此观念"［徐旭生：《中国古史的传说时代》（增订本），文物出版社 1985 年版，第 23 页］。

⑥ 参见顾颉刚编：《古史辩》第二册，景山书社民国十八年（1929 年）版，第 271—272 页。

公时候武王母弟的封赏情况,证明了疑古学派因《尚书·立政》中含有尚贤思想即认为其受墨家思想影响之类的谬误之处①,并且其认为在治学态度上先秦诸子乃至司马迁都"比现代极端疑古学派人还较慎重"②,这些先贤绝不会在明知所言为虚的情况下,为了立论之便利而捏造事实。③ 所以疑古学派将颛顼、炎帝、黄帝、蚩尤、尧、舜、禹的传说尽皆归于神话且不许历史工作者进行研究的行为,是不恰当的。④ 而疑古派学人的行事作风或许就如同胡

① "美洲印第安人的两种等级的酋长制度:一为世袭酋长,一为普通酋长。普通酋长由选举产生,也可罢免,用于酬答个人的功勋,所以其可以体现原始社会即有'尚贤'。"原书引自《古代社会》第二编第二章,莫尔甘(现代多译为摩尔根)著,三联书店1957年版,第74页。笔者用现在可以找到的商务印书馆版的《古代社会》检索之,不见原文,但大意相若。([美]路易斯·亨利·摩尔根著,杨东莼、马雍、马巨译:《古代社会》,商务印书馆1981年版,第70页)而武王母弟的实际封赏情况为:"武王之母弟八人,周公为太宰,康叔为司寇,聘季为司空,五叔无官。"(载于《左传·定公四年》,杨伯峻编:《春秋左传注》,中华书局1981年版,第1541页)所以彼时的尚贤和亲亲并不对立。[徐旭生:《中国古史的传说时代》(增订本),文物出版社1985年版,第24页]所以《尚书·立政》中含有的尚贤思想并不是疑古学派所认为的墨子的尚贤思想。在徐先生看来,"古人所说的贤,只不过指某人比较能干"[徐旭生:《中国古史的传说时代》(增订本),文物出版社1985年版,第23页]。
② 徐旭生:《中国古史的传说时代》(增订本),文物出版社1985年版,第24页。
③ 参见徐旭生:《中国古史的传说时代》(增订本),文物出版社1985年版,第24页。
④ 徐先生认为除颛顼外,其他几位的传说里面的神话色彩并不浓厚,且恩格斯在其《家庭、私有制和国家的起源》里面也曾援引古希腊神话中的提修斯(Theseus)所作的宪法[徐旭生:《中国古史的传说时代》(增订本),文物出版社1985年版,第25页],在当时的时代,这是一个有力的批驳。

适先生所描述的那样"原来只是一个宗教信仰的问题"！① 所以本书的研究立论也需要"走出疑古时代"②，而传说时代的历史也由此归入了本书资料的辑取范围。

那么传说时代的帝王谱系③究竟为何，我们可以以司马迁《史记》所援引的《世本》④谱系为底本，与《大戴礼记·帝

---

① 胡适先生在其为台北再版《中国古代哲学史》所作的《自记》中写道："老子年代的问题原来不是一个考证方法的问题，原来只是一个宗教信仰的问题！……我在二十五年前写几万字的长文讨论'近人考据老子年代的方法'真是白费心思，白费精力了。"（欧阳哲生编：《胡适文集》6，北京大学出版社 1998 年版，第 162 页）

② 此为李学勤先生在 20 世纪 90 年代所倡导。该说法出自田旭东：《20 世纪中国古史研究主要思潮概论》，中国社会科学院研究生院 2001 年博士学位论文，第 119 页。

③ 《纲鉴易知录》中于五帝之上另有三皇谱系，亦即盘古氏开天辟地以后历任的天皇氏、地皇氏和人皇氏。[（清）吴乘权辑：《纲鉴易知录》，中华书局 1960 年版，第 1—3 页]若据《白虎通疏证》解之，则"三皇"既有"伏羲、神农、燧人"之传，亦有"伏羲、神农、祝融"之说。[（清）陈立撰，吴则虞点校：《白虎通疏证》，中华书局 1994 年版，第 49 页]由《白虎通疏证》所称"皇，君也，美也，大也。天之总，美大称也，时质，故总之也。……号之为皇者，煌煌人莫违也"[（清）陈立撰，吴则虞点校：《白虎通疏证》，中华书局 1994 年版，第 44—45 页]，我们可知"皇"之其名，实为称赞三位君主在其身处年代所创造的，普惠众人的辉耀功绩。而关涉其时的记载也更多地局限于神话传说，所以我们也无法从这段更不确定的神话记载中一窥他们之间除却考诸功绩以外的谱系传承。而"帝"由《白虎通疏证》解之，则为"帝者，谛也，象可承也"[（清）陈立撰，吴则虞点校：《白虎通疏证》，中华书局 1994 年版，第 45 页]，其本身就有承续之意。所以本书只从五帝谱系论起，不言三皇。

④ 本书所选取的《世本》版本是商务印书馆 1957 年 12 月版的《世本八种》中清嘉庆年间秦嘉谟的《世本辑补十卷》。《世本八种》的出版者认为"秦本最为赅备"[（汉）宋衷注，（清）秦嘉谟等辑：《世本八种》，商务印书馆 1957 年版，第 4 页]，虽然因其宗旨为"与其过而弃之，毋宁过而存之"（秦序引刘子骏语），辑本中不乏悖谬之处，但在本书的拣择范围内并无此类问题，故可忽视不计。

系》①篇对校：②

　　少典生（产）轩辕，是为黄帝。

　　黄帝生（产）玄（元）嚣，玄（元）嚣生（产）侨（蟜）极，侨（蟜）极生（产）高辛，是为帝喾。

　　帝喾生（产）放勋，是为帝尧。

　　黄帝生（产）昌意，昌意生（产）高阳，是为帝颛顼。

　　颛顼生（产）穷系（蝉），穷系（蝉）生（产）敬康，敬康生（产）句芒，句芒生（产）蟜牛，蟜牛生（产）瞽叟，瞽叟生（产）重华，是为帝舜，及象生敖③（《大戴礼记·帝系》此处为"及产象，敖"——引者注）。

　　颛顼生（产）鲧，鲧生高密（产文命），是为禹也（《大戴礼记·帝系》此处无"也"字）。

　　黄帝居轩辕之邱，娶于西陵氏之子，谓之累（嫘）祖，【氏】产青阳及昌意。青阳降居泯（泜）水，昌意降居若水。昌意娶于【蜀山氏】，浊（蜀）山氏之子，谓之昌仆（濮），【氏】产颛顼。颛顼娶于滕坟（《大戴礼记·帝系》此处无"坟"字——引者注）氏，【滕氏奔之子】谓之女禄，【氏】产老童。老童娶于根（竭）水氏，【竭水氏之子】谓之骄福（《大戴礼记·帝系》"骄福"为"高緺"——引自注），氏产（《大戴礼记·帝系》"氏产"

①　高明注译：《大戴礼记今注今译》，台湾商务印书馆1977年版，第246—251页。

②　笔者之所以选择以《世本》为底本，与《大戴礼记》对校，以确定传说时代的帝位传承谱系，一方面是因为《世本》既然可以为司马迁所选择，其必有为广大史家认证的可靠性抑或是完备之处；而另一方面则是因为《大戴礼记》是传统的经典儒家文献，选择该文献应该更有利于表现帝位传承谱系与儒家的关联性。

③　此处疑似《世本》有误，应从《大戴礼记》。

为"生"——引自注）重黎及吴回。吴回氏产陆终。陆终【氏】娶于【鬼方氏】，鬼方氏之妹，谓之女隤，是（氏）生（产）六子；孕【而不粥】，三年，启其左胁，三人出焉；破其右胁，三人出焉。（《大戴礼记·帝系》直接为"启其左胁，六人出焉"，疑误——引者注）其一曰樊，是为昆吾；【其】二曰惠连，是为参胡；【其】三曰籛铿，是为彭祖；【其】四曰求（莱）言，是为【云】郐人；其五曰安，是为曹姓；【其】六曰季连，是为芈姓。季连产什祖氏，什祖氏产内熊，九世至于渠娄，鲧①出。（《大戴礼记·帝系》于"渠"字断句，"娄鲧"合称——引者注）

……帝喾卜其四妃之子，【而】皆有天下。上妃有邰氏之女【也】，曰姜嫄（原），而（《大戴礼记·帝系》此处为"氏"——引者注）生（产）后稷；次妃有娀氏之女【也】，曰简狄，而（《大戴礼记·帝系》此处为"氏"——引者注）生（产）契；次妃【曰】陈酆（隆）氏之女，曰庆都，而（《大戴礼记·帝系》无"之女，曰庆都，而"几字——引者注）生（产）帝尧；次妃【曰】娵（陬）訾氏之女，曰常仪（《大戴礼记·帝系》无"之女，曰常仪"——引者注）生（产帝）挚。

帝尧娶【于】有（散）宜氏【之】子，谓之女皇【氏】，生丹朱（《大戴礼记·帝系》无此三字——引者注）。

帝舜娶于帝尧之子，谓之女盲（匽）氏。

鲧娶【于】有辛（莘）氏女（之子），谓之女志【氏】，是生高密（《大戴礼记·帝系》此处为"产文命"——引者注）。

---

① 以帝系算来，若此处为"鲧"，则似与史实不符，鲧应年长于舜。此处从《大戴礼记》之说，以"娄鲧"合称，但其人不可考。

禹娶【于】涂山氏之子,谓之女娲(憍)【氏】,是生(《大戴礼记·帝系》"是生"二字为"产"——引者注)启。① 由对校结果,我们可知,《世本》与《大戴礼记》的帝位传承谱系大致相同,结合《史记·五帝本纪第一》,我们可将之整理成传承谱系图如下:

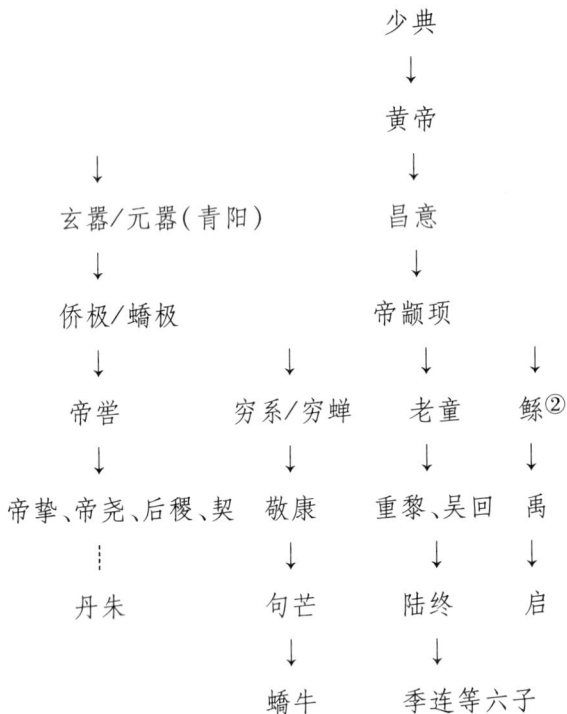

```
                    少典
                     ↓
                    黄帝
  ↓                  ↓
玄嚣/元嚣(青阳)        昌意
  ↓                  ↓
侨极/蟜极           帝颛顼
  ↓         ↓        ↓        ↓
帝喾       穷系/穷蝉    老童      鲧②
  ↓         ↓        ↓        ↓
帝挚、帝尧、后稷、契  敬康    重黎、吴回   禹
  ⋮         ↓        ↓        ↓
丹朱       句芒      陆终       启
            ↓        ↓
          蟜牛    季连等六子
```

---

① (汉)宋衷注,(清)秦嘉谟等辑:《世本八种》,商务印书馆 1957 年版,第 11—15 页。此处并《大戴礼记·帝系》校勘,与《世本》不同者,用"( )"表示,多于《世本》者,用"【】"表示,复杂之处于文中直接注明。

② 《史记·五帝本纪第一》有载:"颛顼氏有不才子,不可教训,不知话言,天下谓之梼杌。"所以笔者将"鲧"置于此处。由后文注解可知,梼杌即是鲧。且《夏本纪第二》中有"禹之父曰鲧,鲧之父曰帝颛顼,颛顼之父曰昌意,昌意之父曰黄帝"[(汉)司马迁撰,(宋)裴骃集解,(唐)司马贞索隐,(唐)张守节正义:《史记》,中华书局 1999 年版,第 28、37 页]的说法。

```
            ↓             ↓
          瞽叟         什祖氏
          ↓   ↓          ↓
        帝舜  象        内熊
                         ↓……
                       娄鲧
                         ↓
                        渠
```

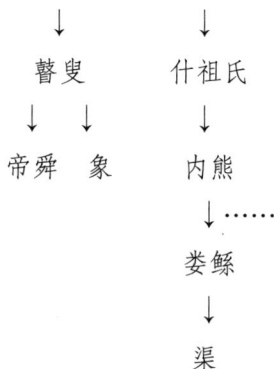

由此传承谱系图，并结合《史记·五帝本纪第一》之中的相关记载①，我们可以发现，尧之前的帝位传承顺序为：黄帝→帝颛顼→帝喾→帝挚→帝尧。而其中并没有严格体现"家天下"体系中所经常采用的"父子相继"的传承方式。颛顼为黄帝之孙，帝喾则只是颛顼的"族子"。虽然帝挚确实是帝喾之子，但却并非嫡子②，且其政绩不显并传位于其兄弟尧。我们所能发现的，只是帝位确实是在这一氏族之内传承，而具体的传承方式则没有严格的限定。尧以后传于舜，舜以后传于禹，禹之子启为夏朝之始，帝喾之子契与后稷则各为殷人与周人之始祖。可以说尧以后乃至夏商周三代的宗谱都可以上推至同一先祖黄帝，但是或许我们并不能简单地将其定义为本氏族之内的血脉传承。如果仅以血脉角度来说，我们大可皆认为自己为炎黄子孙。以时间维度而言，氏族和部落的

---

① 《史记·五帝本纪第一》："黄帝崩，葬桥山。其孙昌意之子高阳立，是为帝颛顼也。"……"颛顼崩，而玄嚣之孙高辛立，是为帝喾。""帝喾崩，而挚代立。帝挚立，不善（崩），而弟放勋立，是为帝尧。"[（汉）司马迁撰，（宋）裴骃集解，（唐）司马贞索隐，（唐）张守节正义：《史记》，中华书局1999年版，第8、10、11页]
② 彼时有没有"嫡子"这一说法可能还有待商榷。

发展都是由小到大,逐渐发展的,而伴随着这一氏族或是部落日益
扩大的进程,随之而来的就是大小部落的林立以及同一血脉之间
的分化。考虑到当时的社会现实,可能正如钱穆先生所说:"当时
尚未有国家之组织,各部落间互推一酋长为诸部落之共主。禹之
后有启,盖至是而始进于君位世袭之时代,则已俨然有国家之规模
矣。"①所以诸种传承制度之间或许并没有明显的优劣之分,有的
可能只是其是否与时代及社会发展相适应。但是正如孔子所言,
"不患无位,患所以立"②,上至人君、下及士人,在儒家看来,其之
现实权位的获得都应分属"正当";所以,不同的君位传承方式,以
儒家之解,其之"正当"程度明显有着层级之分。由此,下面本书
便在对先秦时期的几种主要的君位传承制度进行探讨的同时,力
求一窥儒家对不同君位传承方式所秉持的不同理论倾向。

二、尧舜禹之间的禅让传承

我们由上一部分的帝位传承图可知,尧以前的帝③位传承并
没有过多的曲折,这可能正是因为当时的部落并没有迅速发展,在
部落人口较少的情况下,帝位的传承并不需要考虑过多的因素。
而部落成员相对较少,也为帝位的拣择创造了客观上的便利。但
进入尧执政的时代以来,我们从《尚书·尧典》篇中的"乃命羲和,
钦若昊天,历象日月星辰,敬授人时"④中就可发现,尧时期的农业

① 钱穆:《国史大纲》,商务印书馆1994年版,第12页。
② 杨伯峻译注:《论语译注》,中华书局1980年版,第38页。
③ 此处姑且以"帝"称之。实际按其发展年代应为"酋长"之类。
④ 李民、王健:《尚书译注》,上海古籍出版社2004年版,第3页。

在新正历法的指导下可能有了十分显著的发展，那么随着农业产品的剩余，所带来的必定是部落统辖范围的扩大、原始血脉的分化和部落成员数量的增多。所以帝位的传承也就变得相应的困难。而"禅让"或许也就是一个更适应时代的帝位传承方式。

尧舜之间的禅让过程，我们可以从《尚书》的相应记载中略微观之。① 而尧意欲传位之初，首先需要面对的就是传位于谁的问题。《尚书·尧典》有云：

> 帝曰："畴咨若时登庸？"放齐曰："胤子朱启明。"帝曰："吁！嚚讼可乎？"

> 帝曰："畴咨若予采？"驩兜曰："都！共工方鸠僝功。"帝曰："吁！静言庸违，象恭滔天。"

> 帝曰："咨！四岳，汤汤洪水方割，荡荡怀山襄陵，浩浩滔天。下民其咨，有能俾乂？"佥曰："於！鲧哉。"帝曰："吁！咈哉，方命圮族。"岳曰："异哉！试可乃已。"帝曰，"往，钦哉！"九载，绩用弗成。

> 帝曰："咨！四岳。朕在位七十载，汝能庸命巽朕位？"岳曰："否德忝帝位。"曰："明明扬侧陋。"师锡帝曰："有鳏在下，曰虞舜。"帝曰："俞！予闻，如何？"岳曰："瞽子，父顽，母嚚，象傲，克谐，以孝烝烝，乂不格奸。"帝曰："我其试哉！女于时，观厥刑于二女。"厘降二女于妫汭，嫔于虞。帝曰："钦哉！"②

由上段引文，我们可知，尧并不是一开始就厘定舜为自己的承继者

---

① 《史记》中也有相应记载，但以《尚书》的年代更为久远，两部文献的记载并无太大差异，且很可能是《史记》援引《尚书》，所以本书以《尚书》文献为主。

② 李民、王健：《尚书译注》，上海古籍出版社 2004 年版，第 7—9 页。

的,而帝位或者说是部落首领的选择也不是仅由尧一人作出决定就可以视为定论的。尧首先要做的是征集臣下或者说是各附属部落首领的意见。所以在原文中,尧先后否决了放齐提议的嗣子丹朱和驩兜提议的共工。而为众人所提议的鲧也因为九年治水弗成而最终出局。此时尧对四岳,亦即四方部族的首领提议,"明明扬侧陋",也就是不要将帝位承继者的选择过于严格地局限于在朝为官之人。由此,舜才因为个人品行的出众而被推举了出来。而尧又将自己的两个女儿嫁于舜,观其居家处世之道,在初步认为其可担大任后,发出了"钦哉"的慨叹,并随后对舜进行了继任之前的一系列考验,这也就是《尚书·舜典》中所记载的,"慎徽五典,五典克从;纳于百揆,百揆时叙;宾于四门,四门穆穆;纳于大麓,烈风雷雨弗迷"①。舜在推行教化、总领百官、接待诸侯朝觐等具体执政能力方面证明了自身的合格胜任后,又在"纳于大麓,烈风雷雨弗迷"②中,用自身在冥冥之中仍有所护佑的现实,证明了己身确有天命。所以才有后文的"正月上日,受终于文祖"③,也就是舜继尧位。但这里值得注意的是,此时帝尧仍然在世,舜只不过是代行其政,也就是处于辅政的地位。《尚书正义》中认为,因为尧此时尚在位,所以舜并未改正,所以仍是"正月上日",其后尧崩,舜

① 李民、王健:《尚书译注》,上海古籍出版社2004年版,第13页。
② 这一段,《尚书正义》中认为:"麓,录也。纳舜使大录万机之政,阴阳和,风雨时,各以其节,不有迷错愆伏。明舜之德合于天。"[(汉)孔安国传,(唐)孔颖达疏,李学勤主编:《尚书正义》,北京大学出版社1999年版,第52页]也就是认为这一句指代的是舜总领百官,执政有道,所以阴阳之气和畅,风雨顺时。但笔者认为这种观点过于比附,且舜之德行果真彰显,必不会有烈风。而以"麓"为"录",是为音训,疑似太过,还是应该从马融、郑玄之说,以此为"山足",也就是山脚的丛林。所以笔者认为这一句叙述的应该是舜在风雨雷电之时于山林中行走,但却没有迷路。
③ 李民、王健:《尚书译注》,上海古籍出版社2004年版,第13页。

守丧三年，最终即位，此时才正式改正，也就是"月正元日，舜格于文祖"①。在《中国通史》中，其将这种正式禅让前的辅政制度称为"酋长议事会的两头军事酋长，一人正，一人副"②。而《尚书》将这一禅让制整体评述为"舜让于德，弗嗣"③，也就是舜是因为德行操守的出众而得以继位，而尧并没有选择自己直系血脉予以传承。④

历考舜的继位过程，笔者以为，我们可以用《乾》卦爻辞比附概之："初九，潜龙勿用"⑤可以指代舜尚未发迹之时；"九二，见龙在田，利见大人"⑥，可以指代舜被众人推举，为尧所发现（另有传闻，舜是在躬耕历山时被巡守天下的尧发现的，这个传说应该更切近于爻辞）；"九三，君子终日乾乾，夕惕若，厉无咎"⑦，可以指代舜接受尧的继位考验时的敬慎心态；"九四，或跃在渊，无咎"⑧，则可指代舜身处辅政之职，在为尧服丧的三年期间，内心所可能有过

① 此观点参见（汉）孔安国传，（唐）孔颖达疏，李学勤主编：《尚书正义》，北京大学出版社 1999 年版，第 55—56 页。因《尚书译注》中并不包含全部的《正义》疏解，所以笔者于《尚书译注》之外，另取《尚书正义》辅证之。由此，本书于基本的文字引用方面，使用《尚书译注》之中的固有文本；而若涉及更深层面的义理疏证，则以《尚书正义》中的引证为主。

② 白寿彝总主编：《中国通史》卷 3，上海人民出版社 1989 年版，第 202 页。

③ 李民、王健：《尚书译注》，上海古籍出版社 2004 年 7 月新 1 版，第 13 页。

④ 在《尚书正义》中，将此释义为"（舜）辞让于德不堪，不能嗣成帝位"。[（汉）孔安国传，（唐）孔颖达疏，李学勤主编：《尚书正义》，北京大学出版社 1999 年版，第 52 页]亦即是舜对继承帝位这一事所表明的态度。但从《舜典》发首四字"曰若稽古"，我们可知这篇文献是由后人顺考古道辑录而成，所以笔者更倾向于将此句作为后人对舜继尧位的评述。

⑤ 黄寿祺、张善文：《周易译注》，上海古籍出版社 2004 年版，第 2 页。

⑥ 黄寿祺、张善文：《周易译注》，上海古籍出版社 2004 年版，第 2 页。

⑦ 黄寿祺、张善文：《周易译注》，上海古籍出版社 2004 年版，第 3 页。

⑧ 黄寿祺、张善文：《周易译注》，上海古籍出版社 2004 年版，第 3 页。

的抉择;"九五,飞龙在天,利见大人"①,则是指代舜终陟天子位;
"上九,亢龙有悔"②,或可指代舜在亲政之时所遇到的无法独自解
决的困难;"用九,见群龙无首,吉"③,或可指代舜分立职司,君正
臣贤,各得其位的治世景象。综上所言,舜从被推举、辅政、再到即
位是一个相对完整的过程,其中经历了三十几年④的漫长时光,而
舜也理所当然地在这段时间中得到了各氏族首领以及庶民的接
受。所以《古本竹书纪年》所载的:

> 《汲冢竹书》云:舜囚尧于平阳,取之帝位。
>
> ——《广弘明集》卷一一法琳《对傅奕废佛僧事》
>
> 《汲冢书》云:舜放尧于平阳。
>
> ——《史通·疑古》⑤

应该并不足以为证。⑥ 舜接替尧继承帝位已是为众人所公认之
事,以舜的德行与资历来看,舜并没有必要去行篡位之事。而从
《孟子·万章上》所记述的:

> 尧崩,三年之丧毕,舜避尧之子于南河之南,天下诸侯朝觐

---

① 黄寿祺、张善文:《周易译注》,上海古籍出版社 2004 年版,第 4 页。
② 黄寿祺、张善文:《周易译注》,上海古籍出版社 2004 年 7 月新 1 版,第4 页。
③ 黄寿祺、张善文:《周易译注》,上海古籍出版社 2004 年版,第 5 页。
④ 《尚书·舜典》有言:"二十又八载,帝乃殂落。"(李民、王健撰《尚书译注》,上海古籍出版社 2004 年版,第 18 页)再加上试舜三年,此为三十年,还应再加上舜为尧服丧的三年时光。
⑤ 方诗铭、王修龄:《古本竹书纪年辑证》(修订本),上海古籍出版社 2005年版,第66—67 页。
⑥ 李玲玲在其硕士学位论文《先秦诸子书中的尧舜禹传说研究》中认为"《竹书纪年》所记载的尧舜禹权力转移时的血腥和《左传》《孟子》等广泛记载的尧舜禹权力转移时采用的禅让,可能是对不同历史时代记忆的保存"(李玲玲:《先秦诸子书中的尧舜禹传说研究》,河北师范大学 2006年硕士学位论文,第 37—38 页),也不失为一种猜想。

者,不之尧之子而之舜;讼狱者,不之尧之子而之舜;讴歌者,不讴
歌尧之子而讴歌舜,故曰天也。夫然后之中国,践天子位焉。①
我们发现,在孟子看来,正是因为在舜为尧服丧的三年间,众人尊
奉于舜,而非尊奉帝尧之子丹朱,所以舜继尧位才可称得上是为天
所赐,而非贸然"居尧之宫,逼尧之子"所意味的"篡也,非天与
也"②。当然,考虑到孟子"祖述尧舜,宪章文武"③的基本儒家立
场,或许尧舜禅让之事实可能正如吕思勉先生在《先秦史》中所
说:"固非若迂儒之所云,亦非如造《竹书》者之所测也。"④

　　纵考各家之言,对于尧舜禹之间的禅让故事,多有看法:周苏
平在其《尧、舜、禹"禅让"的历史背景》中认为,"传说中的舜代尧、
禹代舜,其真实背景就是部落王国代为盟主"⑤;王树民先生在其
《尧、舜、禹禅让的历史真相》中认为,禅位不过是共主名义的转
让,并不影响原本的国君身份,而共主名义也不必永远占有⑥;钱
耀鹏在其所著的《尧舜禅让的时代契机与历史真实——中国古代
国家形成与发展的重要线索》与《尧舜禅让故事的考古学研究》
中,认为平等式联盟是尧舜禅让发生的社会条件,而伴随着中原政
治一体化进程的新发展,禅让制也退出了历史舞台⑦;杨永俊在其

---

① 方勇译注:《孟子》,中华书局 2010 年版,第 182 页。
② 方勇译注:《孟子》,中华书局 2010 年版,第 182 页。
③ 语出《汉书·艺文志》,陈国庆编:《汉书艺文志注释汇编》,中华书局
　　1983 年版,第 117 页。
④ 吕思勉:《先秦史》,上海古籍出版社 2005 年版,第 77 页。
⑤ 参见周苏平:《尧、舜、禹"禅让"的历史背景》,《西北大学学报》1993 年第
　　2 期。
⑥ 参见王树民:《尧、舜、禹禅让的历史真相》,《河北学刊》1999 年第 4 期。
⑦ 参见钱耀鹏:《尧舜禅让的时代契机与历史真实——中国古代国家形成
　　与发展的重要线索》,《社会科学战线》2000 年第 5 期;《尧舜禅让故事的
　　考古学研究》,《中原文物》2002 年第 4 期。

《论尧舜禹禅让的政治原则与历史形态》中赞同姚喁冰的总结,认为尧舜禹禅让只不过是在黄帝甚至于更早的时候就已出现的原始民主选举制度的晚期形态。① 然而可以看出,各家基本都将尧舜禹禅让视为一种相同的传承方式。但是笔者却认为舜禹禅让并不与尧舜禅让完全相同,是基本没有争议的。"《三国·魏志·文帝纪注》引《魏氏春秋》曰:'帝升坛礼毕,顾谓群臣曰:舜、禹之事,吾知之矣。'"②魏文帝不举尧、舜禅让而以舜、禹之禅让喻指自家与汉室之间名为禅让实为篡位的事实,由此可见,舜、禹的帝位交接过程中或许还是有些问题的。起码在曹丕或是时人的眼中,舜、禹之间的禅让交接可能并不具有尧、舜禅让般的合理性。朱小丰在《论禅让制度》之中,就对《史记》的"帝禹"之称产生过怀疑并慨叹禅让这种原始民主制度的不幸终结。③

由《尚书·大禹谟》中的记载,我们可知,禹在继位之前也是有其功绩并经历了基本的职位试炼的。"地平天成,六府三事允治,万世永赖,时乃功"④,这是帝舜褒扬禹使肆虐天下的洪水最终平定的功绩;而"汝惟不怠,总朕师"⑤,则是帝舜欲使禹总领百官,可能也有正式使其成为继位者的意味。但问题就在于:"舜生三十征,庸三十,在位五十载,陟方乃死。"⑥舜是在巡守天下的途中,溘然长逝的。所以虽然禹曾在"正月朔旦,受命于神宗,率百官若

① 参见杨永俊:《论尧舜禹禅让的政治原则与历史形态》,《信阳师范学院学报》(哲学社会科学版)2005 年 8 月第 4 期。

② 吕思勉:《先秦史》,上海古籍出版社 2005 年版,第 72 页。

③ 参见朱小丰:《论禅让制度》,《社会科学研究》2003 年第 3 期。

④ 李民、王健:《尚书译注》,上海古籍出版社 2004 年版,第 27 页。

⑤ 李民、王健:《尚书译注》,上海古籍出版社 2004 年版,第 29 页。

⑥ 李民、王健:《尚书译注》,上海古籍出版社 2004 年版,第 19 页。

帝之初"①,但是我们却可发现,禹并没有如舜一样,接受了相当完备的执政能力测试。甚至在其使有苗归附的过程中,舜的德行也要比禹的武功起到了更为重要的作用。② 所以虽然笔者并不是因"后世但有董卓、司马懿之伦,而谓古独有天下为公之尧、舜,诚觉其不近于情"③。但是我们应该承认的却是舜禹之间所必然存在的社会发展差异。可能正是随着时代的发展,原始国家的雏形已经得以基本建立,各个职司皆有明确分工④,所以在客观上,禹并不需要同舜那时一样,需要拥有非常完备的执政能力,而只需在德行和功绩上能使诸部落的首领信服即可。但是,我们这里却可以继续推衍,既然社会的发展和体制的相对完备可以在某种程度上弱化政权对于执政者的多方面的执政能力的要求,那么,禅让这种小范围的择贤制度,是否也将日益无法满足伴随着社会物质产品的相对丰富而随之产生的诸部落氏族之间愈发无可调和的利益之争。当然,部落联盟的扩大也使得禅让这种基于各氏族首领公认、众民心向的拣择制度实施起来愈发困难。但真正促进原有禅让传承制度瓦解的,恐怕还是因为其时人们适应自然、改造自然能力的进步,使得旧有的通过部落氏族之间的平等联盟以共同应对现实危机的生存方式不再成为必需。既然部落的平等联盟业已没有存在的必要,甚至其中的某一个部落已强大到远超同侪,那么帝位的传承制度也当然可以在这一氏族中血脉维系,禅让制也最终不再

---

① 李民、王健:《尚书译注》,上海古籍出版社 2004 年版,第 32 页。

② 《尚书·大禹谟》记载:"禹拜昌言曰:'俞!'班师振旅,帝乃诞敷文德,舞干羽于两阶,七旬,有苗格。"(李民、王健:《尚书译注》,上海古籍出版社 2004 年版,第 34 页)

③ 吕思勉:《先秦史》,上海古籍出版社 2005 年版,第 77 页。

④ 本书会在后续探讨典制的章节中对此加以详细论述。

适应于历史、社会的需求。

当然,以儒家的学术倾向而言,其对"人不独亲其亲,不独子其子"的"公天下"的倾慕,使得其对这种禅让传承所体现的"有天下也而不与焉"①的人君之德分外推崇。孟子在其之学生桃应提出"舜为天子,皋陶为士,瞽瞍杀人,则如之何"的假设性提问时,就毫不犹豫地断言:"舜视弃天下犹弃敝蹝也。窃负而逃,遵海滨而处,终身訢然,乐而忘天下。"②而荀子则更进一步,将舜之尊位的获得归结为其"道德纯备,智惠甚明"③的客观结果。以荀子之见,"天子者,势位至尊,无敌于天下,夫有谁与让矣"④。既然"天子"之位本身就非个人所能专擅,那么"禅让"自然也就无从谈起,尧舜之间更接近"以尧继尧"的治世永继。儒家对禅让之推崇也正在于此,其所期许的民生安定之太平盛世,在以德相传的君位承继方式下方可以最大限度地实现。

而其他先秦诸子因其学派理论倾向不同,自然对"禅让"也秉持着不同之见解。《庄子》之《逍遥游》篇和《让王》篇都对尧舜尚以天下为己任的思想持以坚决否定⑤,这无疑是庄子超越世俗名位思想的一脉承继;而墨子则将这种"禅让"理解为"兼爱天下之百姓,率以尊天事鬼,其利人多,故天福之"⑥的必然结果,这与其假天之志、言兴利万民之实的总体学术倾向,亦为不二;至于韩非,

---

① 语出《论语·泰伯》,"子曰:'巍巍乎,舜禹之有天下也而不与焉!'"(杨伯峻译注:《论语译注》,中华书局 1980 年版,第 80 页)
② 典出《孟子·尽心上》,方勇译注:《孟子》,中华书局 2010 年版,第 275 页。
③ 语出《荀子·正论》,方勇、李波译注:《荀子》,中华书局 2011 年版,第 287 页。
④ 语出《荀子·正论》,方勇、李波译注:《荀子》,中华书局 2011 年版,第 287 页。
⑤ 方勇、陆永品撰:《庄子诠评》(增订新版),巴蜀书社 2007 年版,第 19—20、925 页。
⑥ 语出《墨子·法仪》,方勇译注:《墨子》,中华书局 2011 年版,第 24 页。

则更为功利、现实,其在《韩非子·五蠹》篇中,将人之"轻辞古之天子,难去今之县令",归结为"轻辞天子,非高也,势薄也;争士橐,非下也,权重也"①的现实权柄利禄之差异,这与其所一贯秉持的"罚薄不为慈,诛严不为戾"②以及当今之世应"称俗而行"、严明法制的思想,亦是极为一致的。以上我们讨论"禅让"之说若此,下面我们便过渡到对下一历史阶段中帝位传承方式的言说。

三、夏商西周的血脉承继

自"益干启位,启杀之"③以来,政权的领导地位就由原先的推举产生变为了强势族群内部的强势分支的血脉传承。《史记·夏本纪第二》记载:

① 高华平、王齐洲、张三夕译注:《韩非子》,中华书局 2010 年版,第 700 页。
② 语出《韩非子·五蠹》,高华平、王齐洲、张三夕译注:《韩非子》,中华书局 2010 年版,第 700 页。
③ 方诗铭、王修龄:《古本竹书纪年辑证》(修订本),上海古籍出版社 2005 年版,第 2 页。《竹书纪年》的这一段文字,是对《史记·夏本纪第二》中所记载的"十年,帝禹东巡狩,至于会稽而崩。以天下授益。三年之丧毕,益让帝禹之子启,而辟居箕山之阳。禹子启贤,天下属意焉。及禹崩,虽授益,益之佐禹日浅,天下未洽。故诸侯皆去益而朝启,曰'吾君帝禹之子也。'于是启遂即天子之位,是为夏后帝启"[(汉)司马迁撰,(宋)裴骃集解,(唐)司马贞索隐,(唐)张守节正义:《史记》,中华书局 1999 年版,第 62 页]的另一种解读。在《史记》看来,益、启之间的交接属于政权的平稳过渡,是启之德行胜于益的表现;而由《竹书纪年》解之,则这一政权的交接并不和平,是启杀益,以暴力夺取政权的结果。在笔者看来,在益、启交接政权之时,恰逢君位传承方式的骤然改变,若仅凭诸侯心意所属而非事实上的军队支持,恐怕不足以支持这场非传统的变革,所以笔者这里倾向于选择《竹书纪年》而非《史记》的记载来指代这一段的历史。

夏后帝启崩,子帝太康立。帝太康失国,……太康崩,弟中康立,是为帝中康。……中康崩,子帝相立。帝相崩,子帝少康。帝少康崩,子帝予立。帝予崩,子帝槐立。帝槐崩,子帝芒立。帝芒崩,子帝泄立。帝泄崩,子帝不降立。帝不降崩,弟帝扃立。帝扃崩,子帝廑立。帝廑崩,立帝不降之子孔甲,是为帝孔甲。……孔甲崩,子帝皋立。帝皋崩,子帝发立。帝发崩,子帝履癸立,是为桀。①

由上文我们可知,夏朝的帝位传承除了中康以太康之弟继位,扃以不降之弟继位,孔甲以廑之族侄继位,夏朝帝位传承维持了基本的"父死子继"的模式。当然,这段传承谱系以及夏朝的整个历史都曾受到疑古学派的质疑,以其为编造。但笔者认为,正如 *The Cambridge History of Ancient China*:*From the Origins of Civilization to 221 B.C.*的著者所秉持的立场:既然《史记》中所载的商朝的传承谱系已经由新近发现的殷墟卜辞得到了基本证实,那么,我们也就同样可以接受记载于其中的夏朝谱系。② 当然我们无法通过有限的材料而最终论断这一传承谱系的完全正确性,但是,我们也同样不能完全否定这一段记载所存在的真实的可能。

而《史记·殷本纪第三》又载:

汤崩,太子太丁未立而卒,于是乃立太丁之弟外丙,是为

---

① (汉)司马迁撰,(宋)裴骃集解,(唐)司马贞索隐,(唐)张守节正义:《史记》,中华书局1999年版,第63—65页。

② Michael Loews and Edward L.Shaughnessy:*The Cambridge History of Ancient China*:*From the Origins of Civilization to 221 B.C.*,Cambridge:Cambridge University Press,1999.,p.72.原文为"…On the other hand,since the genealogy of the Shang dynasty given in the *Shi ji* has been essentially validated by the newly discovered oracle-bone inscriptions,there would seem to be good reason to accept its genealogy of the Xia dynasty as well."

帝外丙。帝外丙即位三年,崩,立外丙之弟中壬,是为帝中壬。帝中壬即位四年,崩,伊尹乃立太丁之子太甲。太甲,成汤嫡长孙也,是为帝太甲。……襄帝太甲,称太宗。太宗崩,子沃丁立。……沃丁崩,弟太庚立,是为帝太庚。帝太庚崩,子帝小甲立。帝小甲崩,弟雍己立,是为帝雍己。……帝雍已崩,弟太戊立,是为帝太戊。……殷复兴,诸侯归之,故称中宗。中宗崩,子帝中丁立。……帝中丁崩,弟外壬立,是为帝外壬。……帝外壬崩,弟河亶甲立。是为帝河亶甲。……河亶甲崩,子帝祖乙立。……祖乙崩,子帝祖辛立。帝祖辛崩,弟沃甲立,是为帝沃甲。帝沃甲崩,立沃甲兄祖辛之子祖丁,是为帝祖丁。帝祖丁崩,立弟沃甲之子南庚,是为帝南庚。帝南庚崩,立帝祖丁之子阳甲,是为帝阳甲。……帝阳甲崩,弟盘庚立,是为帝盘庚。……帝盘庚崩,弟小辛立,是为帝小辛。……帝小辛崩,弟小乙立,是为帝小乙。……帝小乙崩,子帝武丁立。……帝武丁崩,子帝祖庚立。……帝祖庚崩,弟祖甲立,是帝甲。……帝甲崩,子帝廪辛立。帝廪辛崩,弟庚丁立,是为帝庚丁。帝庚丁崩,子帝武乙立。……武乙震死。子帝太丁立。帝太丁崩,子帝乙立。……帝乙崩,子辛立,是为帝辛,天下谓之纣。①

由此段记述,我们可知,与夏朝的帝位传承不同,商朝除了13王以"父死子继"外(外丙以汤之子立、沃丁以太甲之子立、小甲以太庚之子立、中丁以太戊之子立、祖乙以河亶甲之子立、祖辛以祖乙之子立、武丁以小乙之子立、祖庚以武丁之子立、廪辛以祖

---

① (汉)司马迁撰,(宋)裴骃集解,(唐)司马贞索隐,(唐)张守节正义:《史记》,中华书局1999年版,第72—76页。

甲之子立、武乙以庚丁之子立、太丁以武乙之子立、帝乙以太丁之子立和纣以帝乙之子立),3 王为叔侄相承(太甲以太丁之子立、祖丁以沃甲兄祖辛之子立和南庚以祖丁弟沃甲之子立),其余诸王皆为"兄终弟及"。吴浩坤在其《商朝王位继承制度论略》中认为,商朝的帝位传承是"子继为主,弟继为辅",并赞同王玉哲先生和刘启益先生的观点,以兄终弟及为母系氏族社会的孑遗。① 但笔者更赞同郑宏卫在《商代王位继承之实质——立壮》中的观点,即在王朝初立、政权不稳之时,应立年长之君,以巩固政权并加强王权;而在中商以后,政权日益稳固,王位传承的利益远大于其中隐含的危机,而内乱更会导致国家的衰弱,所以"立壮"原则就渐为"父子相继"所取代,而"立壮"也未尝不是众嫡子之中需立长子的原则的前身,这一原则在夏朝的传承谱系中也有其体现。②

我们从西周的传承历史中或许也可证明这一点。据《史记·周本纪第四》所载,除了"懿王崩,共王弟辟方立,是为孝王"③外,其余诸王皆为"父子相继"。而客观上可以说是淆乱帝统的"孝王",也在其过世后,由"诸侯复立懿王太子燮,是为夷王"④。至此,西周的王位传承谱系(除却这一小段)得以严格地表现为嫡支的父子相继。诚然,西周建立的早期也经历了犹如商朝草创之时的风雨飘摇,但是代之以"兄终弟及",其时的人们或者说是周公

---

① 参见吴浩坤:《商朝王位继承制度论略》,《学术月刊》1989 年第 12 期。

② 参见郑宏卫:《商代王位继承之实质——立壮》,《殷都学刊》1991 年第 4 期。

③ (汉)司马迁撰,(宋)裴骃集解,(唐)司马贞索隐,(唐)张守节正义:《史记》,中华书局 1999 年版,第 102 页。

④ (汉)司马迁撰,(宋)裴骃集解,(唐)司马贞索隐,(唐)张守节正义:《史记》,中华书局 1999 年版,第 102 页。

选择了"辅政"这一既不对王位传承的嫡长子继承制造成影响,又可最大限度地规避因君主年幼而引发政治动荡风险的方式。且早自商朝晚期从武乙开始,王位传承就由传统的"立壮"原则向嫡长子继承制过渡。由《史记·殷本纪第三》所载的"帝乙长子曰微子启,启母贱,不得嗣。少子辛,辛母正后,辛为嗣"①,我们即可明了这一点。如果说嫡长子继承制对"立壮"原则的取代是历史发展、王权日益兴盛,为了减少王族内部所可能的内斗消耗而作出的必然选择,那么,作出这一决定的初衷也一定是为了涌动着同样血脉的家族所享有的国之权柄的长远延续。而以恢复周朝礼制为自己毕生志愿的孔子,以及以周公为自己理想治政人格之一的儒家,其也必然对"嫡长子继承制"这种"父子相继"的、有序传承方式予以十分之推崇。孔子在关系自己能否见用出仕的情况下,尚可直言"名不正则言不顺",以"正名"为"治政之先",暗喻卫出公"父子争位"之"不当"。② 其实,嫡长子继承制向来是儒家正统观的有机组成部分。可能这不仅是为了在政权核心的君位传承之有序的情况下,保证社会的根本稳定。以儒家所分属的"君德""治教"思

① (汉)司马迁撰,(宋)裴骃集解,(唐)司马贞索隐,(唐)张守节正义:《史记》,中华书局1999年版,第76页。向《吕氏春秋·当务篇》另有记载如下:"纣之同母三人,其长曰微子启,其次曰中衍,其次曰受德。受德乃纣也,甚少矣。纣母之生微子启与中衍也,尚为妾。已而为妻而生纣。纣之父、纣之母欲置微子启以为太子,太史据法而争之曰:'有妻之子,而不可置妾之子。'纣故为后。(许维遹撰:《吕氏春秋集释》,中华书局2009年9月第1版,第252页)由《吕氏春秋》的说法,微子启与纣实为同母,只不过王后微贱之时而生启、册封之后而生纣,纣也因此而继位。虽然在《史记》的记载中,微子启与纣似为异母所生,而《吕氏春秋》中的微子启与纣系同母,但我们可以确定的是,由嫡长子继承王位这一基本事实是没有任何改变的。
② 语出《论语·子路》,杨伯峻译注:《论语译注》,中华书局1980年版,第133—134页。

想观之，君位继承人的提早确定，也为其更早、更有效地接受人君之教创造了必要的条件。所以，嫡长子继承制之下，对下一任君主的"国本"之称，亦不为失当。如果君位一直可以"有序"传承，而每任时君在即位之前亦可接受完善的君德之教导，这在"圣人不常有"的社会历史现实下，确实可以在相当大的程度上保证天下邦国的长治久安。但历史的前进并不能保证一个氏族的永恒荣光。而与执掌政权的氏族的没落相应，也必然兴起一个原本弱小的氏族。那么，这个新兴的氏族又应如何攫取与自己部族实力相适应的权力乃至地位？由此，我们便过渡到了对君位传承之中最具暴力色彩的方式的讨论。

四、汤武革命的改朝换代

一个新兴的强势族群的崛起，往往会不可避免地受到原有强势氏族的打压。其实这也是每一个家族在面对自身权力失却时所必然作出的本能性反应。而在对天下众邦国的统一领导权的争斗中，一个新兴的氏族想要攫取原先并不属于自己的至高政权也必将面临一个更现实的问题，即如何在暴力夺取政权后保证自己氏族的政权不被暴力夺取的问题。而这也就是兴兵所要解决的首要问题，亦即革命的合法性的问题。由此，我们的讨论也就从原有的氏族内部的有序传承，过渡到了不同氏族之间改朝换代的暴力革命。

参诸史书，我们会发现，汤武起兵名义上都是因为桀纣倒行逆施、为祸天下，而其自身只不过是受命于天，不敢不正尔。

《汲冢古文》曰：夏桀作倾宫、瑶台，殚百姓之财。

——《文选·东京赋》注①

《汲冢古文》曰：殷纣作琼室，立玉门。

——《文选·东京赋》注②

由《古本竹书纪年》的这两条记载，我们可知桀、纣应受讨伐的共性之一，可能就是大建宫室、耗夺民财。而考虑到当时的诸侯朝觐与纳贡制度，恐怕大小诸侯也在这一点上深受其盘剥。天长日久之下，各诸侯的怨愤之情远胜于昔日建国拥立之初的敬畏之心，这也就为其后来的响应讨伐埋下了伏笔。

而之所以是由汤、武革命，而非其他诸侯，按照相关史书的说法，首先就是因为其德行出众。③

《史记·殷本纪第三》有载：

> 汤出，见野张网四面，祝曰："自天下四方皆入吾网。"汤曰："嘻，尽之矣！"乃去其三面，祝曰："欲左，左。欲右，右。不用命，乃入吾网。"诸侯闻之，曰："汤德至矣，及禽兽。"④

由上文所说，汤王劝人去其三网而只留一网，我们可以确证，如果此为汤王心之所发，那么其确实是恩德及于禽兽。而王以治政为

① 方诗铭、王修龄：《古本竹书纪年辑证》（修订本），上海古籍出版社2005年版，第19页。此处亦可参见《尚书·汤誓》："夏王率遏众力，率割夏邑。有众率怠弗协，曰：'时日曷丧？予及汝皆亡！'"（李民、王健撰：《尚书译注》，上海古籍出版社2004年版，第105页）

② 方诗铭、王修龄：《古本竹书纪年辑证》（修订本），上海古籍出版社2005年版，第39页。此处也可参见《尚书·泰誓》中的"今商王受弗敬上天，降灾下民，沈湎冒色，敢行暴虐，罪人以族，官人以世。惟宫室、台榭、陂池、侈服，以残害于尔万姓。焚炙忠良，刳剔孕妇"（李民、王健：《尚书译注》，上海古籍出版社2004年版，第192页）。当然，事实如何我们可能无法具体考证。

③ 汤王是本身德行出众，而武王则是余荫于其父文王，深得众心。

④ （汉）司马迁撰，（宋）裴骃集解，（唐）司马贞索隐，（唐）张守节正义：《史记》，中华书局1999年版，第70页。

本。既然汤之仁德尚有余力延及禽兽,那么商汤之德于臣民、附庸之诸侯,则不论可知。故也无怪乎汤王为众诸侯所拥簇。

《史记·周本纪第四》有云:

> 西伯阴行善,诸侯皆来决平。于是虞、芮之人有狱不能决,乃如周。入界,耕者皆让畔,民俗皆让长。虞、芮之人未见西伯,皆惭,相谓曰:"吾所争,周人所耻,何往为,只取辱耳。"遂还,俱让而去。诸侯闻之,曰:"西伯盖受命之君。"①

由此段文字,我们可知,由于文王"阴行善"②,诸侯遇到难解的问题时,都倾向于寻其决断。所以虞、芮二国因边境领土发生争讼时,便欲寻文王解决。但二国使者入周国境域以后才发现,在周国,连普通的民众都知道互让耕田之边界,遂自惭而去。当时与现今不同,普通民众的受教育程度较低,能识字在普通民众之中已属难得,而典籍文册颇为珍贵,在某种程度上更是仅见于勋戚贵族之家。所以民风如何,在很大程度上取决于为政者的教化引导,也就是孔子所说的"君子之德风,小人之德草。草上之风,必偃"③。所以周人表现出的日常行止,其实是可以在相当大的程度上反映出文王自身理政能力的优越以及德行的出众的。

但是讨伐方的德行出众在某种程度上并不足以完全战胜人们心中一直保有的对于王权的深切畏惧。所以在讨伐之初,仍需誓师,申明己方确有天命。这也就是《尚书·汤誓》中所记载的"有

---

① (汉)司马迁撰,(宋)裴骃集解,(唐)司马贞索隐,(唐)张守节正义:《史记》,中华书局1999年版,第85页。

② "阴行善",即暗中行善之意。既然是暗中行善,又如何会为诸侯所知,这实在是一个问题。

③ 语出《论语·颜渊》,杨伯峻译注:《论语译注》,中华书局1980年版,第129页。

夏多罪,天命殛之"①和"夏氏有罪,予畏上帝,不敢不正"②,以及
《尚书·泰誓》篇所记载的"皇天震怒,命我文考肃将天威,大勋未
集。肆予小子发,从尔友邦冢君观政于商"③。而据《竹书纪年》
所载,夏桀、商纣失却天命也是有所征兆的:

> 《书纪年》曰:夏桀末年,社坼裂,其年为汤所放。
>
> ——《太平御览》卷八八○咎征部④
>
> 《纪年》曰:帝辛受时,天大曀。
>
> ——《开元占经》卷一○一⑤

以时人的观点看来,"社"为国本,"日"为人君之威⑥。而"曀"字
从《说文》之解,则为"阴而风也"⑦,据现代人之推测,其很可能是
由食分很大的日食造成。⑧ 所以,"天大曀"可能也就是为时人所
恐惧的日食。在时人的眼中,"社"代表着国家政权,而"日"则象
征着国君。所以在"社"和"日"遭遇到他们所无法对抗的自然外
力的侵袭时,时人也就必然会将这些现象的发生归之于为众人所

---

① 李民、王健:《尚书译注》,上海古籍出版社 2004 年版,第 105 页。
② 李民、王健:《尚书译注》,上海古籍出版社 2004 年版,第 105 页。
③ 李民、王健:《尚书译注》,上海古籍出版社 2004 年版,第 192 页。
④ 方诗铭、王修龄:《古本竹书纪年辑证》(修订本),上海古籍出版社 2005
   年版,第 19 页。
⑤ 方诗铭、王修龄:《古本竹书纪年辑证》(修订本),上海古籍出版社 2005
   年版,第 40 页。
⑥ 《尚书大传·汤誓》有载:(夏桀)笑曰:"天之有日,犹吾之有民也。日有
   亡哉?日亡吾乃亡矣。"(王闿运撰:《尚书大传补注》,《续修四库全书》
   编纂委员会编:《续修四库全书》第 0055 册,上海古籍出版社 2002 年版,
   第 813 页)
⑦ (汉)许慎撰,(宋)徐铉校订:《说文解字》,中华书局 1963 年版,第
   138 页。
⑧ 参见赵永恒:《唐虞夏商天象考》,《重庆文理学院学报》(社会科学版)
   2011 年第 30 卷第 2 期。

敬畏的至上之天,而时王作为天威的载体、政权的实际拥有者,这些在时人眼中与国本和君主直接相关的自然现象也就成为了上天对时王所降下的警示。但是无论是夏桀时可能由地震引发的"社坼裂",还是商纣时的"天大暷"所可能指代的日食一类的现象,按照时人的理论,都最多只能证明上天或是他们的先人对其操行的不满,而不能完满地证明汤、武确有其资格代领天命。然而,在这种情况之下而生发的讨伐之心,确实是能最大限度地获得当时乃至后世之人的认同的,如《孟子·梁惠王下》篇所记载的:

> 齐宣王问曰:"汤放桀,武王伐纣,有诸?"孟子对曰:"于传有之。"曰:"臣弑其君可乎?"曰:"贼仁者谓之贼,贼义者谓之残。残贼之人谓之一夫。闻诛一夫纣矣,未闻弑君也。"①

当然,孟子对汤武之行的辩护也极可能和其身为儒家,所以不得不"祖述尧舜,宪章文武"②有关。然而,商汤和武王真的是在迫不得已的外界逼迫下才揭竿而起的吗? 可能事实也未必真是如此。如果说我们从史书之中还并不能确切证明太公望和周文王在渭水垂钓之前就可能有所牵涉,那么伊尹和成汤则不尽然。《史记·殷本纪第三》有载:

> 或曰,伊尹处士,汤使人聘迎之,五反然后肯往从汤,言素王及九主之事。汤举任以国政。伊尹去汤适夏。既丑有夏,复归于亳。③

如果我们按照通行的注解,把"丑"作为"以……为丑",亦即"憎

---

① 方勇译注:《孟子》,中华书局 2010 年版,第 33 页。

② 语出《汉书·艺文志》,陈国庆编:《汉书艺文志注释汇编》,中华书局1983 年版,第 117 页。

③ (汉)司马迁撰,(宋)裴骃集解,(唐)司马贞索隐,(唐)张守节正义:《史记》,中华书局 1999 年版,第 69 页。

恶"讲,这段史事就可被解释为成汤发现了伊尹的贤才,作为一个尽忠的臣子,把这一贤才举荐给了夏王。但是因为夏王多行不义,为伊尹所厌,所以伊尹又回到了成汤的身边,辅佐于他。但如果我们结合《竹书纪年》所记载的"而弃其元妃于洛,曰末喜氏。末喜氏以与伊尹交,遂以间夏"①这一段来理解,"丑"就可解释为"丑化",也即伊尹在与末喜氏,亦即妹喜勾结,达到败坏朝政或是窃取情报的目的后,回到了成汤身边。以此观之,汤武革命,也未必是皇皇正义之师。当然,这也是仅供一说罢了。

但即使汤、武是有迫不得已的理由,其革命的手段也是引人非议的,这可能就是"子谓《韶》,'尽美矣,又尽善也'"②,而"谓《武》,'尽美矣,未尽善也'"③的原因。《韶》是虞舜之乐,《武》是武王之乐。无论其本身的功绩是非如何,让君位的传承方式沾染了杀戮与血腥,始终是为后人开了不好之先例,所以终不为美。而这也体现了孔子对于汤武革命所谓的"皇皇正义之师"的基本观点。对于孔子而言,其美尧舜、颂文王、誉周公,其所崇尚的是君位传承之有自,君臣恪守其道;其对汤武革命之"不言",实际上也暗喻了其"不与"的基本态度。而在孟子、荀子所处的大争之世,孔子之尧舜禅让之道显然是不可行于世的。所以,商汤义武,如何以百里之地而取天下,在孟子和荀子的理论体系中占有更为重要的地位。显然,这也是对其时心慕九鼎、"胸怀天下"的大小诸侯更

① 方诗铭、王修龄:《古本竹书纪年辑证》(修订本),上海古籍出版社 2005 年版,第 17 页。
② 语出《论语·八佾》,杨伯峻译注:《论语译注》,中华书局 1980 年版,第 33 页。
③ 杨伯峻译注:《论语译注》,中华书局 1980 年版,第 33 页。

有诱惑力的。所以,孟子言"闻诛一夫纣矣,未闻弒君也"①,将"桀纣之失天下"归结为其对民心的失却,亦即"桀纣之失天下也,失其民也;失其民者,失其心也"②。而"商汤文武"之得天下,实为桀纣如为渊驱鱼之獭、为丛驱爵之鹯,"为汤武驱民"的客观结果。③ 这也就为孟子"三代之得天下也以仁,其失天下也以不仁"④的"仁民而王"的君道思想张本。

而在荀子看来,天下本非一族一家私有之物:

> 汤、武非取天下也,修其道,行其义,兴天下之同利,除天下之同害,而天下归之也。桀、纣非去天下也,反禹、汤之德,乱礼义之分,禽兽之行,积其凶,全其恶,而天下去之也。⑤

所以,所谓"桀、纣有天下,汤、武篡而夺之"⑥,本不足论。"以天下之合为君",而"天下未尝合于桀、纣"⑦。在荀子看来,桀纣之类的暴君本身的君权合法性就是有问题的,由此,也就不存在汤武对其之君位的篡夺。民心、民意、民利亦是荀子理论体系之落脚

---

① 语出《孟子·梁惠王下》,方勇译注:《孟子》,中华书局 2010 年版,第 33 页。

② 语出《孟子·离娄上》,方勇译注:《孟子》,中华书局 2010 年版,第 136 页。

③ 语出《孟子·离娄上》,方勇译注:《孟子》,中华书局 2010 年版,第 136 页。

④ 语出《孟子·离娄上》,方勇译注:《孟子》,中华书局 2010 年版,第 131 页。

⑤ 语出《荀子·正论》,方勇、李波译注:《荀子》,中华书局 2011 年版,第 279 页。

⑥ 语出《荀子·正论》,方勇、李波译注:《荀子》,中华书局 2011 年版,第 279 页。

⑦ 语出《荀子·正论》,方勇、李波译注:《荀子》,中华书局 2011 年版,第 280 页。

点，"汤、武者，民之父母也；桀、纣者，民之怨贼也"①，所以，以荀子之见，师民之父母而诛民之怨贼者，理固宜然。而这种以"民"为君道理论之基本旨归的思想，亦是儒家政治思想的理论特色。

至于其他学派之先秦诸子对汤武革命之举所秉持的基本态度：道家虽未对此予以明确批判，但以老子之"天下无道，戎马生于郊"②和庄子之"尧攻丛、枝、胥敖，禹攻有扈，国为虚厉，身为刑戮"③，对战乱所表现的基本否定态度观之，其应该是不甚赞同的；而墨子则秉承其一贯的"利人多，故天福之，使立为天子"④之思想，以汤文武之行，为其"顺天志、利万民"而得天鬼之庆赏之实证；法家则更为现实、功利，管子以"伊尹善通移轻重、开阖、决塞，通于高下徐疾之策，坐起之费，时也"⑤的古代经济学理论，析解汤何以胜桀的"得失之数"；而韩非则将"昔者纣之亡，周之卑"，引之为"人臣太贵，必易主位"⑥的现实范本，并以"汤、武为人臣而弑其主、刑其尸"为"反君臣之义，乱后世之教者"⑦。然而，无论手段激烈与否，汤武革命之举，在大多数时人眼中，毕竟还是顺承天

---

① 语出《荀子·正论》，方勇、李波译注：《荀子》，中华书局2011年版，第280页。

② 语出《老子·第四十六章》，陈鼓应：《老子注译及评介》（修订增补本），中华书局2009年版，第238页。

③ 语出《庄子·人间世》，方勇、陆永品：《庄子诠评》（增订新版），巴蜀书社2007年版，第125页。

④ 语出《墨子·法仪》，方勇译注：《墨子》，中华书局2011年版，第24页。

⑤ 语出《管子·地数》，黎翔凤撰，梁运华整理：《管子校注》，中华书局2004年版，第1352页。

⑥ 语出《韩非子·爱臣》，高华平、王齐洲、张三夕译注：《韩非子》，中华书局2010年版，第30—31页。

⑦ 语出《韩非子·忠孝》，高华平、王齐洲、张三夕译注：《韩非子》，中华书局2010年版，第740页。

意的行为。若是旧有的政权体系并没有展现出为世人所认可的"失道"之处，新兴势力又应如何攫取自己所渴望的政权？由此，我们便进入了对下一种相对平和、漫长的君位交替之法的讨论。

五、"三家分晋"与"田氏代齐"

与汤武革命的改朝换代相若，"三家分晋"与"田氏代齐"在史籍上所代表的也是不同姓氏、宗族之间的新旧势力更迭。但是其与汤武革命所不同的，可能就在于其进行权力变更所选择的途径与实现这一目标的漫长周期。诚然，殷人和周民的崛起也并不能完全归功于汤武的一朝一世之功。但是，赵、韩、魏三家和田氏，是如何在其时的执政之君并未表现出明显暴虐之行、天宇示警的情况下，将自身的根基势力不断发展壮大，以至于最终取而代之，这是值得我们探讨和深究的问题。

《史记·晋世家第九》有载：

> 昭公六年卒。六卿强，公室卑。[1]

由其下的司马氏之索隐"韩、赵、魏、范、中行及智氏为六卿。后韩、赵、魏为三卿，而分晋政，故曰三晋"[2]，我们发现，此时的"六卿"已经特指韩、赵、魏、范、中行，以及智氏六家。而非其早先的，非有特定所指的"六卿"职称。其实这业已彰显了涵括"韩、赵、魏"三家在内的"六卿"，有别于晋国公姓宗族势力的崛起之态。

---

① 语出《史记·晋世家第九》，(汉)司马迁撰，(宋)裴骃集解，(唐)司马贞索隐，(唐)张守节正义：《史记》，中华书局 1999 年版，第 1383 页。

② (汉)司马迁撰，(宋)裴骃集解，(唐)司马贞索隐，(唐)张守节正义：《史记》，中华书局 1999 年版，第 1383 页。

而在"（晋）出公十七年（前458年），知伯与赵、韩、魏共分范、中行地以为邑"①的事件发生后，原本的"六卿"就变为了"四卿"，且这新近实力得到增强的"四卿"在随后与国君的势力斗争中取得了根本性的胜利，亦即晋出公身死、智伯立哀公。② 这就标志着整个晋国实际是处于"四卿"，尤其是智氏的掌控之下的。而在"哀公四年（前453年），赵襄子、韩康子、魏恒子共杀知伯，尽并其地"③之后，"三晋"格局正式形成，并最终在"烈公十九年（前403年），周威烈王赐赵、韩、魏皆命为诸侯"④事件后，韩、赵、魏取得了为周天子所认可的分封诸侯地位。而晋国的原有土地在晋静公二年，亦即公元前376年，也为"三晋"吞灭殆尽。⑤

由上所述，我们发现，从"三家"的强势崛起到最终的"三分晋地"，事实上至少经过了八十几年的时光。而在林宏跃看来，晋国早期宗室内部的频繁争斗所造成的"国无公族"，亦即"近支公族不得为卿执政和受封食邑"，是以"三家""六卿"为代表的异姓势力得以借机崛起的原因⑥，而自晋文公称霸以来，晋国的领土面积得以有效扩张，这也为六卿、三家增强自身的经济实力创造了客观

---

① （汉）司马迁撰，（宋）裴骃集解，（唐）司马贞索隐，（唐）张守节正义：《史记》，中华书局1999年版，第1384页。
② 参见《史记·晋世家第九》，（汉）司马迁撰，（宋）裴骃集解，（唐）司马贞索隐，（唐）张守节正义：《史记》，中华书局1999年版，第1384页。
③ （汉）司马迁撰，（宋）裴骃集解，（唐）司马贞索隐，（唐）张守节正义：《史记》，中华书局1999年版，第1384页。
④ （汉）司马迁撰，（宋）裴骃集解，（唐）司马贞索隐，（唐）张守节正义：《史记》，中华书局1999年版，第1385页。
⑤ 参见（汉）司马迁撰，（宋）裴骃集解，（唐）司马贞索隐，（唐）张守节正义：《史记》，中华书局1999年版，第1385页。
⑥ 林宏跃：《论三家分晋形成的社会机制》，《山西师大学报》（社会科学版）1992年第1期。

的社会条件。① 如银雀山汉墓出土竹简《吴问》篇就有如下记载：

> 吴王问孙子曰："六将军分守晋国之地，孰先亡？孰固成？"孙子曰："范、中行是（氏）先亡。""孰为之次？""智是（氏）为次。""孰为之次？""韩、巍（魏）为次。赵毋失其故法，晋国归焉。"吴王曰："其说可得闻乎？"孙子曰："可。范、中行是（氏）制田，以八十步为婉（畹），以百六十步为吻（亩），而伍税之。其□田陕（狭），置士多，伍税之，公家富。公家富，置士多，主乔（骄）臣奢，冀功数战，故曰先〔亡〕。……公家富，置士多，主乔（骄）臣奢，冀功数战，故为范、中行是（氏）次。韩、巍（魏）制田，以百步为婉（畹），二百步为吻（亩），而伍税〔之〕。其□田陕（狭），其置士多。伍税之，公家富。公家富，置士多，主乔（骄）臣奢，冀功数战，故为智是（氏）次。赵是（氏）制田，以百廿步为婉（畹），以二百卌步为吻（亩），公无税焉。公家贫，其置士少，主佥臣收，以御富民，故曰固国。晋国归焉。"吴王曰："善。王者之道，□□厚爱其民者也。"②

由以上这段吴王与孙子的对答，我们发现，在孙子眼中，晋国六卿能否重视居住于其名下所属土地上的民众，是与其能否真正世卿世禄有着重要关联的。范氏和中行氏以 160 步为亩，智氏以 180 步为亩③，韩氏和魏氏以 200 步为亩，而赵氏则一下子将亩制增至了 240 步。囿于对其时民政了解的局限，我们无法断言亩制的增

---

① 林宏跃：《论三家分晋形成的社会机制》，《山西师大学报》（社会科学版）1992 年第 1 期。
② 银雀山汉墓竹简整理小组编：《银雀山汉墓竹简——孙子兵法》，文物出版社 1976 年版，第 94—95 页。
③ 此处简文缺失，笔者由推论得知。

长可以切实做到富国强兵。但是赵氏的"公无税",亦即赵氏不向士收取田税①,与其他五家相较,却是具有明显的富民意味的。虽然其他五家的"伍税之",亦即五分之一的税率,在其时可能是一个相当通行的标准,如《论语·颜渊》篇中,鲁哀公就曾说"二,吾犹不足,如之何其彻也"②。但是同属于晋国的势力范围,所谓"邻之厚,君之薄也",此方势力的增长必然意味着彼方势力的削弱。这也就无怪乎孙子预言,只要赵氏不改变其初始的这种做法、无易其富民之心,晋国将最终归属于赵氏。虽然实际历史演进的结果是韩、赵、魏三分晋地,但是,我们也无法否定赵氏在对智氏的征战中所一直起到的主导作用。

而与赵氏的富民行为相仿,田氏在齐国取得了一定地位后,也实行过类似的富民举措③:

> 田釐子乞事齐景公为大夫,其收赋税于民以小斗受之,其(粟)[禀]予民以大斗,行阴德于民,而景公弗禁。由此田氏得齐众心,宗族益强,民思田氏。……田常复修釐子之政,以大斗出贷,以小斗收。齐人歌之曰:"妪乎采芑,归乎田成子!"④

观之于上文,田氏父子两代人的"小斗入、大斗出"的惠民政策,为

---

① "公无税"是指公家不向士收取田税,但是士还是要向其治下的民众收取田税的。(该观点见晁福林:《春秋战国的社会变迁》,商务印书馆,2011年版,第581页)

② 杨伯峻译注:《论语译注》,中华书局1980年版,第127页。

③ 李宝垒在其《齐国陶文与田氏代齐研究》一文中,为这一事件提供了考古学的实物证明。[参见李宝垒:《齐国陶文与田氏代齐研究》,《齐鲁文化研究》2010年第9辑(2010年)]

④ 参见《史记·田敬仲完世家第十六》,(汉)司马迁撰,(宋)裴骃集解,(唐)司马贞索隐,(唐)张守节正义:《史记》,中华书局1999年版,第1520—1521页。

田氏赢得了丰厚的利益。田乞通过给予其治下的民众以实利,为其家族揽取了众多民心,家族势力日渐增强。田乞本人也因此出任齐相,专国政。① 而其子田恒对其父政策的继承,更使得田氏家族在田恒弑杀齐简公后仍可以割裂齐土,自为封邑,历代为相,终至有国。② 虽然从公元前481年"田恒弑君专政"到公元前386年"田和蒙周天子册命为齐侯",经历了近百年的时光,但是这一期间,除却少数的公卿势力争斗,身为诸侯的君主本人,其实是没有可以如桀纣般书诸于史册的暴虐之行的。其间也没有明显的异象发生,比如日食,再如社裂。这一点在韩、赵、魏"三家分晋"的至少八十几年的时间周期内,也是同样存在的。那么,除却对民心的归拢,田氏和"三晋"又如何合理地变更周天子分封下的固定政权?笔者以为,这其中的关键并不在于过分强调敌对势力的无德之行,而在于如何彰显己方确获天命,理应有国。

《史记·赵世家第十三》就有这样的记载:

> ……简子寤。语大夫曰:"我之帝所甚乐,与百神游于钧天,广乐九奏万舞,不类三代之乐,其声动人心。有一熊欲来援我,帝命我射之,中熊,熊死。又有一罴来,我又射之,中罴,罴死。帝甚喜,赐我二笥,皆有副。吾见儿在帝侧,帝属我一翟犬,曰:'及而子之壮也,以赐之。'帝告我:'晋国且世衰,七世而亡,嬴姓将大败周人于范魁之西,而亦不能有也。今余思

---

① 参见《史记·田敬仲完世家第十六》,(汉)司马迁撰,(宋)裴骃集解,(唐)司马贞索隐,(唐)张守节正义:《史记》,中华书局1999年版,第1521页。

② 参见《史记·田敬仲完世家第十六》,(汉)司马迁撰,(宋)裴骃集解,(唐)司马贞索隐,(唐)张守节正义:《史记》,中华书局1999年版,第1522—1524页。

虞舜之勋,适余将以其胄女孟姚配而七世之孙。'"①

在赵简子的叙述中,他在睡梦中游于天帝之所,因自身的武勇获得了天帝的欣赏。天帝亲口告诉他晋国终要衰亡的命运,并且许诺为其后世子孙配婚以虞舜的高贵血脉。在晋国灭亡的命运业已注定的前提下,赵氏可能拥有的与高贵血脉的联姻,也就为赵氏在晋国覆灭的过程中分一杯羹,提供了必要的血统依据。毕竟原本晋国国君传袭的合法性就是植根于周天子对于自身氏族神圣血脉的分封。② 而在后面的相关记载中,这段梦中经历,借由自称上天使者的路人之口,被诠释得更加具有预示性,如他所射杀的动物代表范氏与中行氏,其子所获的翟犬意味着他最终将拥有代国。③ 当然,最为神异的记载莫过于在与智伯最后的交战中,赵襄子本人甚至直接得到了神人的帮助。④ 虽然在笔者看来,这段记述颇有陈胜鱼腹得书的意味。

---

① 参见《史记·赵世家第十三》,(汉)司马迁撰,(宋)裴骃集解,(唐)司马贞索隐,(唐)张守节正义:《史记》,中华书局1999年版,第1454页。

② 此即《史记·晋世家第九》所载的"桐叶封弟"之典:"成王与叔虞戏,削桐叶为圭以与叔虞,曰:'以此封若。'史佚因请择日立叔虞。成王曰:'吾与之戏耳。'史佚曰:'天子无戏言。言则史书之,礼成之,乐歌之。'于是遂封叔虞于唐。"[(汉)司马迁撰,(宋)裴骃集解,(唐)司马贞索隐,(唐)张守节正义:《史记》,中华书局1999年版,第1351页]

③ 参见《史记·赵世家第十三》,(汉)司马迁撰,(宋)裴骃集解,(唐)司马贞索隐,(唐)张守节正义:《史记》,中华书局1999年版,第1455页。

④ 原文如下:"原过从,后,至于王泽,见三人,自带以上可见,自带以下不可见。与原过竹二节,莫通。曰:'为我以是遗赵毋恤。'原过既至,以告襄子。襄子齐三日,亲自剖竹,有朱书曰:'赵毋恤,余霍泰山山阳侯天使也。三月丙戌,余将使女反灭知氏。女亦立我百邑,余将赐女林胡之地。……'襄子再拜,受三神之令。"[《史记·赵世家第十三》,(汉)司马迁撰,(宋)裴骃集解,(唐)司马贞索隐,(唐)张守节正义:《史记》,中华书局1999年版,第1459页]

而田氏与赵氏相比,其有国的正统性亦不遑多让:

> 初,懿氏卜妻敬仲。其妻占之,曰:"吉。是谓'凤皇于飞,和鸣锵锵。有妫之后,将育于姜。五世其昌,并于正卿。八世之后,莫之与京。'"陈厉公,蔡出也,故蔡人杀五父而立之。生敬仲。其少也,周史有以《周易》见陈侯者,陈侯使筮之,遇《观》≣之《否》≣,曰:"是谓'观国之光,利用宾于王。'此其代陈有国乎? 不在此,其在异国;非此其身,在其子孙。光,远而自他有耀者也。《坤》,土也;《巽》,风也;《乾》,天也。风为天于土上,山也。有山之材,而照之以天光,于是乎居土上,故曰'观国之光,利用宾于王'。庭实旅百,奉之以玉帛,天地之美具焉,故曰'利用宾于王'。犹有观焉,故曰其在后乎! 风行而著于土,故曰其在异国乎! 若在异国,必姜姓也。姜,大岳之后也。山岳则配天。物莫能两大。陈衰,此其昌乎!"①

由上述记载,我们发现,田氏抑或是陈氏代齐的正统性甚至可以追溯至其八世前的先祖陈完。在这一点上,以赵简子为代表的赵氏家族是远远不及的。早先,陈国大夫懿氏在决定是否将女儿婚配给陈完时,就得到了颇为吉祥的占卜结果,杨伯峻先生和王叔岷先生都认为,雄为"凤",雌为"皇"。② 所以,陈完夫妻结合后必能鸾凤和鸣,其后裔子孙也将在姜姓的国家发展壮大,五代之后,可以升至卿位,八代以后,权势无人可及,亦即八代后的子孙终将代齐而立。而陈完的父亲请史官用蓍草占卜的结果,与之大同小异,细节之处甚至更为明晰:史官占卦之初先得《观》卦≣,而由第四爻

---

① 杨伯峻编:《春秋左传注》,中华书局1981年版,第221—224页。
② 王叔岷:《左传考校》,中华书局2007年版,第23页;杨伯峻编:《春秋左传注》,中华书局1981年版,第221页。

之变,得到了《否》卦☰。《观》卦为坤下巽上,《否》卦为坤下乾上。由《说卦》之解,坤为地,乾为天,巽为风。①所以,史官选择用这三个基本卦象的象征来解释《观》卦第四爻的爻辞"观国之光,利用宾于王"。首先,从《观》卦风行地上之象,笔者以为,就算不从杨伯峻先生以《否》卦与《艮》卦为互体来解释"山"这一意象的来源②,或许我们从风力沉积的物理作用也可以体会从无到有的成山过程。而这个聚沙成塔、集腋成裘的过程如果用来比附田氏远赴异国、渐起微末的奋斗史,笔者以为,也是颇为适宜的。从"光"字的本义来看,史官认为其应解为"远而自他有耀者也",所以这其实也就预示着田氏的功业将光耀于异国。而由《说卦》之解,乾可为君、为玉,坤可为布,艮可为门阙。③所以这也就有了后文史官所解的,门庭充斥着奉持玉帛等礼物的朝觐之人。至于"姜姓"之国的说法,在笔者看来,可能也是因为《艮》卦本身的"山"之意象而联想到的"大岳之后"。所以,田氏代齐,以《左传》之解看来,其实是具有某种天意、命定意味的。而这和赵简子所获之梦兆一样,为其在彼时周天子之威权虽然有损,但其正统地位仍未完全失却的战国初中期,获得时人的认同,以及与之相应的正统地位准备了必要的条件。当然,这种代世君之位而有其国的做法,是得不到崇尚"正名"、尊奉"正统"的儒家的支持的,哪怕在这一过程中,窃国者所行的仍是惠民、利民之举。

---

① 参见黄寿祺、张善文:《周易译注》,上海古籍出版社 2004 年版,第 585—586 页。

② 杨伯峻编:《春秋左传注》,中华书局 1981 年版,第 223 页。

③ 参见黄寿祺、张善文:《周易译注》,上海古籍出版社 2004 年版,第 586 页。

《论语·宪问》篇即有载：

> 陈成子弑简公。孔子沐浴而朝，告于哀公曰："陈恒弑其
> 君，请讨之。"公曰："告夫三子！"孔子曰："以吾从大夫之后，
> 不敢不告也。君曰'告夫三子'者！"之三子告，不可。孔子
> 曰："以吾从大夫之后，不敢不告也。"①

即便知晓己言不会见用，孔子亦秉奉自身之操守，仗义执言陈恒弑
君之非。然而鲁国之政事悉决于"三桓"而非鲁君的现实，究其本
质而言，虽无至"三家分鲁""代鲁有国"的地步，其亦是对儒家所
崇奉之正统的淆乱，臣已失其臣道。而孟子、荀子虽认可汤武革命
的正义性，但其所认可的是商汤文王因其本有德行，而终致"天予
之命""民予之位"，而非假天之意、行弑君乱国之实，所以，孟子、
荀子对此种"和平演变"所秉承的态度，至少不会是支持的，甚至
应该是反对的。

至于其他先秦诸子，老子、管子活跃于此等事件之先，其必然
对此无所论说；而墨子所以为得天鬼庆赏之范本的，至少都是实有
天下之君王，而非小国之邦君，其于此类事件并无具体评述；庄子
则在《胠箧》篇中，直言对此类"彼窃钩者诛，窃国者为诸侯"②之
"小国不敢非，大国不敢诛"③的反讽之意；而韩非子则从其前解，
认为"晋之分也，齐之夺也，皆以群臣之太富也"④，"明君"者，应
"能畜其臣"⑤，此亦是韩非一贯对君臣相处中君主势位的强调。

---

① 参见杨伯峻译注：《论语译注》，中华书局 1980 年版，第 153 页。
② 方勇、陆永品：《庄子诠评》（增订新版），巴蜀书社 2007 年版，第 306 页。
③ 方勇、陆永品：《庄子诠评》（增订新版），巴蜀书社 2007 年版，第 305 页。
④ 语出《韩非子·爱臣》，高华平、王齐洲、张三夕译注：《韩非子》，中华书局
2010 年版，第 31 页。
⑤ 语出《韩非子·忠孝》，高华平、王齐洲、张三夕译注：《韩非子》，中华书局
2010 年版，第 740 页。

纵览上述几种君位传承方式,其基本是顺应历史的发展而逐步加以变革。在早期人口稀少的部落初步发展时期,彼时大家血脉相近,族群内部的传承即可满足需要。而随着部落的扩大与发展,大小部落逐渐林立,所以禅让制的传承方式予以出现。这就要求在原有的血缘之外,还需满足其他部落首领的认可,以及被传承者自身也应具有相应的执政能力和与之相匹配的威望。但随着原始国家的出现、政权体制的初步建立,早期的职司分立使得被传承者无须像以前一般拥有完备的执政能力,被选择的关键反而是其过往所创下的功绩,也即足够的威望。而在社会进一步发展,部落氏族之间的利益争端不再可以简单地加以调和时,一家氏族的独大所引发的就是传统禅让制的瓦解与"家天下"传承方式的开始。此时的血脉传承也仅仅局限于一个氏族乃至其中的一个强势分支。但是随着另一个氏族的强势崛起,并随之生发了与之相应的对至高政权的无比渴求,那么,传统家族分支内部的父子相继或是兄终弟及就不得不被暴力中断抑或是和平演变,直到另一个新兴的王朝或家族同样选择这种传承方式。

对于上述所论的诸种君位传承方式,儒家秉持固有的"公天下"而非"私天下"之理念,以及其之正名、正统观,使其对尧舜之禅让致以十二万分的推崇,并因尧、舜、禹之德,视其为时君所应宗法的上古圣王治政之理想;而基于血脉承延的嫡长子继承制,因为其之传承有序,以及其所隐含的、可对未来之人君予以正确引导之意味,亦得到了以孔子为代表的儒家之推崇;而汤武革命虽颇具暴力色彩,孟子、荀子仍因汤武拯万民于水火之担当,对其颇有赞誉,以桀纣之失民心在先,汤武亦非不义;至于"三家分晋"和"田氏代齐",其作为春秋战国时期名实淆乱之确证,必然受到崇奉周朝礼制、以恪尽臣道之周公为己身榜样的孔子的批判。而其他先秦诸子,道家致力于对战乱不休之现实本身的否定,庄子于"禅让""田氏代齐"亦有嘲讽之说;墨子以尧舜汤文为秉天之志、获天鬼之庆赏的明验,其综天下之兴替为顺天意而利万民;而法家则颇为现实,管子以"汤胜桀"为伊尹经济之法优,韩非以桀纣之败、分晋代齐之功成,为君臣势位之失序。

不得不说,上述每一种传承方式其实都是与其自身所处的时代相适应的。哪怕是"三家分晋"这种看起来削弱了晋国原有实力的历史事件,其实也是有利于晋国原本境域的充分开发的;而韩、赵、魏三家分晋,田氏一家代齐,战国时却皆为"七雄",也只是因为齐国疆域较晋国狭小,可以为田氏一族所独掌罢了。① 至于与天下权柄之攫取、公室卿族之争关涉不大的普通民众在这传承的过程之中,所期许的也无非是承载着现世统治力与影响力的王座可以平顺而没有过多争端的传承。因为无论是王族的内耗,抑或是不同氏族的统治权争夺,必然都会带来为期不等的内政不治和战争损耗。而这其中受到最大损害的恰恰就是最无从决定自身命运的普通民众。所以,"上如标枝,民如野鹿"②,这对无法掌控自身生死的卑微民众来说,也未尝不是一种理想的期冀。

而提起"标枝",笔者不由得想起弗雷泽在其著作《金枝》中所

---

① 吕思勉先生曾将这段历史事件评价为:"晋之分,亦出事势之自然。盖统一必以渐臻。春秋时之大国,地兼数圻,本非开拓之力所及,遂有尾大不掉之势。其分也,非分也,前此本非真合也。分裂以后,各君其国,各子其民,治理既专,开发弥易,则其四竟之内,风同道一,或反有过曩时矣。田氏篡齐,事与三家分晋一律,惟齐之疆域,视晋为狭,故为田氏一家控驭之力所及,而晋则不然耳。"(吕思勉:《先秦史》,上海古籍出版社 2005 年版,第 194 页)

② 原文引自《庄子·天地》,方勇、陆永品撰:《庄子诠评》(增订新版),巴蜀书社 2007 年版,第 393 页。

提到的,为凯尔特人督伊德教①祭司们所敬奉的长有槲寄生的橡树。该橡树之所以得到敬奉,在弗雷泽看来是因为"凡这样的橡树不仅受过雷电轰击,而且其树枝间还有那神火留下的可见的信物"②。也就是说,这种橡树之所以受到敬奉是因为其显而易见的某种与神灵的关联。而如果我们把历代的君王承继者比作每一棵需要经人拣择才能获得崇奉的橡树,那么,被选定的、值得崇奉的那一类橡树也就是承载着世俗统治力的真正的象征。往昔民众出于对上天和神灵的敬畏以及自身的无力,使其在最大限度上屈从于现实王朝的统治。如果说君主是承载着现时社会统治力与影响力的尸主,那么,上天与神灵则是民众心中可以保证这一力量正确发挥其效用的最高信用者之代言。但是历任君主比之橡树而言,因其个人材质的必然差异,其行为操守存在着太多的不可确定性。毕竟我们无法具体感知橡树的需求与意愿,而君主却可通过其现实中的无上权柄而切实影响整个政权体系的正常运行与维系。所以,我们的问题也就变为是否存在着某种超越君主的力量可以对现世享有无上尊权的君主加以事实上的正定与约束,亦即君主权力来源的合法性以及对其制约的问题。神灵之于橡树,其实也正如同上天之于时王。但是,传统时期人们对于上天的崇奉提示我们,现世的君王也未必不可以反向利用上天的至上权威来维系自身的统治。由此,人们心目中的至上之天与君主之间就存在着一种回环式的关联。所以本书的下一章节所讨论的也正是君权神授的君主权力合法性之来源,以及上天和时君之间所存在的某种奇特的关联性。

---

① 这一词语,在现代可能多译为德鲁伊。

② [英]詹·乔·弗雷泽著,徐育新等译:《金枝》,大众文艺出版社1998年版,第1002页。

第二章　君道之基——君权
天授之神道信念

　　获得君位传承的时王们为了证明自身获得现有至高统治权力的正义性,往往必须在自身的血统论证之外,展示出自身与上天以及其他神灵之间所存在的某种必要关联,而这也不失为其之后世子孙可以绵延国祚的重要保证。这也就是我们通常所言说的"君权神授""昊天赐命"。而这份依托于神道信念的君权合法性之证明,在事实上,也就构成了君道理论的现实根基。毕竟一切关涉君道理论之分说,都必须首先解决人君权位之合法性的问题。董恩林就以君权神授为基础的王权正统观为儒家正统观之核心内涵。① 但是,历任君王之所以倾向如此行事的原因,却是首先源于时人观念中上天所具有的真正的无上威权所可能对君主以及治下政权带来惩戒的畏惧。而这也就是时人心目中有意志之上天对于既有君道的正定与诚命。由此,我们的首要问题也就随之出现,亦即天者为何、天是否有灵的初始探问。

----

　　① 　参见董恩林:《试论历史正统观的起源与内涵》,《史学理论研究》2005 年第 2 期。

一、万物有灵与作为至上神的天

万物有灵观(animism),亦称泛灵论。据《大英百科全书》之解,其之基本观点为,万千不可计数之灵性存在,可以对现实之人类生活产生或好或坏的利益关涉。① 而其之首创者爱德华·泰勒先生,在《原始文化》一书中,为之厘定了两项基本信条:其一,所有生物的灵魂在其现实躯体死亡抑或消失后仍可继续存在;其二,包含着精灵的灵性存在,可以进阶为影响甚至控制物质世界以及人之今世与来生的威力庞大的诸种神灵。② 所以,万物有灵论其实也就是原始宗教之祖先崇拜与自然神崇拜的理论基础。而我国的民族文化作为世界文明史的一个有机组成部分,也必然体现着世界各民族文明所表现出的共有特征。由此,我们之先民,在远古之初,其也必然秉持着相当程度的万物有灵思想。逝去之祖先、自然界的诸种事物以及其之变化,都是我们先民予以宗教奉祀的对象。《绎史·开辟原始》篇描述道:

> 首生盘古,垂死化身,气成风云,声为雷霆,左眼为日,右眼为月,四肢五体为四极五岳,血液为江河,筋脉为地里,肌肉为田土,发髭为星辰,皮毛为草木,齿骨为金石,精髓为珠玉,

---

① 《大英百科全书》之原文为"belief in innumerable spiritual beings concerned with human affairs and capable of helping or harming human interests",参见 *Encyclopaedia Britannica 2012* 电子版的搜索结果,*Encyclopaedia Britannica 2012 Ultimate Reference Suite*,Chicago:Encyclopaedia Britannica Inc.,2012。

② 参见[英]爱德华·泰勒著,连树生译:《原始文化》,上海文艺出版社1992年版,第414页。

汗流为雨泽,身之诸虫,因风所感,化为黎甿。①

这里就很好地反映了我国原始宗教早期之祖先崇拜与自然崇拜有机结合的特点。而这则人与自然万物俱为盘古一身化生的神话传说,其实也在某种程度上肯定了人与自然万物在本属之气质禀赋上的一致性,可能这也不失为后期天人相感的理论来源之一。

而随着原始的万物有灵信仰逐渐发展为有其自身独特体系建构的宗教崇拜,正如现实社会中人们之间存在着权位、财势的等级之分,完整的宗教建制也要求对我们先民原始素朴的自然、祖先崇拜加以祭祀等级的不同区分。而"天"也就作为至高神之代表,在这历史演变过程中,其地位不断地凸显了出来。陈梦家先生就在其《殷墟卜辞综述》中,依照卜辞的记载,将殷人的祭祀对象分为三类:

> 甲、天神　　上帝;日,东母,西母,云,风,雨,雪
>
> 乙、地示　　社;四方,四戈,四巫;山,川
>
> 丙、人鬼　　先王,先公,先妣,诸子,诸母,旧臣 ②

从以上记载,我们可以看出,陈梦家先生文中的";"是明显有着等级意义划分的。在其划分的天、地、人三类神祇中,"上帝"和"社"分处于天神和地示的最高等级,而具体事物抽象化的自然崇拜则处于较低的位置。可能这也与原始宗教崇拜发展的先后顺序有关。据《尚书·舜典》记载:

> 正月上日,受终于文祖。在璿玑玉衡,以齐七政。肆类于上帝,禋于六宗,望于山川,遍于群神。③

---

① (清)马骕撰,王利器整理:《绎史》,中华书局 2002 年版,第 2 页。

② 陈梦家:《殷墟卜辞综述》,中华书局 1988 年版,第 562 页。

③ 李民、王健:《尚书译注》,上海古籍出版社 2004 年版,第 13—14 页。

以上文字起码证明,在后人看来,早在虞舜之时,自然崇拜就业已完善。其中的"上帝"代指"上天",以"类"祭之;"六宗"为天之下、山川之上的六种值得尊事的事物①,以禋祀祭之;而"山川"作为自然崇拜的通常代表,在此处用"望"礼祭祀之。在祭祀的先后顺序上,上天拥有胜于其他自然物象的地位。而《竹书纪年》也有载:

> 《纪年》曰:后芒即位,元年,以玄珪宾于河,东狩于海,获大鱼。后芒陟位,五十八年。
> ——《太平御览》卷八二皇王部②

这里的"后"即首领之意,"芒"为帝之名,其为夏朝中期的国君。所以我们至少可以证明在夏朝之时,祭河之礼就早已有之。而此处的"河"应是特指"黄河"。考虑到黄河作为早期人们生活用水、农业灌溉用水的重要来源,以及其从尧舜时期就经常泛滥的历史现实,恐怕确实是有用"玄珪"加以平复、安抚的需要的。所以,我们可以大胆推测,夏朝之时,自然祭祀之礼就已颇具规模。虽然不能确证,但与等级化的自然祭祀之礼相应的"天"之至上地位,可能在其时亦有所表征。

而殷人的宗教信仰体系在因循前人之自然崇拜的基础之上,定然会更加完善,且这也是一个我们确实可考的年代。所以在任继愈先生主编的《中国哲学发展史》(先秦卷)中,其对当时已有的

---

① 如王肃认为,此为四时、寒暑、日、月、星、水旱也;马融认为,此为天地四时也;孔光、刘歆以此为乾坤六子,水火雷风山泽也;郑玄以六者皆为天之神祇,星、辰、司中、司命、风师、雨师也,等等。[参见(汉)孔安国传,(唐)孔颖达疏,李学勤主编:《尚书正义》,北京大学出版社1999年版,第58—59页]

② 方诗铭、王修龄:《古本竹书纪年辑证》(修订本),上海古籍出版社2005年版,第11页。

各家关于殷人"至上神"之观点进行了细致分说。当然本书并不从任公初始的社会制度的变革角度讨论,而是将其按照本书所需,加以概括总结如下:郭沫若先生认为,殷人已有的至上神——帝或上帝,就是他们的祖先神,而他们把自己的祖先神移至天上,其就成为天上的至上神;侯外庐先生和范文澜先生则认为祖先崇拜在殷人的信仰体系中占据最为重要的位置;李亚农先生认为,殷人保留了原始社会的自然崇拜和祖先崇拜信仰,并创造了新的至高神"上帝",在创造新信仰这一点上,李亚农先生和郭老的认知相似,但是其是否是由自我氏族的图腾上升而成的,这一点则不好定论;而在陈梦家先生的看法中,殷人的宗教信仰则可细分为我们上文已经援引的三种类别,但是上帝只是自然天象的主宰,而非与人王具有血统关联,不过只有通过先公先王以及神祇,世人才能表达自身求雨祈年的诉求。①

综合上述各家之说,殷人宗教信仰体系中之至上神"上帝"确实存在自然崇拜、祖先崇拜抑或是二者有机结合的三类不同观点之区分。在这一问题上,笔者倾向于陈梦家先生之观点,认为上帝为自然天象之主宰,所以"天"为至上神之地位确立无疑。但是笔者与陈梦家先生的史学立场不同,笔者更倾向于结合当时的社会情境,发掘这三种业已存在的信仰分类建立初始的意欲所在,以及神道设教之初是为了将人们导向何方的问题。

殷人信仰体系中的自然崇拜并不用我们细细分说。当时人们的生产力水平仍然低下,自然的天灾水旱对人们的生产、生活有着非常现实和直接的影响。所以,与其说当时的人们是对天这一类

---

① 参见任继愈主编:《中国哲学发展史》先秦卷,人民出版社 1983 年版,第 79—81 页。

的自然神祇有着发自本能的亲近,毋宁说人们只是因为现实的切身利益相关而不自觉地生起了对其的谄媚与畏惧之情。而商朝建立之初的连年大旱,恐怕更加剧了这一点。我们可想而知,虽然成汤通过"桑林祈雨"最终缓解了这场大旱,但是农业生产却是一个不可间断的周期性活动。水旱问题,以当时的生产条件来看,也并不是一个一劳永逸就可以解决的问题。而先前旱灾的发生,更使当时的君王认识到,自身夺取政权的行为可能、或许已经在相当大的程度上触怒了某个冥冥之中的主宰,那么,为了加以弥补,或者更现实地说,使农业生产不至于遭受先前的打击,殷商的君王都要在实际行动上对这位冥冥之中的至上主宰加以补偿,而这也是为了在新王朝与这位主宰之间建立不弱于前代中央王朝的必要关联。所以,这就在现实情境上要求时王对"天"应予以极度的尊崇与祭祀。黄心川先生认为,基于夏、商、周三代华夏民族主要从事农业生产之现实,"中国的宗教观念从一开始就把上天的风调雨顺和下民的勤苦耕耘置于同等的重要地位"①。而祖先作为殷人现时血脉之来源,就事理而言,必然对其后代子孙秉有着天然的亲近与佑护之情。所以将"天"与祖先相联系,甚至以先祖之人格控驭自然之天的观点,其实也正是反映了时人对于至上之天的尊崇、敬畏与深深的祈愿之情。所以,我们可以肯定,天为至上神之观点,至晚于殷商之时就已确立。只不过此时的"天"之"至上",仍需假借"帝"之名号。而及至儒家活跃之世,虽然西周传统的天命神学观,业已发生不小动摇,但是儒家仍是对"天"之至上地位予以基本肯定的。孔子在"与其媚于奥,宁媚于灶"这一问题上,就

---

① 黄心川:《论中国历史上的宗教与国家的关系》,《世界宗教研究》1998 年第 1 期。

秉持"获罪于天,无所祷也"之观点。① 如果我们不从传统的"奥"
"灶"之喻指涵义对此句加以解读②,仅从字面实义观之,"天"之
"至上神"之地位确立无疑。而儒家后学董仲舒也正是引此言为
证,释"天"为"天者,百神之大君也。事天不备,虽百神犹无益
也"③。以上我们确定"天"之"至上神"地位若此,那么,"人与
天",或者更严格意义上说的,"君与天"之间是否确实可能存在着
某种正定式的关联,让我们于下细观之。

二、天与人的相通与交感

在前文中,笔者业已通过援引《竹书纪年》的相关记载,初步
论述了夏、商的末世君主之失德可能与不可测度之天存在着某种
客观的符应关联。而这也是历来为古代人们所崇信的。然而我们
从上文之中亦可发现,我们只能确定关于成汤以及文王之德行的
记载,但却没有发现当时只是一个区域部族首领的成汤或者文王

① 语出《论语·八佾》,杨伯峻译注:《论语译注》,中华书局 1980 年版,第
27 页。
② 据高尚榘先生之考证,"奥、灶喻指,争议纷纷,颇难揣定,暂存疑"(高尚
榘主编:《论语歧解辑录》,中华书局 2011 年版,第 112 页)笔者此处仅以
晋时栾肇之解为例,"奥尊而无事,灶卑而有求。时周室衰弱,权在诸侯。
(王孙)贾自周出仕卫,故托世俗言,以自解于孔子"(高尚榘主编:《论语
歧解辑录》,中华书局 2011 年版,第 110 页)。朱子于此处之义解,亦颇
为精当。其以贾为卫之权臣,故其之用意实喻"自结于君,不如阿附权
臣",乃讽孔子尔[(宋)朱熹撰:《四书章句集注》,中华书局 1983 年版,
第 65 页]。
③ 语出《春秋繁露·郊语》,苏舆撰,钟哲点校:《春秋繁露义证》,中华书局
1992 年版,第 398 页。

具体获得了哪些预示，以证明其确有天命。而如果我们建立在原始的天与人之间存在相通与交感之上的论说，在某种程度上，只能适用于已获得最高统治权力的中央王朝的话，那么原先福佑于前王朝的天或者说是神灵乃至祖先，为什么会突然赐福于另一支谱系上实有关联，但历经数百年之发展，其在血脉上业已十分稀薄的后裔？这不得不说是十分值得我们探究的。毕竟其完全可以等待本族直系血裔的下一任传承者，或者从本族的支系中选择更为合适的一人，而不是将整个天下完全转移给另一个疏远了不知多少代的族脉。笔者更倾向于将时人语境中的天示预警理解为单纯的警示，而非预示着权力的移交。那么采用暴力手段、自诩为天命之拥有者的氏族首领们，其在确实获得中央王朝的最高统治权力后，是否会在某种程度上受到上天或神灵的惩戒，这便是我们接下来所要探讨的问题。

　　据《竹书纪年》所载：

　　　　十八年癸亥，王即位，居亳。始屋夏社。

　　　　十九年，大旱。氐、羌来宾。

　　　　二十年，大旱，夏桀卒于亭山。禁弦歌舞。

　　　　二十　年，大旱，铸金币。

　　　　二十二年，大旱。

　　　　二十三年，大旱。

　　　　二十四年，大旱。王祷于桑林，雨。①

从上述文字中，我们可以看出，从十八年癸亥，成汤即位，也即其正式宣布获得天下的最高统治权力的那一刻起，当年值得记录的头

---

　　①　方诗铭、王修龄：《古本竹书纪年辑证》（修订本），上海古籍出版社2005年版，第225—226页。

等大事便是"始屋夏社"。辅以现存《尚书序》的记载:"汤既胜夏,欲迁其社,不可。作《夏社》。"①我们可知,成汤最初的打算是欲迁夏社,但是没有成功。我们所能看到的,其对夏社的处理,就是《竹书纪年》中的"屋夏社"。那么,"迁"和"屋"又分别具有怎样特别的意蕴呢? 这里的"社"指代的又是什么? 参见《礼记·郊特牲》②之记载,我们可知:

> 社所以神地之道也。地载万物,天垂象,取财于地,取法于天,是以尊天而亲地也,故教民美报焉。家主中霤而国主社,示本也。唯为社事,单出里。唯为社田,国人毕作。唯社,丘乘共粢盛。所以报本反始也。③

这段文字依照今天的语言来理解,就是,"社",亦即社祭,是当时人们表现其对大地崇敬的手段。诸种物产皆取之于地,所以人们应对大地亲近;诸种法则皆象演于天,所以人们应崇敬于天。而"社祭"就是教导人们应该恰当地回报。对于家,要在中霤④予以祭祀;至于国,则应在专门的社坛祭祀:这都是因为土地是家国的根本。在以"里"为单位举行社祭时,里中的每一家都需出人参与。在为社祭举行的田猎中,国中之人也必须尽皆参加。也只有为了社祭,各地都要以"丘乘"为单位,贡献祭祀所使用的谷物。

---

① 李民、王健:《尚书译注》,上海古籍出版社 2004 年版,第 108 页。
② 虽然《礼记》主要是对《仪礼》,也即周代的诸种礼仪制度的文字疏解,但由我们通常所说的"殷因于夏礼,所损益,可知也;周因于殷礼,所损益,可知也。其或继周者,虽百世,可知也"(杨伯峻译注:《论语译注》,中华书局 1980 年版,第 21—22 页),我们是可以由周礼复推殷商礼制的基本状况的。所以此处笔者以为还是可以用《礼记》作为参详的。
③ (清)孙希旦撰,沈啸寰、王星贤点校:《礼记集解》,中华书局 1989 年版,第 686 页。
④ 也即中庭。

行文至此,我们已经可以了解社祭以及举行国之社祭的社坛,在一国传承中的重要地位。

而据魏建震在《禹治水与夏代社祭祀》中的研究成果,《礼记·郊特牲》中祭祀土地的"社祀"只不过是其早期的原始形态,"随着早期国家的诞生,夏社与九鼎共同变成了国家和权力的象征"①。而成汤既然已经完成了改朝换代的壮举,那么,其自然是希望从根本上对原有朝代的统治根基加以变革。但因为《夏社》一文的失传,我们也不能确定成汤之所以无法"迁夏社"的原因为何。孔安国传文云:

> 汤承尧、舜禅代之后,顺天应人,逆取顺守而有惭德,故革命创制,改正易服,变置社稷,而后世无及句龙者,故不可而止。②

孔安国认为,汤迁夏社失败的原因是"后世无及句龙者"。句龙,相传为共工之子。所以此时的夏社祭祀按照魏建震的看法,实为自然祭祀与祖先祭祀的结合。③ 而依照魏先生的论证,正是因为汤找不到可以替代句龙这种为民众所普遍承认的祭祀对象,所以其无法"变易"夏社。④ 魏先生另举《汉书·郊祀志》"汤伐桀,欲迁夏社,不可,作夏社。乃迁烈山子柱,而以周弃代为稷祀"的记

---

① 魏建震:《禹治水与夏代社祭祀》,《古籍整理研究学刊》2008 年 3 月第 2 期。

② (汉)孔安国传,(唐)孔颖达疏,李学勤主编:《尚书正义》,北京大学出版社 1999 年版,第 193 页。

③ 参见魏建震:《禹治水与夏代社祭祀》,《古籍整理研究学刊》2008 年 3 月第 2 期。

④ 在魏先生的文章中,亦列举了"迁"为"迁移"说,其认为这一说法亦有道理(参见魏建震:《禹治水与夏代社祭祀》,《古籍整理研究学刊》2008 年 3 月第 2 期)。

载,其不以"作"为"写作、创制"之义,而是另从新说,认为"作夏社"意味着"成汤通过对夏社进行祭祀,以表明自己对夏原有土地的继承与占有,表明自己继夏之后已成为中原新主人"①。而"屋之"这一手段在魏先生看来,是"以夏社为惩戒之社",由其时夏商族民以及成汤个人的心理来看,颇为不可行。②

但是,由《白虎通疏证》对"屋之"所注解的"奄其上,使不得通天,柴其下,使不得通地,自与天地绝也。面北向阴,示灭亡也"③,笔者发现,其实我们可以将"屋"字以其原始的动词义项解析,亦即建屋遮盖之意。由《礼记·郊特牲》解之,就是:"天子大社,必受霜露风雨,以达天地之气也。是故丧国之社屋之,不受天阳也。"④这也就是将原来的社坛予以遮蔽,使其无法与天地二气交通的意思,亦即《白虎通疏证》中对这一句所诠解的"示与天地绝也"⑤;而"面北向阴"的屋宇营建方式,也在最大限度上减少了阳光的入射量,可能这也不失为摒除"天阳"的另一种方式。而赵芝荃先生在其《夏社与桐宫》中则将"屋之"抽象地理解为商王朝一方面保留原有的夏社,另一方面又在夏人的统治中心地区兴建自己的社稷。⑥ 从这里,我们似乎可以看出成汤对旧有王朝社坛的隐约忌惮。

---

① 魏建震:《禹治水与夏代社祭祀》,《古籍整理研究学刊》2008 年 3 月第 2 期。
② 参见魏建震:《禹治水与夏代社祭祀》,《古籍整理研究学刊》2008 年 3 月第 2 期。
③ (清)陈立撰,吴则虞点校:《白虎通疏证》,中华书局 1994 年版,第 86—87 页。
④ (清)孙希旦撰,沈啸寰、王星贤点校:《礼记集解》,中华书局 1989 年版,第 685 页。
⑤ (清)陈立撰,吴则虞点校:《白虎通疏证》,中华书局 1994 年版,第 86 页。
⑥ 赵芝荃:《夏社与桐宫》,《考古与文物》2001 年第 4 期。

而在《竹书纪年》随后的记载中，若我们从时人对其所不了解的自然力量之敬畏以及其所秉承的基本的天、君相应观念进行解读，我们也可以看出，时人因其固有的对上天以及与之关联的时王的敬畏，他们会倾向于认为暴力革命的手段可能确会招致一定的灾殃。从十九年至二十四年的六年间，商朝举国大旱。而在基本生活物资都无法完全保证的状况下，我们可想而知，这个新生的政权面临着怎样的风雨飘摇。十九年，"氐、羌来宾"，这意味着偏远地区的少数民族对新兴中央政权的承认；二十年，"夏桀卒于亭山。禁弦歌舞"，这是新兴政权表示对旧有王朝统治者的基本尊重；"二十一年，大旱，铸金币"，由《管子·山权数》篇的"汤以庄山之金铸币，而赎民之无糟籴者"①，这是成汤用属于国家，可能也是属于他自己的资财来尽量补贴旱灾中困苦的民众。但是旱灾的状况得以根本缓解还是在二十四年的"王祷于桑林"。那么"王祷于桑林"具体是怎样的情境呢？

据《吕氏春秋·顺民》篇所载：

> 昔者汤克夏而正天下，天大旱，五年不收，汤乃以身祷于桑林，曰："余一人有罪，无及万夫。万夫有罪，在余一人。无以一人之不敏，使上帝鬼神伤民之命。"于是剪其发，郮其手，以身为牺牲，用祈福于上帝。民乃甚说，雨乃大至。则汤达乎鬼神之化、人事之传也。②

由这段文字，我们可知，成汤在桑林告祝上天，祈求若是因其自身有罪而降下旱灾，则不要延及万民；反之，若是万民有罪，则也请上天归致于其自身。这是愿以一身承受上天所降灾祸的意思。而这

---

① 黎翔凤撰，梁运华整理：《管子校注》，中华书局2004年版，第1300页。
② 许维遹撰：《吕氏春秋集释》，中华书局2009年版，第200—201页。

场旱灾发生的原因,若是从有神论的角度理解,我们很容易联想到
夏朝的灭亡。那么,这场旱灾的肆虐,也就可以从时人的认知角
度,将之理解为上天或者说是其他的神灵因为夏朝的灭亡而向这
个暴力夺取他人王朝基业的新兴政权表达自己的愤怒。据传闻
载,当时卜官得出的结论是要平息上天的愤怒就只好以人为牺牲。
而成汤认为这场旱灾的过错在己,所以剪落头发、指甲,进行斋戒,
愿以自身为牺牲平息上天的愤怒。而这里所祭祀的"上帝",按照
《周礼·大宗伯》的说法,就应以"禋祀"祭之①,而从郑玄之解,
"禋之言烟,周人尚臭,烟,气之臭闻者也"②。所以传闻中有汤在
祭祀搭起的柴堆上代替牺牲、引火自焚,大雨时降的说法。而《吕
氏春秋》所隐含的应该也是这个意味。

　　"桑林求雨"这一事件同样见证于其他典籍,据《墨子·兼爱
下》所载:

　　　汤曰:"惟予小子履,敢用玄牡,告于上天后,曰:'今天
　　大旱,即当朕身履,未知得罪于上下。有善不敢蔽,有罪不
　　敢赦,简在帝心。万方有罪,即当朕身,朕身有罪,无及
　　万方。'"③

将此段文字和上文《吕氏春秋》所记述的内容相比较,我们发现,
在成汤对上天的祝词部分,二者并没有很大差异。唯有《墨子》的
记载中,汤使用的是"玄牡",亦即黑色的公牛,而非以己身为祭
献。相比较而言,《墨子》中的记述比《吕氏春秋》中的记载缺少了

---

① 该说法为"以禋祀祀昊天上帝"[(清)孙诒让撰,王文锦、陈玉霞点校:
　《周礼正义》,中华书局1987年版,第1297页]。
② (清)孙诒让撰,王文锦、陈玉霞点校:《周礼正义》,中华书局1987年版,
　第1297页。
③ 方勇译注:《墨子》,中华书局2011年版,第145页。

某种动人心魄的力量,却难以证明其是否更符合史实。但舍却这点不同,我们可以发现在汤进行祝祷后,商朝面临的旱灾确实得到了缓解。所以无论上天是被商朝建国以来的施政纲领所打动,抑或是被成汤的个体德行所感染,以我们将自己代入时人的立场来看,其时的天和帝王以及民众之间确实存在着某种联系,而天也非自然之天,而是确实可以为人之精诚所打动的。这也是为时人所秉承的、基本的天人相通交感之观点。

至于周武王夺取天下之后是否也有类似的天灾降临,因不见于史书,所以我们也无从论证。而我们通常所说的,象征周武王保有天命的"白鱼跃舟"事件,在《史记·周本纪第四》的记载中则是:

> 武王渡河,中流,白鱼跃入王舟中,武王俯取以祭。既渡,有火自上复于下,至于王屋,流为乌,其色赤,其声魄云。是时,诸侯不期而会盟津者八百诸侯。诸侯皆曰:"纣可伐矣。"武王曰:"女未知天命,未可也。"乃还师归。①

武王并没有在见到白鱼、流乌等异象后选择继续讨伐,而是班师回返。由此,我们或可证明武王善于顺从天意,而非武王切实地保有天命。在武王克商后,虽然不过数年,武王亦离于人世②,但从《史

---

① (汉)司马迁撰,(宋)裴骃集解,(唐)司马贞索隐,(唐)张守节正义:《史记》,中华书局 1999 年版,第 88 页。

② 此种说法,《尚书·金縢》和《史记》皆有记载。《尚书·金縢》有载:"既克商二年,王有疾,弗豫。"(李民、王健撰:《尚书译注》,上海古籍出版社 2004 年版,第 236 页)《史记·周本纪第四》有云:"武王病。天下未集,群公惧,穆卜,周公乃祓斋,自为质,欲代武王,武王有瘳。后而崩,太子诵代立,是为成王。"[(汉)司马迁撰,(宋)裴骃集解,(唐)司马贞索隐,(唐)张守节正义:《史记》,中华书局 1999 年版,第 96 页]

记》后的正义考证，①文王崩时，武王也已 83 岁了。而武王寿终于
93 岁，与其先考文王的 97 岁相较，也并不能称之为短寿，所以天
威惩戒在武王身上表现得并不明显。可能顺从天意在某种程度上
更有利于政权的无惩戒过渡，而关键也就在于正确把握这种天人
之间的关联。

由上文成汤的"桑林祈雨"，再到周武王的"白鱼跃舟"，以时
人的基本价值观来理解，我们得以确认旧有中央王朝与上天之间
确实存在着某种正定式的关联，且这种关联也极有可能会给新生
政权带来意料之外的天灾。但是这种关联却并非不可以在新兴王
朝和原有天地神祇之间反向构建，而新兴王朝也恰恰需要向自己
治下的臣民以及四夷展示己身确有天命，以彰显自我氏族长久统
治之正当。在夏世华看来，禹、契、后稷的三代始祖之感生神话，就
是在申明己身政权合法性的同时，力图表明自身比先朝更亲近于
天命。② 而兴起于春秋时期的儒家，虽不像其后学董仲舒一般，以
"三统说"，改正朔、易服色为新王统治之合法性服务③，但对于原
始的天人之间相通、相感，其却是予以承认的。孔子所强调的"务

---

① 参见(汉)司马迁撰，(宋)裴骃集解，(唐)司马贞索隐，(唐)张守节正义：
《史记》，中华书局 1999 年版，第 88 页。原文是将《礼记·文王世子》和
《尚书·金縢》结合论考的：《礼记·文王世子》云："文王九十七而终，武
王九十三而终。"按：文王崩时武王已八十三矣，八十四即位，至九十三
崩，武王即位适满十年。言十三年伐纣者，续文王受命年，欲明其卒父业
故也。《金縢》篇云："惟克商二年，王有疾，不豫。"按：文王受命九年而
崩，十一年武王服阕，观兵孟津，十三年克纣，十五年有疾，周公请命，王
有瘳，后四年而崩，则武王年九十三矣。

② 参见夏世华：《禹、契、后稷的感生神话：三代天命观的政治隐喻》，《江汉
大学学报》(人文科学版)2009 年第 3 期。

③ 参见张强：《董仲舒的天人理论与君权神授》，《江西社会科学》2002 年第
2 期。

民之义,敬鬼神而远之"①,在笔者看来,并不是否定鬼神之存在,而是化民以礼义之人道,而非悠远之神道的治政倾向问题。毕竟"祭如在,祭神如神在""吾不与祭,如不祭"②,孔子本身还是分外推崇祭祀之精诚的。当然,这里的人神相通相感,所述及的是一种广泛性的对应。但既然此种广泛性的通感在孔子这里都得到承认,那么人君与至上之天之间存在着类似之通感,也就不证自明了。不过,这种时君与天之间的对应关联之建立,并不是一蹴而就的。据任继愈先生之见,西周的天命神学思想就是时王与至上之天相通相感的完满写照。不过,此时之人们虽认真总结了治乱兴替之原因,但却将这些社会现象归结为上天干预的必然结果,这也就是我们通常所言说的天命。③ 而这一天命神学思想之建立也是有其发展历程的,所以,笔者下文便从这种至上之天与时君对应之发展沿革入手,阐述这种带有强烈主观意愿的神道理念之构建。

三、天与天子观念的逐步完善

冯友兰先生认为,虽则商周之君王都强调"至上神"的存

---

① 语出《论语·雍也》,杨伯峻译注:《论语译注》,中华书局 1980 年版,第61 页。

② 语出《论语·八佾》,杨伯峻译注:《论语译注》,中华书局 1980 年版,第27 页。

③ 参见任继愈主编:《中国哲学发展史》先秦卷,人民出版社 1983 年版,第122 页。

在,但这个"至上神"初始被称为"帝"或"上帝",后来方称其
为"天"。① 由此,从"帝"到"天"其实是存在一个发展历程的。
按照张岂之先生在其《中国思想学说史》先秦卷中的说法,其以卜
辞中没有祭祀上帝的记载,认为殷人之上帝不享受祖先般的祭献,
所以上帝的观念自然是从"天"体崇拜而非祖先神灵的观念发展
而来。② 这也就间接证明了"帝"这一称呼,就是殷人对可以操控
水旱的"天"的敬称。而我们根据陈梦家先生在《殷墟卜辞综述》
之中的考证③,可以进一步发现,帝不仅对雨、风、雷、旱等自然天
象拥有绝对的掌控力,其还兼管降祸、征伐、畋猎以及生产等诸多
人事。④ 就笔者个人而言,倾向于将之解读为殷人为了示好于
"天",而将之统领的权柄予以最大限度的扩展。当然,这可能也
不乏当时的任何人事活动都深受自然天象等外部环境影响的原
因。所以,殷人以帝为名的天之崇拜,由此看来,实是传统自然崇
拜的深化发展以及其与现实王权的某种相应、结合。

那么,殷人的祖先崇拜又在殷人的宗教信仰体系中充当着怎
样的角色呢? 在这里,我们首先需要解决的就是祖先崇拜是一种

---

① 参见冯友兰:《中国哲学史新编》(上卷),人民出版社 1998 年版,第
103 页。

② 参见张岂之主编,刘宝才、方光华分卷主编:《中国思想学说史》先秦卷
(上),广西师范大学出版社 2008 年版,第 7 页。而傅佩荣先生在《儒道
天论发微》中,另举何炳棣先生的观点,认为"最流行的说法是以帝为由
商的氏族神演化而成",这也是郭沫若先生在其 1936 年版的《先秦天道
观之进展》中的看法(傅佩荣:《儒道天论发微》,中华书局 2010 年 11 月
第 1 版,第 4 页)。

③ 陈梦家:《殷墟卜辞综述》,中华书局 1988 年版,第 562—571 页。

④ 此观点在刘泽华先生的《中国政治思想史》先秦卷中亦有论述(参见刘泽华
主编:《中国政治思想史》先秦卷,浙江人民出版社 1996 年版,第 3—4
页)。

怎样的崇拜的问题。结合史华兹先生在《古代中国的思想世界》中的说法：

> 祖先也不仅是些居住于由死者组成的超自然之域的鬼神。他们是这样的鬼神：继续与他们活着的后代保持着有机的联系。作为跨越生死阻隔的家族共同体的一位成员，他们在那个共同体之中继续扮演着家庭成员的角色，并在氏族中仍然保持着原有的重要地位。①

我们发现，祖先崇拜并不仅仅是在世的子孙对逝去的祖先表示追忆与崇敬的手段，其更在于通过这种形式上的崇拜，可以在子孙与祖先之间建立一种跨越生死的关联。"殷商的人认为他们的祖先拥有特殊的力量，并将祖先视作仪式中抽象化了的人格化存在（ritually abstracted anthropomorphic beings）。"②而我们参考陈来先生在其《古代宗教与伦理——儒家思想的根源》中的论述：

> 这个"帝"已远不是原始部落的部族神，卜辞中的上帝不仅像人间帝王一样发号施令，而且有帝廷，有工臣为之施行号令。殷人作为祖先来崇拜的先王先公可上宾于帝廷或帝所，转达人间对上帝的请求。③

我们发现，殷人不仅在规制、典仪上给予"帝"以他们所能想到的最高规格，而且通过自己的祖先神将自己的氏族与这个"帝"有机地结合起来。而这也是殷人的祖先崇拜所预期达到的积极意义。

---

① ［美］本杰明·史华兹著，程钢译，刘东校：《古代中国的思想世界》，江苏人民出版社2004年版，第21页。

② 吉德炜（David N.Keightley）著，周昭端译：《祖先的创造：晚商宗教及其遗产》，陈致主编：《当代西方汉学研究集萃（上古史卷）》，上海古籍出版社2012年版，第4页。

③ 陈来：《古代宗教与伦理——儒家思想的根源》，三联书店1996年版，第103页。

我们且不论这种理论上建立的超越生死、人神的连接是否真实有效,现实中殷人在祭典上的每一次对"帝"所表示的尊崇,其实也是无时无刻不在暗示治下的臣民以及四夷,我们的氏族在人间拥有仅次于"帝"的权力,我们的统治必将永延。

而只可通过"先王、先公"这一类的王室祖先,才能间接向"帝"转达人世诉求的设定,更让我们不得不联想起《国语·楚语下》中《观射父论绝地天通》的有关记载:

> 及少皞之衰也,九黎乱德,民神杂糅,不可方物。夫人作享,家为巫史,无有要质。民匮于祀,而不知其福。烝享无度,民神同位。民渎齐盟,无有严威。神狎民则,不蠲其为。嘉生不降,无物以享。祸灾荐臻,莫尽其气。颛顼受之,乃命南正重司天以属神,命火正黎司地以属民,使复旧常,无相侵渎,是谓绝地天通。①

如果说颛顼当时决定绝地天通的原因,是由于当时的普通民众已不再像上古之时一般,精一纯粹,虽人人自为祭祀,但早已不得其中深意,徒具其形,祭祀已失去其本来的效用,所以需要重、黎分领神、民,通过正确的引导,以国家整体的有序典仪而非个体的不定行为与神灵重建基于互相信任的有效关联的话,那么,殷人对诉求方式的界定则是将世俗通往上界的权柄牢牢把握于王室的祖先,也即王室成员的手中。而殷朝的王统传承也就因此获得了无上的权威性。但这其实也未尝不是湮塞了现实中的普通民众困穷之时向冥冥中的主宰发出呼吁的通道。而统治权力形式上的永无尽年也为君统真正的长远延祚埋下了失败的伏笔。

---

① 　徐元诰撰,王树民、沈长云点校:《国语集解》,中华书局 2002 年版,第 514—515 页。

总体来说,殷人所构建的脱胎于早期自然崇拜的以"帝"为核心的信仰,在有意识地融入了自己的祖先神后,其有效地将世俗王权与"帝"、天之无上权威结合起来,并将世俗之人对上天的畏惧转变为对自身政权的敬慎。但其所构建的宗教体系也并非是完全没有缺陷之处的,而这也就有了后来周人对其宗教体系所作出的沿革。

　　武王克商之后,周人代替殷人掌有天下。对于一个新生的中央政权来说,其也面临着对旧有王朝体制的改革与吸收的问题。而新生的王朝与宗教体系所需要共同解决的首要问题,自然是自身政权的正当性问题,而此问题的解决也必将立足于原有政权的失道抑或是不义性。这也正是周人对殷商宗教体系所必须作出符合自己族群利益的革新的部分。

　　在原始自然崇拜方面,周人延续了殷人的传统,并融合其日益完善的等级制度,充分发展了这一体系。按照翦伯赞先生和吕振羽先生的说法就是,"天子祭天地。诸侯祭山川,诸侯以下之各级领主,皆有其各自所祀之神,这样便构成了一个封建统治阶级的神权政治的完整的宗教系统"[①]。而这一宗教系统其实也是与周朝赖以为兴的分封制相适应的。

　　而在祖先崇拜方面,据《中国哲学发展史》先秦卷中所辑录的编号分别为 H 11∶1 和 H 11∶84 的两片周原考古发现的甲骨文记载,周人在作为殷朝的属国之时,是祭祀殷人祖先以求佑年的:

　　　　H 11∶1 癸子(巳),彝文武帝乙宗。贞:王其邳祭成唐,□

---

① 任继愈主编:《中国哲学发展史》先秦卷,人民出版社 1983 年版,第80 页。

鼎(贞)祝(祝)示艮二母(女),其彝血豈三,豚三,由①又(有)正。

　　H 11:84 王其桼又(佑)大甲,酓周方白(伯),□ 由(惟)足,不(丕)左于受又(有)又(佑)。

这两片卜辞,按照原书论断,便分别是对周人祭祀殷人先祖和文王求佑于太甲而太甲许之以嘉年这两个事件的记述。② 但据《甲骨文:凤雏甲骨文选释(1)》的甲骨文分类解读,第一片甲骨文应为"王居处于帝乙宗庙之中,占问致祭成汤之事,他只能是商王。从帝乙有庙看,这位商王又只能是商朝的末代君主,即名纣的帝辛"③。第二片则是"商王帝辛祭告于其先王太甲,卜问策命周方伯(周文王)之举,能否得到'唯正,不左,与受有祐'"④的理想结果。我们不好断言,是信从周原出土的文物,还是只能信从周朝历史的记述。不过,由这两种不同推断,我们都可以充分体认到殷人所采用的祖先配享制度的强大影响力,而周王作为殷商臣属时,也只能通过向殷人先祖告诉而满足其祈愿的设定,我们前文也已提及。所以在这一祖先配享制度上,周人也予以果断继承。当然,配享于冥冥主宰之侧的只能是自己氏族的先王。

---

① 书中原字为"甶"。此为《甲骨文:凤雏甲骨文选释(1)》的甲骨文分类整理,见佚名:《甲骨文:凤雏甲骨文选释(1)》,三秦游网,http://www.sanqinyou.com/wenwu/info/1081614390785720.html,2010 年 8 月 16 日发表。

② 卜辞和这一论断出处参见任继愈主编:《中国哲学发展史》先秦卷,人民出版社 1983 年版,第 89—90 页。

③ 佚名:《甲骨文:凤雏甲骨文选释(1)》,三秦游网,http://www.sanqinyou.com/wenwu/info/1081614390785720.html,2010 年 8 月 16 日发表。

④ 佚名:《甲骨文:凤雏甲骨文选释(1)》,三秦游网,http://www.sanqinyou.com/wenwu/info/1081614390785720.html,2010 年 8 月 16 日发表。

而这一制度的变革,我们也可以从《尚书·金縢》篇所记载的周公祝词中看出:

> 惟尔元孙某,遘厉虐疾。若尔三王,是有丕子之责于天,以旦代某之身。予仁若考,能多材多艺,能事鬼神。乃元孙不若旦多材多艺,不能事鬼神,乃命于帝庭,敷佑四方。用能定尔子孙于下地,四方之民,罔不祗畏。呜呼!无坠天之降宝命,我先王亦永有依归。今我即命于元龟,尔之许我,我其以璧与珪,归俟尔命;尔不许我,我乃屏璧与珪。①

这里周公所提出告诉的"三王",指代的是周朝先祖,亦即太王、王季和文王。想来是因为天子七庙的传统仪制,周朝甫创之初,只有三王可供诉求。而这三王受命于天,奄有四海,所以其可以帮助子孙厘定下民、威慑四夷。在周公看来,武王的病重并非是因为从属于殷人祀典的帝之震怒,而是周朝的先祖由于自身在天庭供职的人手不足,而对自己子孙发出的召唤。所以周公便从夸赞自身才艺着手,意欲顶替武王。从祝词中所言的"乃命于帝庭,敷佑四方。用能定尔子孙于下地,四方之民,罔不祗畏",我们可以大略解读出周公思想中其供职于天的先祖所拥有的强烈威能,以及周王朝与之相应的保有天下的正当性。而文末周公所言的"无坠天之降宝命,我先王亦永有依归",其实也是从周朝先祖需永享人间祭祀的现实角度出发,劝说先祖以自己代替必可使周朝延续天降之宝命的武王。

而周人对殷人神道信念的最重要变革之一,莫过于变"帝"为"天"。据张立文先生在《中国哲学范畴发展史》(天道篇)中的论述,"殷商时,有意志的至上神是上帝或帝,周代以天为至上神,是

---

① 李民、王健:《尚书译注》,上海古籍出版社 2004 年版,第 237—238 页。

天的假借或转注"①。另据张先生在《中国哲学逻辑结构论》中的
说法,"天这个范畴,渊源于殷人的帝、上帝观念,是周人改造殷人
宗教思想的产物"②。笔者认为,这一"天"与"帝"的名称置换,其
实很好地解决了殷商时的"帝"只听从殷人先王的告诉,而周朝时
的至上神却转而任用周朝先祖供职于天的问题。名号的置换与模
糊其实可以使身处新旧王朝更迭中的人们在一定程度上忽略理应
只有一位至上神的事实。而"帝"与"天"的转换也并不仅仅意味
着简单字面符号的变革。据王杰先生在其著作《先秦儒家政治思
想论稿》中的观点,"殷商人的整个政治生活及情感世界,几乎完
全沉溺于'举民以事神'的宗教氛围中"③。而杨世文先生更在其
《天道与君道——殷周君主观念与儒家君主理论的一个视角》的
文章中,认为殷人没有形成上天谴告意识,而存在着某种任意君
权。④ 这其实都是认为殷人的宗教是相对于周人较低的自然宗
教,而周人才是将人事而非仅是神事并于宗教体系的伦理宗教的
始创者。

但笔者并不认为殷商时存在着某种任意君权。由《尚书·洪
范》篇中武王向箕子询问"彝伦攸叙"的记载,我们可以从箕子商
朝王族的身份推知,殷商的统治其实也是有其常道的,其对君主的
德行也是有所要求的。至于纣王,其应该只是末代失德的象征,并
不足以为证。而《史记·周本纪第四》中所记述的"武王已克殷,

① 张立文:《中国哲学范畴发展史》(天道篇),中国人民大学出版社 1988 年
版,第 67 页。
② 张立文:《中国哲学逻辑结构论——中国文化哲学发微》,中国社会科学
出版社 1989 年版,第 110 页。
③ 王杰:《先秦儒家政治思想论稿》,人民出版社 2011 年版,第 19 页。
④ 参见杨世文:《天道与君道——殷周君主观念与儒家君主理论的一个视
角》,《孔子研究》1992 年第 3 期。

后二年,问箕子殷所以亡。箕子不忍言殷恶,以存亡国宜告。武王亦丑,故问以天道"①,更是向我们证明了这段史事的真实性。所以笔者认为,周人对宗教体系变革的功绩,其实并不在于其创建了君德理论,君德理论早自成汤伐夏之时,就已有之,如《尚书·汤诰》中所载的"夏王灭德作威,以敷虐于尔万方百姓"②。周人对神道理念变革之功绩应是更多地落脚于其增设了下民直接沟通于天的诉告途径,亦即《尚书·泰誓》篇所反复申明的"天视自我民视,天听自我民听"③,而非殷商时期天下诸事只能通过殷王朝之先祖与"帝"间接沟通。

诚然,我们不得不怀疑这条原则设立的初始是为武王克商的正当性做辩护,而只有获取政权的正当性得到证明,周人才能进而保证自我族群所建立的中央政权的天命永延。但是这条新增的告诉途径也在客观上成为了悬挂于历代周王头顶的达摩克利斯之剑(the Sword of Damocles),如果真如周人所认定的那般"皇天无亲,惟德是辅"④,那么周人自身所构建的统治秩序在不满足这一设定时,也将面临着被下一个王朝推翻的可能,这也就是我们常说的"天命靡常"⑤。自此,周人构建的神道理念中的"天"就是一个颇有人情,兼顾下民生计的至上之天,而非殷人信仰体系中普通民众无法直接诉求呼告的"帝"。以杨世文先生之见,周人建诸"明德

① (汉)司马迁撰,(宋)裴骃集解,(唐)司马贞索隐,(唐)张守节正义:《史记》,中华书局 1999 年版,第 96 页。
② 李民、王健:《尚书译注》,上海古籍出版社 2004 年版,第 116 页。
③ 李民、王健:《尚书译注》,上海古籍出版社 2004 年版,第 199 页。
④ 语出《尚书·蔡仲之命》,李民、王健:《尚书译注》,上海古籍出版社 2004 年版,第 334 页。
⑤ 语出《诗经·大雅·文王》,程俊英:《诗经译注》,上海古籍出版社 2004 年版,第 408 页。

慎罚""敬天保民"思想上的天人交感认识,其实亦是儒家后学董仲舒之天人感应论以及汉代灾异学说的思想渊源。①

　　当然,西周的天命神学体系亦是十分严格的,其建立了严格的分级祭祀体系,在只有"天子"才可祭祀于天的情况下,也只有天子方可领受"天命","天"和"天命"也就成为了"天子"之专属。②所以,虽然西周的天命神学系统并不像殷人之体系一般,只是纯粹地对天之威权的假借,但周人赋予"天"的民生关切之意味却不足以导致"天命"归属向诸侯甚至是下民转移之可能。这无疑亦是对周天子之神圣王权的维护。而与此严格祭祀体系相对应的是天子名号的正式确立。据《白虎通·号》篇之载:

　　　　或称天子,或称帝王何? 以为接上称天子者,明以爵事天也;接下称帝王者,得号天下至尊言称,以号令臣下也。③

我们由以上引文可知,"天子"之称,以其上承于天,代天经国,此亦即《春秋繁露·为人者天》所言的"唯天子受命于天,天下受命于天子"④。所以,天子之名,本身就是对人君至尊之位之合法性的最好诠解。

　　而这种严格的分级祭祀体系与名号称谓,事实上也是儒家"正统观"的有机组成部分。孔子所言的"非其鬼而祭之,谄也"⑤,事实上,就是这种正统观思想的体现。"祭天"之礼,正如

---

① 参见杨世文:《汉代灾异学说与儒家君道论》,《中国社会科学》1991 年第3 期。
② 参见任继愈主编:《中国哲学发展史》先秦卷,人民出版社 1983 年版,第123 页。
③ (清)陈立撰,吴则虞点校:《白虎通疏证》,中华书局 1994 年版,第 47 页。
④ 苏舆撰,钟哲点校:《春秋繁露义证》,中华书局 1992 年版,第 319 页。
⑤ 语出《论语·为政》,杨伯峻译注:《论语译注》,中华书局 1980 年版,第22 页。

八佾之舞、《雍》之祭乐,都是独属于天子,彰显天子地位之崇高无匹的存在。所以,《礼记·王制》篇中有"天子祭天地,诸侯祭社稷,大夫祭五祀"①的严格区分。而在《礼记·曲礼下》篇中亦有类似思想,亦即"天子祭天地,祭四方,祭山川,祭五祀,岁遍。诸侯方祀,祭山川,祭五祀,岁遍。大夫祭五祀,岁遍。士祭其先"②。然而,随着历史之轮的不断辗进,周王朝作为传统天下共主的事实逐渐为世人忽略、淡忘,哪怕其构建了完善且全面的天命神道信念。与之俱生的,是一个个不断崛起壮大、原本居于臣子地位的诸侯所面临的如何解决自身争夺霸权乃至天下的正统性的问题。而"五德终始说"也就因之应运而生。其实这也意味着原本严格限制于天与天子之间的"天命"解释权的转移。

四、五德终始下的"天命"改易

李善于《文选·魏都赋》中注引《七略》曰:

> 邹子有终始五德,从所不胜,木德继之,金德次之,火德次之,水德次之。③

由此记载,学界一般公认,"五德终始说"始作于邹衍。而据陈槃先生之解,邹衍作终始五德之前,曾对之前广泛流传的"符应"之

---

① (清)孙希旦撰,沈啸寰、王星贤点校:《礼记集解》,中华书局1989年版,第347页。

② (清)孙希旦撰,沈啸寰、王星贤点校:《礼记集解》,中华书局1989年版,第150—152页。

③ (梁)萧统编,(唐)李善注:《昭明文选》,吉林人民出版社1998年版,第119页。

说加以改造和继承。① 这也就是《史记》记述邹衍(驺衍)时,对其所评论的"作怪迂之变"②。

考诸典籍,符应之说早已有之,且其也可为天子以外的诸侯获得:

> 昔③秦文公感伯阳之言,游猎于陈仓,遇之于此阪,得若石焉,其色如肝,归而宝祠之,故曰陈宝。其来也自东南,晖晖声如雷,野鸡皆鸣,故曰鸡鸣神也。④

由《水经注》的这段记载,我们知晓,秦文公出猎陈仓时,曾获得一块色如肝脏、看起来如石头一般的东西。随后,秦文公便珍之重之地将这方异石建祠供奉。考其由来,此石应是从东南方坠下,声如雷鸣,所以惊起野鸡无数。以此而言,此方异石可能就是我们今天所说的陨石。然而,仅由此则记载,我们并不能推知供奉陨石对于秦文公个人抑或是其国家的深远意义,乃至其祥瑞应于何处。但若是我们结合《史记》于"十九年,得陈宝"⑤之处的正义,一切便迎刃而解:

> 《晋太康地志》云:秦文公时,陈仓人猎得兽,若彘,不知名,牵以献之。逢二童子。童子曰:"此名为媦,常在地中,食

---

① "符应"又名符命、符瑞、瑞应、祥瑞等。(参见陈槃:《古谶纬研讨及其书录解题》,台湾"国立编译馆"1991年版,第1页)

② 语出《史记·孟子荀卿列传第十四》,(汉)司马迁撰,(宋)裴骃集解,(唐)司马贞索隐,(唐)张守节正义:《史记》,中华书局1999年版,第1389页。

③ 公元前747年。

④ (北魏)郦道元著,陈桥驿校证:《水经注校证》,中华书局2007年版,第431页。

⑤ 语见《史记·秦本纪第五》,(汉)司马迁撰,(宋)裴骃集解,(唐)司马贞索隐,(唐)张守节正义:《史记》,中华书局1999年版,第129页。

死人脑。"即欲杀之，拍捶其首。媚亦语曰："二童子名陈宝，得雄者王，得雌者霸。"陈仓人乃逐二童子，化为雉，雌上陈仓北阪，为石。秦祠之。[①]

由此则正义，我们发现，秦文公建祠供奉女童所化之石的原因主要是在于所谓的"得雌者霸"。虽然没有获得可以带来王者之位的雄雉[②]，但是能获得雌雉所化的异石，对于身处大争之世的秦文公来说，其好处也显而易见。符应不仅可以凝聚境内之人心，更是向世人宣扬秦国霸主地位的最好证明。

而早先为天下共主所独有的天象示警，在周天子分封诸侯后，其中的部分应兆也理所当然的归属了负责治理该地域的一方诸侯，如《吕氏春秋·制乐》就有如下记载：

> 宋景公之时，荧惑在心。公惧，召子韦而问焉，曰："荧惑在心，何也？"子韦曰："荧惑者，天罚也；心者，宋之分野也，祸当于君。虽然，可移于宰相。"公曰："宰相所与治国家也，而移死焉，不祥。"子韦曰："可移于民。"公曰："民死，寡人将谁为君乎？宁独死。"子韦曰："可移于岁。"公曰："岁害则民饥，民饥必死。为人君而杀其民以自活也，其谁以我为君乎？是寡人之命固尽已，子无复言矣。"子韦还走，北面再拜曰："臣敢贺君。天之处高而听卑，君有至德之言三，天必三赏君。今

---

① 语见《史记·秦本纪第五》，(汉)司马迁撰，(宋)裴骃集解，(唐)司马贞索隐，(唐)张守节正义：《史记》，中华书局1999年版，第130页。这段史料又可见于《旧唐书》："昔秦文公时，有童子化为雉，雌者鸣于陈仓，雄者鸣于南阳。童子曰：得雄者王，得雌者霸。文公遂以为宝鸡。"[(后晋)刘昫等撰：《旧唐书》，中华书局1975年5月第1版，第2732页]笔者以之较《史记》之说为简，故不用。

② 《史记》正义于后文又另引《搜神记》"雄者飞至南阳"，以及汉光武帝兴起于南阳之事实，来证明符应之神验。

夕荧惑其徙三舍,君延年二十一岁。"①

"荧惑",即是我们今天所说的火星,其在古代经常象征天罚。而"心",即二十八星宿中的"心宿",其于星宿分野上正对应于宋国。因为古人将天之寰宇对应地之分野,依天象以明人事,所以"荧惑守心"其实也就预示着上天将降灾祸于宋国。而在大臣子韦看来,此次事件的应兆者正是其时的国君——宋景公。如果我们的叙事至此而止,那么这件事也就不外是另一桩天象与人事相应的明例,只不过其应兆对象仅是一国国君而非四海之天子。但是在宋景公拒绝子韦先后提出的移祸于宰相、民众、岁收的建议,准备慷慨赴死之时,子韦却反而向宋景公道贺,认为宋君凭借刚才的至德之言必将获得上天所赐予的寿命。

我们无从判定宋景公的寿命是否切实得到延长,但是我们从文中可以确定的是,当年荧惑确实远徙三舍,亦即 90 里之地。简单看来,这不过是因为上天无所不察,所以厚赏宋君。但是我们仔细考究前文业已梳理的殷人和周人的神道信念就会发现,可以宣扬己身为天之降命、辅助的,从来只能是天下现在或是未来之共主,就算时至周朝,下民之呼声亦可上达天听,但是这是整体性的意愿传达,而非如天子般的个人即可陈情、诉告;而天之回应更是罕有落于天子之外。

考诸史书,宋景公于公元前 517 至前 469 年间在位②,而无独有偶,大概是类似的时期,亦即公元前 492 年③,孔子过宋时,因桓魋

---

① 许维遹:《吕氏春秋集释》,中华书局 2009 年版,第 145—146 页。
② 柏杨:《中国帝王皇后亲王公主世系录》,人民文学出版社 2011 年版,第 99 页。
③ 此年限请参见附录笔者所整理之年表。

伐树亦曾有慨叹曰:"天生德于予,桓魋其如予何?"①由此观之,笔者推测,可能最迟在春秋晚期,"至上之天"所观照、反辅的对象就已经从西周早期的天子一人,扩展到了国君乃至于士人阶层。而这反映的其实也正是以周天子为代表的周王朝之威权的日益衰落。虽然东周时期的历代周王不得不仰仗强大诸侯之鼻息②,但直至"战国前期,周王朝在人们的传统观念里依然是天下共主"③。而时至战国中期,人们却认为凡是大国之君主皆有称王之资格。④这在表明周天子之威权失落殆尽之余,也意味着原本独属于周天子的种种与上天关涉的特权也可以为各国封君所争取。由此,简单的天之回应已经不足以满足各路诸侯日益增长的野望。如何证明自家可以取周王室而代之,成为每位有野心、有实力的诸侯所面临的共同问题。

笔者以为,"五德终始"说,就是在这样的客观社会背景下逐渐形成的。蒋重跃先生就认为,"五德终始"说实质上就是一种全新的历史正统观,其目的就是为王朝的合法更迭提供必要的理论依据。⑤ 而在吸收、借鉴儒、道、墨、法各家思想后⑥,邹衍的"五德终始"说也终于创建成功。虽然其说久已散佚,但我们通过《吕氏

---

① 语出《论语·述而》,杨伯峻译注:《论语译注》,中华书局 1980 年 12 月第 2 版,第 72 页。
② 参见晁福林:《春秋战国的社会变迁》,商务印书馆 2011 年版,第 190 页。
③ 参见晁福林:《春秋战国的社会变迁》,商务印书馆 2011 年版,第 196 页。
④ 参见晁福林:《春秋战国的社会变迁》,商务印书馆 2011 年版,第 200 页。
⑤ 参见蒋重跃:《五德终始说与历史正统观》,《南京大学学报》(哲学·人文科学·社会科学版)2004 年第 2 期。
⑥ 参见藏明:《五德终始说的形成与演变——从邹衍到董仲舒、刘向》,西北大学博士学位论文,2012 年,第 52—69 页。

春秋·应同》篇之部分记载,也可以管窥其大致风貌:

> 凡帝王者之将兴也,天必先见祥乎下民。黄帝之时,天先见大螾大蝼,黄帝曰:"土气胜。"土气胜,故其色尚黄,其事则土。及禹之时,天先见草木秋冬不杀,禹曰:"木气胜。"木气胜,故其色尚青,其事则木。及汤之时,天先见金刃生于水,汤曰:"金气胜。"金气胜,故其色尚白,其事则金。及文王之时,天先见火赤乌衔丹书集于周社,文王曰:"火气胜。"火气胜,故其色尚赤,其事则火。代火者必将水,天且先见水气胜。水气胜,故其色尚黑,其事则水。水气至而不知,数备将徙于土。①

由此段文字分说,我们发现不同时代的天下共主之登位,是必然伴有不同的先兆显现的。黄帝莅位之先,因其象兆土德,所以有远超通常体积的大蚯蚓、大蝼蛄现世,"螾"即"蚯蚓"也②;而禹登位之先,因其象兆木德,所以草木经冬而不凋;时至成汤,又以其象兆金德,故其可于水中获利兵;演至文王,则以其火德之象,故有红色鸟雀口衔瑞书,聚集于周人的社庙之上。自黄帝而至文王,历经土德、木德、金德、火德,在邹衍的理论体系中,这是业已由众所周知的先兆表相所确定的。而在我国传统的五行生克理论体系中,又有木胜土、金胜木、火胜金、水胜火、土胜水的循环理论存在。所以,在邹衍以此循环相胜体系对照曩前之帝世传承并验证其一致性后,邹衍大胆提出假设,接续周王朝天下的必是象兆水德之君。当然,若是水德之数已过,也不排除秉承土德之君即位之可能。

饶宗颐先生就将邹衍之理论总结为三原则如下:

---

① 许维遹撰:《吕氏春秋集释》,中华书局 2009 年版,第 284 页。
② 此处为许维遹先生的注解,参见许维遹:《吕氏春秋集释》,中华书局 2009 年版,第 284 页。

1）确定每一代帝王之运命,自有其在五行上所属之先天德性。

2）根据五行相胜,互相生尅,推演为五德终始,创为帝王更迭之循环说。

3）以一年之"纪"扩大为历年之"纪",成为大型之终始说。①

这种变相的历史循环论,在将时间维度上的整个天下囊括至人世可感、可知、可变的范围内时,也就为其时欲试问鼎的列位诸侯提供了其梦寐以求的变革依据。而秦国最后历经数位先王的不懈努力,终于在秦始皇这一代得偿夙愿,一统天下。并且秦国以"昔秦文公出猎,获黑龙,此其水德之瑞"②为依据,"更命河曰'德水',以冬十月为年首,色上黑,度以六为名,音上大吕,事统上法"③,开启了自以为符应水德的"万世之治"④。据彭洪俊、韩杰考证,五德终始之符瑞,在历史上,也多是应于开国之君、中兴之主以及非嫡长子而得登大宝之君王。⑤ 由此,五德终始说与君权神授之统治

---

① 饶宗颐:《饶宗颐二十世纪学术文集》第八册,台湾新文丰出版股份有限公司 2003 年版,第 32 页。
② 语见《史记·封禅书第六》,(汉)司马迁撰,(宋)裴骃集解,(唐)司马贞索隐,(唐)张守节正义:《史记》,中华书局 1999 年版,第 1168 页。
③ 语见《史记·封禅书第六》,(汉)司马迁撰,(宋)裴骃集解,(唐)司马贞索隐,(唐)张守节正义:《史记》,中华书局 1999 年版,第 1168 页。
④ 俞樾认为《吕氏春秋·应同》篇中的"水气至而不知,数备,将徙于土",表明在吕不韦看来,秦朝应应土德而非水德。(参见许维遹撰:《吕氏春秋集释》,中华书局 2009 年版,第 284—285 页)《史记·秦始皇本纪第六》有言曰:"朕为始皇帝。后世以计数,二世三世至于万世,传之无穷。"[(汉)司马迁撰,(宋)裴骃集解,(唐)司马贞索隐,(唐)张守节正义:《史记》,中华书局 1999 年版,第 168 页]
⑤ 参见彭洪俊、韩杰:《帝王与五德:二十四史中所见受命帝符瑞略说》,《历史文献研究》第 29 辑(2010 年)。

合法性之关联性,就可不证自明了。而活跃于先秦之时的儒家,虽不像其之后学董仲舒一般,倡"三统"之说,论正朔、服色之革易,但对于基本的"符应"之说,却是并不排斥的,我们由孔子"凤鸟不至,河不出图,吾已矣夫"①之慨叹,就可略窥其之一斑。当然,与大小封国之邦君寻求可为自己争夺天下张本的现实"符应"不同,先秦儒家学说之理论重点还是集中在人君应"以德配天"的"德"之符瑞。

五、儒家之"天命德延"

据张立文先生之见,我们传统中国哲学中的"天",会通了三种含义:其既可为无情无思的自然之天,亦可为皇天之天、天命之天的神道之天,更是天道之天、天理之天的义理之天。② 前文为我们所梳理的"至上之天",其实就是这一区分中的神道之天,其既承担着早期先民对不可蠡测之天的畏惧与祈愿,更是天子、时王威临万民的神道凭依。而伴随着西周传统天命神学体系的逐渐瓦解与崩溃,出现了将"神道之天"复归于无情无识的"自然之天"的理论倾向。这既反映了其时人们对自然现象认识的进步,亦暗示了传统与"周天子"相对应的"神道之天"信仰体系的逐渐崩溃。《荀子·天论》中所述及的:

> 天行有常,不为尧存,不为桀亡。应之以治则吉,应之以

---

① 语出《论语·子罕》,杨伯峻译注:《论语译注》,中华书局 1980 年版,第89 页。

② 参见张立文:《中国哲学范畴发展史》(天道篇),中国人民大学出版社1988 年版,第 65—66 页。

乱则凶。强本而节用,则天不能贫;养备而动时,则天不能病;修道而不贰,则天不能祸。故水旱不能使之饥渴,寒暑不能使之疾,袄怪不能使之凶。①

其所描述的就是这样一种无情无识的"自然之天"。以其无知、无识、无情,故其也不会为时王之仁德抑或虐暴所感动。这就将时人之关切从悠远之"神道"转向了己身现实可为之"人道"。但是"自然之天"的凸显,虽然有利于其时之世人摆脱周天子假"神道"之名所确立的统治权威,然而,传统"神道之天"对时王的正定、诫命作用,又是本身无有尊位却又意图匡正时君的以儒家为主的先秦诸子们所必须假借的。由此,不与时王、天子之意志相关联,而有其自身意志、行为倾向的有情之天就应运而生了。笔者以为,这应该就是张先生所提到的"义理之天",亦是对传统"神道之天"的现实革易。而先秦之儒家所提倡的"天命德延",也正是植基于有其恒定意志的"义理之天"的基础上的。当然,儒家之学派内部的理论倾向,因时势之别,也存在着小小差异。

以孔子观之,正像其称颂上古圣王"尧"时,所言说的"巍巍乎!唯天为大,唯尧则之"②,在其看来,天命之传递亦是有其规律的,这就要求时君如上古圣王一般,以天道为自身之行为准则。《论语·尧曰》篇有载:

> 尧曰:"咨!尔舜!天之历数在尔躬,允执其中。四海困穷,天禄永终。"
>
> 舜亦以命禹。
>
> (汤)曰:"予小子履敢用玄牡,敢昭告于皇皇后帝:有罪

---

① 方勇、李波译注:《荀子》,中华书局 2011 年版,第 265 页。

② 语出《论语·泰伯》,杨伯峻译注:《论语译注》,中华书局 1980 年版,第 83 页。

不敢赦。帝臣不蔽,简在帝心。朕躬有罪,无以万方;万方有罪,罪在朕躬。"

周有大赉,善人是富。"虽有周亲,不如仁人。百姓有过,在予一人。"

谨权量,审法度,修废官,四方之政行焉。兴灭国,继绝世,举逸民,天下之民归心焉。

所重:民、食、丧、祭。

宽则得众,信则民任焉,敏则有功,公则说。①

考诸上述文字,我们发现,历代圣王之治道凭依,都是有其相似性的。尧之所以传舜、舜之所以命禹的,都是要恪守天命、拯四海困穷之民,以维系上天所赐之禄命;而汤伐夏桀、武王伐纣的誓师之辞中,都表现了共同的救万民于水火,如有天罚,降予一人的政治担当。虽然此段文字未必为孔子的直接教诲,但是据《尚书》为孔子所辑编之传,孔子亦应是对此种思想予以肯定的。虽然在孔子看来,汤武之革命终不若舜禹之名正言顺,但是,其为万民兴作的政治担当,却一定是孔子会予以嘉许的。由此,孔子之天道、天命就与四海之民生关涉起来。而孔子对时君所提出的"德"之要求,也就表现为时君应对现实之民生予以真正的关切。哪怕其不能如帝舜一般"无为而治""恭己正南面"②,亦不能如帝禹一般"菲饮食而致孝乎鬼神,恶衣服而致美乎黻冕,卑宫室而尽力乎沟洫"③,

① 杨伯峻译注:《论语译注》,中华书局 1980 年版,第 205—209 页。此篇文字亦见于《虞书·大禹谟》《商书·汤诰》《周书·武成》《周书·泰誓》诸篇。

② 语出《论语·卫灵公》,杨伯峻译注:《论语译注》,中华书局 1980 年版,第 162 页。

③ 语出《论语·泰伯》,杨伯峻译注:《论语译注》,中华书局 1980 年版,第 84 页。

但至少其要做到"敬事而信,节用而爱人,使民以时"①。

而时至孟子,因年代之久远,儒家传统的"舜"之"至德"形象,在其时为不少人所误解。所以,孟子在《孟子·万章上》篇中对舜"号泣于旻天""不告而娶""伪喜""放象""不臣"等误解,予以了必要的阐明②,并塑造了帝舜"尊亲之至,莫大乎以天下养"③的"至孝"形象。陈鼓应先生认为,孟子将舜之德治化形象浓缩至"孝"这一德行的行为,有将孝道宗教化的倾向。④ 可能这也确实是孟子绍继子思之学的明证。但是,笔者以为,为孟子所投注以更多笔墨的,还是基本的"保民"⑤之教。在孟子看来:

> 天子能荐人于天,不能使天与之天下;诸侯能荐人于天子,不能使天子与之诸侯;大夫能荐人于诸侯,不能使诸侯与之大夫。昔者尧荐舜于天而天受之,暴之于民而民受之,故曰:天不言,以行与事示之而已矣。⑥

所以,尧舜之间的禅让传承并不是简单的君位交接,而是要符合两项最基本的标准,其之继任者既要获得上天的认同,亦即"使之主祭而百神享之";又应获得民众的拥戴,亦即"使之主事而事治,百姓安之"⑦。这就确立了民众在君位传承之合法性上,不输于上天

---

① 语出《论语·学而》,杨伯峻译注:《论语译注》,中华书局 1980 年 12 月第 2 版,第 4 页。

② 方勇译注:《孟子》,中华书局 2010 年版,第 172—180 页。

③ 语出《孟子·万章上》,方勇译注:《孟子》,中华书局 2010 年版,第 180 页。

④ 陈鼓应:《尧舜禹在先秦诸子中的意义与问题》,《安徽大学学报》(哲学社会科学版)1985 年第 2 期。

⑤ 语出《孟子·梁惠王上》,方勇译注:《孟子》,中华书局 2010 年版,第 11 页。

⑥ 语出《孟子·万章上》,方勇译注:《孟子》,中华书局 2010 年版,第 182 页。

⑦ 语出《孟子·万章上》,方勇译注:《孟子》,中华书局 2010 年版,第 182 页。

的崇高地位。而这也就对其时"胸怀天下"、征战不休的邦君们提出了在传统"敬天"之外的"保民"要求。哪怕其时之君主不能效法尧、舜、汤、文等先王,做到乐与民乐、忧与民忧,亦即孟子所言的"乐民之乐者,民亦乐其乐;忧民之忧者,民亦忧其忧。乐以天下,忧以天下,然而不王者,未之有也"①的"仁者无敌"②,其至少也应做到"使民养生丧死无憾"③的"保民"而王。

至于传统儒家的改革者荀子,虽然其在儒家治术之应用上,打破了孟子"仲尼之徒,无道桓、文之事"④的理论倾向,融摄礼、法于一炉,对传统儒家加以适应于现世的当代革易,但是,其基本思想倾向,还是分属儒家的。荀子亦对当时所流传的尧舜"擅让""不善教化"等思想作出了回应与批驳。⑤ 在荀子看来,"天子者,势位至尊,无敌于天下,夫有谁与让矣"⑥。这其实和孟子之思想有极大的相似性。荀子亦认为天子之位非天子所擅有,故无可让,此亦即《荀子·正论》所言及的"有擅国,无擅天下,古今一也"⑦。而既然天子之位并非"相让""专擅"所能获得,那么我们的问题也就

---

① 语出《孟子·梁惠王下》,方勇译注:《孟子》,中华书局 2010 年版,第 26—27 页。

② 语出《孟子·梁惠王上》,方勇译注:《孟子》,中华书局 2010 年版,第 8 页。

③ 语出《孟子·梁惠王上》,方勇译注:《孟子》,中华书局 2010 年版,第 5 页。

④ 语出《孟子·梁惠王上》,方勇译注:《孟子》,中华书局 2010 年版,第 11 页。

⑤ 参见《荀子·正论》,方勇、李波译注:《荀子》,中华书局 2011 年版,第 287—291 页。

⑥ 语出《荀子·正论》,方勇、李波译注:《荀子》,中华书局 2011 年版,第 287 页。

⑦ 语出《荀子·正论》,方勇、李波译注:《荀子》,中华书局 2011 年版,第 288 页。

转至了,对天子、时君之位合法性来源的探究。据《荀子·大略》篇所载:

> 天之生民,非为君也。天之立君,以为民也。①

所以,在荀子这里,"民"亦关系着君主尊位来源合法性的证明,"民"甚至是时君取悦于上天的有效途径。由此,民众之地位得到了相当程度的提高。而"天子"者,则是因为其"志意致修,德行致厚,智虑致明"②,故方在"天生蒸民,有所以取之"③的过程中脱颖而出,终获天子之位。而当时邦国之君主,虽然现时之表征不若尧舜之才德,但是"尧、禹者,非生而具者也,夫起于变故,成乎修修之为,待尽而后备者也"④。既然"涂之人可以为禹"⑤,那么,君人者只需"慎礼义,务忠信"⑥,其亦可能有循序渐进,终致霸主、天子之位之时。

六、其他学派对君道合法性的分说

至于其他先秦诸子于君权合法性之分说,就道家而言,老子在

---

① 方勇、李波译注:《荀子》,中华书局 2011 年版,第 453 页。
② 语出《荀子·荣辱》,方勇、李波译注:《荀子》,中华书局 2011 年版,第 42 页。
③ 语出《荀子·荣辱》,方勇、李波译注:《荀子》,中华书局 2011 年版,第 42 页。
④ 语出《荀子·荣辱》,方勇、李波译注:《荀子》,中华书局 2011 年版,第 46 页。
⑤ 语出《荀子·性恶》,方勇、李波译注:《荀子》,中华书局 2011 年版,第 385 页。
⑥ 语出《荀子·强国》,方勇、李波译注:《荀子》,中华书局 2011 年版,第 263 页。

其理论体系中,描述了一个"有物混成,先天地生。寂兮寥兮,独立不改,周行而不殆,可以为天下母"①的"道"之存在。正是因为"道"与传统所言说的"天"之相较,其既具有诞生时间上的优先性,亦是为天所效法之对象②,所以"道"在老子的理论体系中,其实也就具有了超越于"天"的现实地位。由此,"道"也就可以取代传统所言说之"天",对时君之行为加以指导和正定。不过与时人强调"天"所经常谈到的灾异、惩戒不同,老子之"道",以其"道常无为而无不为"③之特性,并不会主动对世事妄加干涉,而是期待有志于"道"的侯王、圣人可以对其自觉谨守,所谓"我无为,而民自化;我好静,而民自正;我无事,而民自富;我无欲,而民自朴"④。在老子看来,"民之饥,以其上食税之多,是以饥。民之难治,以其上之有为,是以难治"⑤。所以人君之无为,就成为了其之理论体系治政之依据。

而庄子虽然承袭老子"无为"之说,认为"攘弃仁义",方可使天下之德复归玄同⑥,但其对"上天赐命"之类的观点并不持反对态度。《庄子·德充符》篇有载:

① 语出《老子·第二十五章》,陈鼓应:《老子注译及评介》(修订增补本),中华书局 2009 年版,第 159 页。

② "人法地,地法天,天法道,道法自然。"语出《老子·第二十五章》,陈鼓应:《老子注译及评介》(修订增补本),中华书局 2009 年版,第 159 页。

③ 语出《老子·第三十七章》,陈鼓应:《老子注译及评介》(修订增补本),中华书局 2009 年版,第 203 页。

④ 语出《老子·第五十七章》,陈鼓应:《老子注译及评介》(修订增补本),中华书局 2009 年版,第 275 页。

⑤ 语出《老子·第七十五章》,陈鼓应:《老子注译及评介》(修订增补本),中华书局 2009 年版,第 327 页。

⑥ 参见《庄子·胠箧》,方勇、陆永品:《庄子诠评》(增订新版),巴蜀书社 2007 年版,第 305、307 页。

受命于天,唯尧舜独也正,在万物之首。幸能正生,以正众生。①

在庄子看来,"天"仍是尧舜之类的圣王之君位合法性之来源,只不过与儒家提倡的仁民、保民之"德"相比,庄子提倡的是尧舜之类的圣王通过自正心性,而引导众人心性亦归于正。

就墨家而言,其仍将"天"视为君主权位合法性之来源。正所谓"昔三代圣王禹汤文武,此顺天意而得赏也;昔三代之暴王桀纣幽厉,此反天意而得罚者也"②,天子之尊位,在墨子看来,是上天对可以顺应自己意志的时王之庆赏。而在"天子者,天下之穷贵也,天下之穷富也"③的情况下,其尚需"顺天意",行"兼相爱,交相利"④之政,所以,普通邦君之流,恐亦不出此列。而墨子之以"兼相爱,交相利"为自身意志的"至上之天",其实也正是墨子超脱原有"神道之天",而构建的适用于自身思想体系的"义理之天"。

就法家而言,以其内蕴之功利现实性观之,君位传承之合法性问题,并不是其之主要关切;其所看重的还是如何现实地通过法度之教,提升国力,真正地攫取霸主之位,而非单纯地假天之名。所以,管子有"欲为天下者,必重用其国。欲为其国者,必重用其民。欲为其民者,必重尽其民力"⑤的"惜民力"之教,韩非有"抱法处

① 方勇、陆永品撰:《庄子诠评》(增订新版),巴蜀书社2007年版,第170页。
② 语出《墨子·天志上》,方勇译注:《墨子》,中华书局2011年版,第217页。
③ 语出《墨子·天志上》,方勇译注:《墨子》,中华书局2011年版,第217页。
④ 语出《墨子·天志上》,方勇译注:《墨子》,中华书局2011年版,第217页。
⑤ 语出《管子·权修》,黎翔凤撰,梁运华整理:《管子校注》,中华书局2004年版,第49页。由黎翔凤先生之解,此处的"重"应为"矜惜"之意。

势则治,背法去势则乱"①的"重权术"之学。这其实体现了其与传统儒家重先王之学、倡礼义之教完全不同的为政倾向,而这也不异于将君位传承之合法性由传统的"天"之赐命,转变为人主的自立自强。而各"变法"之邦国的国力的现实增强,也进一步地加剧了西周传统天命神学的崩溃。

综论殷周以来神道信念体系之沿革,其所需要解决的首要问题就是自身政权以暴力革命的手段登顶之后,自身政权如何才能不被后世之"仿效者"推翻的现实问题。而这不仅需要在宣传之中强调前朝的诸种不义以及其对上天意愿的违背,更需要为自身王朝的天命传承寻找到必要的理论乃至现实支撑。可以说,成汤与武王都发现了"德"在这一环节中所能起到的重要作用。

《商书·咸有一德》②有载:

> 天难谌,命靡常。常厥德,保厥位;厥德匪常,九有以亡。夏王弗克庸德,慢神虐民。皇天弗保,监于万方,启迪有命,眷

---

① 语出《韩非子·难势》,高华平、王齐洲、张三夕译注:《韩非子》,中华书局2010年版,第608页。

② 关于《咸有一德》的真伪问题,近年来由于清华简《尹诰》篇的研究,学界颇有争端。如廖名春先生在《史学史研究》2011年第2期上发表的《清华简〈尹诰〉研究》中即认为其为伪作;黄怀信先生2011年3月25日发表于简帛网 http://www.bsm.org.cn/show_article.php? id = 1424 的文章《由清华简〈尹诰〉看〈古文尚书·咸有一德〉》则论证了该书不可能是魏晋伪造;而虞万里先生则在其2012年发表于《史林》第2期的文章《由清华简〈尹诰〉论〈古文尚书·咸有一德〉之性质》中,认为其是西汉经师为《古文尚书·尹诰》作的一篇传。笔者以为在清华简本身真伪仍有待厘定,且更多的考古可靠佐证并未出现的状况下,以一篇之真就贸然定论另一篇之伪,实是有失公允。而学界本身观点不一,所以本书此处仍援引《咸有一德》篇作为辅证。

求一德,俾作神主。惟尹躬暨汤咸有一德,克享天心,受天明命,以有九有之师,爰革夏正。非天私我有商,惟天佑于一德;非商求于下民,惟民归于一德。德惟一,动罔不吉;德二三,动罔不凶。惟吉凶不僭,在人,惟天降灾祥,在德![1]

从伊尹还政于太甲之后对其所做的告诫来看,殷商立国之初已对"天命靡常"的观点有了充分认识。并且伊尹认为,上天选中当时的商部落并不是出于私爱,而是因为成汤拥有与之相匹的德行,这也正是民众归向有商,最终灭亡夏朝的原因。而"眷求一德,俾作神主"这一句话,则是言明了上天拣选中成汤的理由——以其精一纯粹,所以才堪为神之代言。[2] 当然,其中可能也不乏伊尹对自身氏族历史的诸多粉饰。但我们可以确定的是,以时人对上天所代表的神秘自然力量以及旧有王朝的统治权威的畏惧来看,在时人更倾向于将殷商草创之初的连年大旱归因于爰革夏正所招致的天之震怒之时,其同样也会认为是商王凭借自身的德行与上天进行了某种感应才结束了这场漫长的天灾。所以殷人在随后的宗教体系构建中,将这种他们所认为的有条件的、非永久性的联系,用恒定的典礼仪制固化为本朝先王与"帝"的不易之关联。

诚然,这种做法不失为维护新王朝统治根基之必需。但是,祖先与子孙之间无法割裂的纽带又在一定程度上为部分商王的自我放纵找到了可以被宽限的理由。或许,周人正是因为认识到了殷商宗教信仰体系中的这点缺陷,为了帝祚真正的既寿且昌,所以其

---

① 李民、王健:《尚书译注》,上海古籍出版社 2004 年版,第 138 页。

② 笔者以为,这里的"一德",可能在事实上也包含了"观射父论祀牲"时所言及的"圣王正端冕,以其不违心,帅其群臣精物以临监享祀,无有苛慝于神者,谓之一纯"(语出《国语·楚语》,徐元诰撰,王树民、沈长云点校:《国语集解》,中华书局 2002 年版,第 520 页)的部分。

才在自身信仰体系的沿革中舍弃了这一可以最有利地证明自我氏族在人间无上权威的设定,而代之以"永言配命,自求多福"①的祸福自招。虽然周朝的先王们也如殷商先祖一般,皆供职于天,但是世俗王朝的君统维系却在更大程度上依赖于现时的君正臣贤。

然而,在历史之轮的辗进之下,此等做法也没有挽救周王室于危亡。"五德终始说"的出现就为富有野心与行动力的列位诸侯提供了取周王室而代之的必要理论依据。既然天命靡常,那么应德者自为正统。这其实就颇有法家所秉持的现实功利意味。不过儒家却独辟蹊径,以"德"为时君之符瑞,融"爱民""保民"于时君权位之"应天"。而道家以"道"胜"天",试图变"有为"为"无为",然因其迂阔高远,故而难为。墨家则假天志之名,行兴利万民之实,其之天志与儒家之天道相若,俱为义理之天。

其实,我们所讲求的融会着神道信念的无上君位,也正如弗雷泽《金枝》中所记述的为人们所崇拜的橡树。橡树之所以被众人崇敬,是因为事实上的雷击,使其与人们假想之中的神灵相关联。而世俗王朝的统治,也正是因为其与上天的回环式关联,而得以由原先的风雨飘摇发展至后期的趋于神圣。在反向的关联体系得以兴建之后,人们往往会选择性地遗忘上天在王朝建立伊始所降下的诸多惩戒,而代之以祭祀典仪所可能带来的长远福佑。即便人们明知,这种行为模式本身必然会弱化上天、神灵等信仰在建国初期对君主以及王朝的正定作用。而肉眼无法测度的上天与神灵,亦不足以成为君主以及其血脉延续之王朝的长久信用保障,毕竟真正的祥瑞、神迹并不多有,而祭祀、祝祷有时也掺杂了某种刻意

① 语出《诗经·大雅·文王》,程俊英:《诗经译注》,上海古籍出版社 2004 年版,第 408 页。

的宣传。所以,民众需要某种更为具体可见的事物以承载其内心对于这种为君王所担负的统治力的信任,而这也就是君主们所外在表现出的德行。那么,身为君主又应表现出怎样的德行以适应上天的拣选,乃至回应下民的这份期待？ 我们由此问题进入本书的下一章节。

第三章 君道之本——"以德配天"之政道诉求

　　世袭的王朝政权之中,虽然君主是名义上的生而富有天下,但其统治期下的长治久安以及自身血脉的传承延续,则在很大程度上取决于其自身所表现的德行。王朝的先祖因其德行出众而为上天拣选,终领天命;王朝的后继者也只有恪尽其德、竭诚事天,才能做到真正的天命永延。而在仅论君德,不论血脉及天命的情况下,这也就进入到了儒家哲学所能探讨的范围。如果说历任王朝的始创者为时任的君主提供了基于血缘的承袭其位的正统性,对上天与祖神的祭祀为其提供了统治的神圣合理性的话,那么,时任的君主本身则承载了天命的垂临与下民的期望。而内在于君主且显露于外的君主之德行就是帮助君主稳固与这两方之联系的关键一环。天命与民众从某种意义上来说,实是系于君主之一身,而这也就是我们下面首先从彼时君主所经常援引的"予一人"之自称入手研究的来由。

一、"予一人"的政治担当

　　"予一人"①这一概念的使用早已有之。据胡厚宣先生在其

---

　　① "予一人"亦可写作"余一人",二者相通。

《释"余一人"》中的研究,从信史学的角度①,早在殷王武丁时,"余一人"即成为帝王之自称,且胡先生认为这是一种专制暴君的称号。② 而刘泽华先生则在其著作中认为,"上帝与王同为帝,王具有人神结合的性质,因此,王同一切人对立起来,成为人上人,故自称'余一人'"③。可见,胡厚宣先生和刘泽华先生实是从君与民的完全对立角度来解说"予一人"的。这一点实与笔者所倾向的"予一人"所强调的天命、民众与君主的关联而非对立不同。

而傅佩荣先生在其《儒道天论发微》中,则将这一讨论区间化,认为对于早期君王而言,这是其对自身居于天人之间独特地位的认知;而对后期君主而言,从现知的甲骨文卜辞记载,这多是其对自身祸福卜求时的特权之自称。④ 但是如果我们从傅先生引用盘庚迁都时警戒臣民的"非予自荒兹德,惟汝含德,不惕予一人"的例子来证明后期君主心态的改变这一点来看的话,可能事实也不尽然。《史记·殷本纪第三》对"盘庚迁殷"有这样的记载:

> 乃遂涉河南,治亳,行汤之政,然后百姓由宁,殷道复兴。诸侯来朝,以其遵成汤之德也。⑤

我们由上可知,盘庚是被当时的诸侯乃至《史记》所承认的奉行成汤之道的圣明之君,而商朝也确实由迁都一事重获复兴。正如我们不能用以色列人在前往迦南途中的深刻怨愤来质疑摩西的引领,我们也不能因为盘庚迁殷过程中臣民一时的倦怠而否认盘庚

---

① 即甲骨文卜辞等实物考证。

② 该观点见胡厚宣:《释"余一人"》,《历史研究》1957年第1期。

③ 刘泽华主编:《中国政治思想史》先秦卷,浙江人民出版社1996年版,第9页。

④ 该观点见傅佩荣:《儒道天论发微》,中华书局2010年版,第51—52页。

⑤ (汉)司马迁撰,(宋)裴骃集解,(唐)司马贞索隐,(唐)张守节正义:《史记》,中华书局1999年版,第74页。

本身之于天命的契合以及其非凡的才能。所以用盘庚之言来证明
王朝后期君主的失德，显然是略为失当的。那么我们又应怎样处
理"予一人"这一自称在文献记载中所存在的涵义断层？笔者且
从对《尚书》文献中的"予一人"这一帝王自称的梳理试明之。

《尚书》之中，"予一人"一词凡 25 见，其中《商书》11 见、《周
书》14 见。而与"予一人"近似的"我一人"亦有 3 见于《周书》之
中。"余一人"则无见。由"予一人"在《虞夏书》中无见，我们或
可初步推知，"予一人"可能真与汤武革命以来日益兴起的君主以
德配天的思想相关。

《商书》中的"予一人"一词总共 11 见，其中有 5 次是商王号
召臣民服从于自己的统治权威，如：

> 尔尚辅予一人，致天之罚，予其大赉汝。①

> 王曰："嗟！尔万方有众，明听予一人诰。……俾予一人
> 辑宁尔邦家，兹朕未知获戾于上下，栗栗危惧，若将陨于
> 深渊。"②

> 非予自荒兹德，惟汝含德，不惕予一人。③

> 汝无侮老成人，无弱孤有幼，各长于厥居，勉出乃力，听予
> 一人之作猷。④

---

① 语出《商书·汤誓》，李民、王健：《尚书译注》，上海古籍出版社 2004 年
版，第 105 页。
② 语出《商书·汤诰》，李民、王健：《尚书译注》，上海古籍出版社 2004 年
版，第 116—118 页。
③ 语出《商书·盘庚上》，李民、王健：《尚书译注》，上海古籍出版社 2004 年
版，第 151 页。
④ 语出《商书·盘庚上》，李民、王健：《尚书译注》，上海古籍出版社 2004 年
版，第 155 页。

其中《汤誓》篇中的"尔"指代众臣民,"尚"同"倘"也①,"致"为
"极"之意②,"赉"从郑玄之解,为"赐"也。③ 全句可解为,"倘若
你们可以辅弼于我,彻底行天之罚,(那么)我将厚赐予你们"。此
处之"予一人",是成汤为了号召臣民辅佐自己,爰革夏正,代行天
罚。《汤诰》中的"予一人",则是成汤克夏归亳后,训导臣民,表明
自己"予一人"或者说君主的优越地位是由上天赐命决定的。由
《汤誓》与《汤诰》两篇引文可知,成汤伐夏的正统性在于其是"致
天之罚",亦即代替上天惩处多罪的夏桀,也即其对臣民所宣告的
"夏氏有罪,予畏上帝,不敢不正"④。而成汤拥有这种对上天意志
的代行权也是基于上天的意志,亦即"俾予一人辑宁尔邦家",上
天赐命使我来安宁你们的国与家。⑤

　　但是上天所赐予的天命似乎也不能完全保证政权的长久稳
固,同时也需要臣民对君主的完全服从,或者更确切地说,所谓的
天命、天意在某种程度上只是君主诱使、抑或是迫使臣民服从自己
的必要手段。而其目的也就是"盘庚迁都"时所强调的"听予一人

---

① 顾颉刚、刘起釪:《尚书校释译论》,中华书局 2005 年版,第 884 页。
② 顾颉刚、刘起釪:《尚书校释译论》,中华书局 2005 年版,第 884—885 页。
③ (清)孙星衍:《尚书今古文注疏》,中华书局 1986 年版,第 219 页。此亦
　 为《说文》之常解。而孔安国于《书经》传文中,解"赉"为"与",其意差之
　 不大[(汉)孔安国传,(唐)孔颖达疏,李学勤主编:《尚书正义》,北京大
　 学出版社 1999 年版,第 191 页]。
④ 语出《商书·汤誓》,李民、王健:《尚书译注》,上海古籍出版社 2004 年
　 版,第 105 页。
⑤ 孔安国将其于此句的传文"天使我辑安汝国家"中的"国"解为"诸侯",
　 "家"解为"卿大夫"[(汉)孔安国传,(唐)孔颖达疏,李学勤主编:《尚书
　 正义》,北京大学出版社 1999 年版,第 201 页],所以,国、家分别为不同
　 等级的臣属的封地名称。

之作猷"。猷,即谋。① 臣民听从君主一人的命令、谋划。而"惟汝含德,不惕予一人"其意为:臣民隐藏才德而不惠及君王。②

所以,君主实际上需要的是众臣民虔敬地用自己的诚心来回应君王、与君主勠力同心。《商书·盘庚中》盘庚言曰:"钦念以忧,动予一人。"③孔安国解释曰:"敬念以诚感动我。"④同文又曰:"暨予一人猷同心。"孔颖达释曰:"与我一人谋计同心。"⑤君主所要求的是臣民与君主的"同心同德",是君民的协同一致。而为了求得万民"暨予一人猷同心"⑥,亦即"同心同德"的客观效果,盘庚甚至不介意借用祖先的权威,亦即《盘庚》篇中所记载的"故有爽德,自上其罚汝,汝罔能迪"⑦,也就是说如果臣民不与君王同德,那么已与君王同德的上天或是祖先就会对臣民降下灾殃。而

---

① "猷"从《释诂》之解,为"谋"[(清)孙星衍撰:《尚书今古文注疏》,中华书局 1986 年版,第 231 页],《尚书校释论》亦从此说(顾颉刚、刘起釪:《尚书校释译论》,中华书局 2005 年版,第 947 页。

② 孙星衍据《史记》之语,以为"含德"应为"舍德"[(清)孙星衍:《尚书今古文注疏》,中华书局 1986 年版,第 226 页];而顾颉刚、刘起釪则引俞樾解"含"字为"藏、怀"之意,并以"惕"为"施"字(顾颉刚、刘起釪:《尚书校释译论》,中华书局 2005 年版,第 938 页)。笔者此处从顾、刘先生之考证。

③ 语出《商书·盘庚中》,李民、王健:《尚书译注》,上海古籍出版社 2004 年版,第 158 页。

④ (汉)孔安国传,(唐)孔颖达疏,李学勤主编:《尚书正义》,北京大学出版社 1999 年版,第 236 页。

⑤ (汉)孔安国传,(唐)孔颖达疏,李学勤主编:《尚书正义》,北京大学出版社 1999 年版,第 238 页。

⑥ 语出《商书·盘庚中》,李民、王健:《尚书译注》,上海古籍出版社 2004 年版,第 160 页。

⑦ 语出《商书·盘庚中》,李民、王健:《尚书译注》,上海古籍出版社 2004 年版,第 160 页。

为了保持这份连接,使臣民不至于"协比谗言予一人"①,盘庚甚至可以作出"罔罪尔众"②,亦即不追究臣民先前所表现的怨望的决定。由此我们可以推测,臣民之心,实是不输于天命、天意的维系君统的重要一环。

所以从《商书》中的相关记载来看,"予一人"的自称所试图彰显的其实并不是基于暴君心理的自矜自伐,而是君主力图通过建立天命与自身、自身与臣民的沟通连接而使自己乃至后世子孙的统治得以延续的切实努力。君主虽是因为自身的德行而获降天命乃至终有四海,但其也必须依靠君主与臣民的"同心同德"才能使后世子孙也永保天命。所以,"予一人"实际上象征着君主与上天、与臣民基于自身德行乃至公共意志的体系化关联。虽然事实上这种统治模式的构建是以君主为关联体系的核心,但是君主往往也面临着独自承担上天可能降下的罪责的现实,如:

> 其尔万方有罪,在予一人;予一人有罪,无以尔万方。③
> 邦之臧,惟汝众;邦之不臧,惟予一人有佚罚。④

所以君主在名义上富有天下的同时,实际上也比普通的臣民承担了更多的责任,而远非后人所臆想的暴君。以上从《商书》的相关记载中,我们可以得出答案若此。那么《周书》中出现的"予一人"以及"我一人"是否也可被我们归入同样的体系?笔者于下细论之。

---

① 语出《商书·盘庚下》,李民、王健:《尚书译注》,上海古籍出版社 2004 年版,第 164 页。

② 语出《商书·盘庚下》,李民、王健:《尚书译注》,上海古籍出版社 2004 年版,第 164 页。

③ 语出《商书·汤诰》,李民、王健:《尚书译注》,上海古籍出版社 2004 年版,第 116—118 页。

④ 语出《商书·盘庚上》,李民、王健:《尚书译注》,上海古籍出版社 2004 年版,第 155 页。

首先,《周书》中"予一人"的使用似乎并不严格地限定于帝王,如周公在《金縢》篇中向祖先陈辞时所说的"兹攸俟,能念予一人"①。但如果我们从周公此处的本意,就是祝祷先祖以使自己暂代武王供职于天的职责来看,周公对"予一人"的使用也无可称之为僭越。而我们对文献的整理所面临的另一个问题,则是"王若曰"和"王曰"有无差别。"王曰",我们可以直接视之为周王所说,而如果我们将"王若曰"视为"王如此说",那么"王若曰"其实也可以将之视为时王意志的体现,所以在"予一人"出现于以"王曰"还是"王若曰"起始的篇章中,我们似乎不用过多纠结。张怀通在其《"王若曰"新释》中就认为"王若曰"是史官记录王所说的话时作出的标记文字,而同一篇章之中多个"王若曰"的出现则代表了不同史官所记录的观点。②

考于《周书》,"予一人"14 见③,"我一人"3 见,共 17 见。其使用不像《商书》,只集中于成汤、盘庚两位商王,而是历任周王多有使用。所以笔者此处不以"予(我)一人"的深意区分,而以不同周王的在任时期断代,希望借此可以原究周代"予一人"之发展。

《周书》中与武王有关的"予一人"共有 3 处:其中"尔尚弼予一人,永清四海"④和"尔其孜孜,奉予一人,恭行天罚"⑤强调的依

① 语出《周书·金縢》,李民、王健:《尚书译注》,上海古籍出版社 2004 年版,第 238 页。
② 张怀通:《"王若曰"新释》,《历史研究》2008 年第 2 期。
③ 此 14 处包含先前所论及的周公告祈祖先时所使用的自称或代称,所以周公这一例应在后续讨论中予以排除,后续讨论实际只有 13 例。
④ 语出《周书·泰誓上》,李民、王健:《尚书译注》,上海古籍出版社 2004 年版,第 195 页。
⑤ 语出《周书·泰誓下》,李民、王健:《尚书译注》,上海古籍出版社 2004 年版,第 201 页。

然是号召臣民服从于周王的统治权威,爰革商正;而"百姓有过,在予一人,今朕必往"①则是指明身有天命的武王对天下深受商王压迫的大小诸侯所负有的拯救义务。所以武王时的"予一人"与成汤时的用法并无太大区别。

而《周书》中与武王之子成王有关的"予(我)一人"则有7处。虽然在武王之时,周朝业已夺取了天下,但真正巩固这一新生政权的却是周公辅政下的成王。所以《微子之命》之中的"弘乃烈祖,律乃有民,永绥厥位,毗予一人"②,强调的是成王杀武庚,命帝乙长子微子启承继殷后,欲令其统率下的殷人始终服从自己王朝的统治权威。其中的"毗"当作"辅"解,为辅助之意。③ 而《康诰》中的"汝亦罔不克敬典,乃由裕民,惟文王之敬忌,乃裕民。曰:'我惟有及。'则予一人以怿"④则是成王封康叔为卫君时的诫命之辞,表达了君主立场下的成王对叔父可以恪守祖先之道、正确引导民众的希冀。与之类似的是《蔡仲之命》之中的"详乃视听,罔以侧言改厥度。则予一人汝嘉"⑤(此时获得册命的是成王的族弟、叛乱的蔡叔之子胡)和《君陈》中的"允升于大猷,惟予一人膺受多

① 彼时庶民无姓,所以此处的"百姓"指代的应是百官贵族。语出《周书·泰誓中》,李民、王健撰:《尚书译注》,上海古籍出版社2004年版,第199页。
② 语出《周书·微子之命》,李民、王健:《尚书译注》,上海古籍出版社2004年版,第254页。
③ (宋)蔡沈:《书经集传》卷四,文渊阁《四库全书》第58册,商务印书馆1982年版,第87页。
④ 语出《周书·康诰》,李民、王健:《尚书译注》,上海古籍出版社2004年版,第264页。
⑤ 语出《周书·蔡仲之命》,李民、王健:《尚书译注》,上海古籍出版社2004年版,第334页。

福,其尔之休,终有辞于永世"①(此时获封雒邑,监管殷民的是成
王族弟、周公之子君陈)。而《多士》中的"予一人惟听用德,肆予
敢求尔于天邑商,予惟率肆矜尔。非予罪,时惟天命"②和"猷,告
尔多士,予惟时其迁居西尔。非我一人奉德不康宁,时惟天命,无
违"③则是周公代成王用天命来威慑不愿迁居雒邑的殷民。至于
《酒诰》中的"有斯明享,乃不用我教辞,惟我一人弗恤,弗蠲乃事,
时同于杀"④,相比之下,则更为严厉,如果卫国的遗民臣属经过初
步教育仍没有遵从戒酒令的话,则面临着真正被杀戮的风险。⑤
其中的"蠲"从《尔雅·释言》之解,"蠲,明也"⑥,可解为"明了、通
晓"之意。

　　由以上几则看来,"予一人"实是周王巩固新生政权时所不得
不予之反复强调的天之权威,而这其中当然也不乏成王即位初年
管叔、蔡叔并武庚作乱有损周王朝的统治权威的客观影响。此时
"予一人"的权威意味远胜于君主所应同等秉承的对天命以及天

　① 　语出《周书·君陈》,李民、王健:《尚书译注》,上海古籍出版社 2004 年
　　　版,第 369 页。
　② 　语出《周书·多士》,李民、王健:《尚书译注》,上海古籍出版社 2004 年
　　　版,第 309 页。
　③ 　语出《周书·多士》,李民、王健:《尚书译注》,上海古籍出版社 2004 年
　　　版,第 309 页。
　④ 　语出《周书·酒诰》,李民、王健:《尚书译注》,上海古籍出版社 2004 年
　　　版,第 277 页。
　⑤ 　清朝朱骏声将此句解读为:"言殷臣之湎酒者,则皆纣之所导,染恶既深,
　　　未能骤革,虽归于周,弗杀姑教,盖宽恕此而明欲其迁善也。若不率教而
　　　不悛,则予一人弗能救之,弗善汝事于后,则同于群饮之周臣,杀无赦者
　　　也。"[(清)朱骏声撰,朱师辙校:《尚书古注便读》,华西大学国学丛书
　　　本,华西协和大学铅印,民国二十四年(1935 年)版,第 9—10 页]
　⑥ 　(晋)郭璞注,(宋)邢昺疏,李学勤主编:《尔雅注疏》,北京大学出版社
　　　1999 年版,第 69 页。

下的敬慎之心。但"予一人"在君主与臣子之间关联方面的用法，在这一时期仍然存在，即《周官》中的"少师、少傅、少保，曰三孤。贰公弘化，寅亮天地，弼予一人"①。"三孤"作为"三公"的协助者，其职责就是在自身敬信天神地祇的基础上，辅佐君王稳定这份存在于天命乃至万民之间的关联。

《周书》之中与成王之子康王有关的"予一人"的记述只有两处：其一为《康王之诰》中康王即位之初为了彰显自己的绝对权威而对各封国的大小诸侯们所宣布的"庶邦侯甸男卫，惟予一人钊报诰"②；另一处则是对当时周朝的太平景象的描述，亦即"既历三纪，世变风移，四方无虞，予一人以宁"③，由此，我们可以查知，君主本身的情感意志是理应与天下的风俗气象相关。

而关于穆王的记载《周书》之中亦有两处，其一为《冏命》之中，穆王任用伯冏为太仆时所认识到的贤臣能对王朝所产生的强大影响，即"惟予一人无良，实赖左右前后有位之士，匡其不及，绳愆纠谬，格其非心，俾克绍先烈"④。其中"予一人无良"的说法，应是承继《商书》中的"一人元良，万邦以贞"⑤。"贞"者，正也，也就是说君主本身的优良德行才是王朝治世的根本。所以这里的穆王强调了自身德行的略有不及并突显了贤良辅臣的重要作用，而

---

① 语出《周书·周官》，李民、王健：《尚书译注》，上海古籍出版社 2004 年版，第 358 页。
② 语出《周书·康王之诰》，李民、王健：《尚书译注》，上海古籍出版社 2004 年版，第 381 页。
③ 语出《周书·毕命》，李民、王健：《尚书译注》，上海古籍出版社 2004 年版，第 385 页。
④ 语出《周书·冏命》，李民、王健：《尚书译注》，上海古籍出版社 2004 年版，第 396 页。
⑤ 语出《商书·太甲下》，李民、王健：《尚书译注》，上海古籍出版社 2004 年版，第 135 页。

这其实亦不异于对《商书》之中与臣民"同心"进而"同德"思想的延续。而《吕刑》篇中的"尔尚敬逆天命,以奉我一人"①,则是传统的对于周王权威的强调。

《周书》中最后一则"予一人"的记载则是迁都雒邑的平王在《文侯之命》中感激扶持自己登位的诸侯们所说的"有绩予一人,永绥在位"②,由此,我们可知,平王认为自己的王位其实是依赖祖辈和父辈的诸侯大臣们才得以获得乃至维系的,亦即"惟祖惟父其伊恤朕躬"③。虽然这也不失为君臣之间的一种关联,但平王这里却对君臣的关联做出了不同于其祖先的倒置处理。对于平王而言,不是自己永保天命下的诸侯的自然服从,而是其依靠诸侯才在事实上保有王位。所以平王"予一人"的自称只是徒具其名,其在失去了直言自己永赖天命的勇气时,在事实上也失却了周天子的无上尊权。而这也就是《史记·周本纪第四》所载的"平王之时,周室衰微,诸侯强并弱,齐、楚、秦、晋始大,政由方伯"④的开始。

纵览殷周以来的"予一人"之自称,王朝兴盛之时,君主作为政权的核心,承载着上启天命、下达民意的沟通关联。而诸侯臣属是君主与万民的中间阶层、君主的直接联系者,君主也必须与之建立恰当的连接才能确保自己可以体察民意,克享天心。这是殷周时的中央王朝所普遍采用的政权构建模式,借由君主这一核心,天

---

① 语出《周书·吕刑》,李民、王健:《尚书译注》,上海古籍出版社 2004 年版,第 400 页。

② 语出《周书·文侯之命》,李民、王健:《尚书译注》,上海古籍出版社 2004 年版,第 412 页。

③ 语出《周书·文侯之命》,李民、王健:《尚书译注》,上海古籍出版社 2004 年版,第 412 页。

④ (汉)司马迁撰,(宋)裴骃集解,(唐)司马贞索隐,(唐)张守节正义:《史记》,中华书局 1999 年版,第 108 页。

命、臣属、万民与之形成了有序的关联。而王朝衰微之时,君主与天命或万民之间联系的失却,抑或是"天命—君主—万民"这一体系中的任何其他一个要素因君王自身德行的不足而僭居君主原本的核心地位,都会造成这种固有政权体系事实上的崩坏。前者产生的是篡国的僭主①或事实的暴君,后者产生的或是类似殷人的"率民以事神,先鬼而后礼"②,或是春秋时的"政由方伯",抑或是周厉王时的"国人暴动"。所以,无论从何种意义而言,稳固政权体系的合理构建都不容有失,此为君道之根本。那么居于这一体系核心地位的君主究竟应该具备怎样的能力和德行,才能完满地维持这一体系? 这也就引发了我们下一部分的讨论。

二、《洪范》之"君德三应"

如果我们想用一种比较形象的笔触对上述文中的"天—君—臣民"相应的政权体系加以描摹,笔者以为"王"之一字就不失为一个很好的选择。由《说文解字》之记载:

> 王,天下所归往也。董仲舒曰:"古之造文者,三画而连其中谓之王。三者,天、地、人也,而参通之者王也。"孔子曰:"一贯三为王。"③

我们可知,"王"是天下尽皆归往的对象。而我们在前文中也已论

---

① 此处的"僭主"并非是指古希腊政治思想理论中的特有称号,而是指代我国历史中得位不当的君王。

② 语出《礼记·表记》,(清)孙希旦撰,沈啸寰、王星贤点校:《礼记集解》,中华书局1989年版,第1310页。

③ (汉)许慎撰,(宋)徐铉校订:《说文解字》,中华书局1963年版,第9页。

证,"君道"之"君"字,在很大程度上只是对事实上拥有最高现世影响力的统治者的尊称。所以"王"之一字,就《说文》的理解而言,实是"君"之有为,亦即君王颇有能力的体现。而为《说文》所援引的董仲舒的说法,其实也就是其在《春秋繁露·王道通三》篇中所论说的,"古之造文者,三画而连其中,谓之王。三画者,天地与人也,而连其中者,通其道也。取天地与人之中以为贯而三通之,非王者孰能为是?"①所以,若从其深意来解"王"字,"王"字的三横笔则分别象征着天、地、人之三才;而"君"这一贯通三画之中的竖笔,其实也就意味着如果君主可以切实做到通明天道、地道以及人道,那么其也就可以称之为"王"。至于竖笔居中,则或有"无偏无陂,遵王之义;无有作好,遵王之道;无有作恶,尊王之路;无偏无党,王道荡荡;无党无偏,王道平平;无反无侧,王道正直"②的意味。所以,我们试图探究的有为之君理应具备的德行,或许就可以从对"王"字这一有为之君的尊称的深意之分析着手。由此,我们的问题也就变为:作为维持着整个"天—君—臣民"政权体系核心的君主,是否其君德也在实际上确如"王"字一般,理应贯通天地人三道。笔者认为,这个回答应该是肯定的。以《洪范》之文,实乃列叙殷周其时之常道,故以下笔者便以《洪范》篇中的"九畴"思想例证之。

"洪范九畴"是周武王见箕子询问治国存亡之常道时,由箕子口述的"彝伦攸叙",亦即天之常理之次序。所以"九畴"的排列次第之间也应有其深意与关联。其中:

① 苏舆撰,钟哲点校:《春秋繁露义证》,中华书局 1992 年版,第 328—329 页。

② 语出《尚书·洪范》,李民、王健:《尚书译注》,上海古籍出版社 2004 年版,第 222 页。

初一曰五行,次二曰敬用五事,次三曰农用八政,次四曰协用五纪,次五曰建用皇极,次六曰乂用三德,次七曰明用稽疑,次八曰念用庶征,次九曰向用五福,威用六极。①

此段文字为"九畴"之总叙。笔者考其缘由,倾向于将"一、五行,四、协用五纪,七、明用稽疑"归之为君与天相应的部分,亦即与天道相匹配的君道之义;而"三、农用八政,六、乂用三德,九、向用五福、威用六极"则归之为君与臣民相应的部分,亦即与民心民意相匹配的君道之行;至于"二、敬用五事,五、建用皇极,八、念用庶征"则为君主自身的德行根本,亦即君主应如何行事,而这也是君主上应天道、下顺民心,"达于上下,敬哉有土"②的君道之关键。本部分题名之"君德三应",笔者便厘解若此。以下,笔者便因所列天道、臣民、君德之次第顺叙之。

其中,位居天道之首的"五行"所指代的就是我们所熟知的"水、火、木、金、土"。而由《正义》解"五行",其所指代的就是五材气性之流行,亦即"气本论"体系下,构建这个世界的五种基本材质。而五行亦各有其性:"水曰润下,火曰炎上,木曰曲直,金曰从革,土爰稼穑。"③也正是因为这五种气禀之不同,而使五行有了不同的发用,亦即"润下作咸,炎上作苦,曲直作酸,从革作辛,稼穑作甘"④。这也就是《正义》所说的,"谓之行者,若在天则五气

---

① 语出《尚书·洪范》,李民、王健:《尚书译注》,上海古籍出版社 2004 年版,第 219 页。

② 语出《皋陶谟》,李民、王健:《尚书译注》,上海古籍出版社 2004 年版,第 38 页。

③ 语出《尚书·洪范》,李民、王健:《尚书译注》,上海古籍出版社 2004 年版,第 219 页。

④ 语出《尚书·洪范》,李民、王健:《尚书译注》,上海古籍出版社 2004 年版,第 219 页。

流行,在地世所行用也"①。而一个合格的君王自然也应首先明了这与天道、人事密切相关的"五行",且其本身也同时担负着使五行顺布的职责。这也就是《大禹谟》中禹之功绩"地平天成"②之所在。

而"岁、月、日、星辰以及历数"所代表的"五纪",则是在地平天成所象征的基本五行时序前提下,君主仰观天象所厘定的与天道运行相匹配的人道之历法,这也就是尧所曾做的"乃命羲和,钦若昊天,历象日月星辰,敬授人时"③。而在这个历法体系的指导下,农事生产也可以在顺应天时的基础上有序而合理地进行,这也就间接保障了君主治下的民生民计。

至于"稽疑",则是利用卜筮的方法,上问天意,以决君主心中疑虑的手段。而这种权衡决断的方法也并非完全依赖于天意的征显——卜筮,其同时也掺杂着君主的个人意愿、臣属之见以及众民之心的协从考量。依其标准,只要这五种决断方法中,有三种皆吉,那么,所谋之事也就颇为可行。

总的来说,这三条与天道相应的法则,如依其顺序言之,其明显有着人事意味愈发浓厚的特点。所以,对于一位合格的君王而言,晓彻天道并不是其根本的目标,其最终的冀愿还是在于"推天道以明人事",即效法天道的常理,以在自身统治的人间中构建出一个同样有序的运转模型。而与此时的君道与祭祀系统中,君主为了维持自己乃至子孙后代王位的千秋永世而假托天命之名不

---

① (汉)孔安国传,(唐)孔颖达疏,李学勤主编:《尚书正义》,北京大学出版社1999年版,第302页。

② 李民、王健:《尚书译注》,上海古籍出版社2004年版,第27页。

③ 此处"人"字系避唐太宗李世民之讳,原应为"民"字。李民、王健撰:《尚书译注》,上海古籍出版社2004年版,第3页。

同,其是真正的君德之体现,这不仅表现为君主对人事、民事方面的侧重,更表现为君主以"明人事"的具体行为来切实回应上天对自己曾经做出的拣择。

至于与统驭臣民相应的君道之行,居于其首的是谓"八政",亦即分管农事、财货、祭祀、工程、教化、刑狱、诸侯朝觐以及兵戎这八项国家基本事务的主政官员。按照吕思勉先生的说法,"古代之等级,其原为以力相君"[1],所以这八项职司的设立其实也正是为了帮助君主处理纷繁复杂的朝政事务,或者,更确切地说,一位合格的君主理应至少设立这八项职司才可以保证国家事务的正常运行。

而在基本职位业已固定的情况下,君主所不得不面对的下一个问题也就演变为,身为上位者的自己应如何对待这些分有自身权力的臣子的问题。这也就是"正直、刚克、柔克"的君主之"三德"所揭示的应对之道:平和中正者,正直应之;刚强不可亲者,以刚克之;柔和可亲者,以柔克之。但君主同时也应确保"惟辟作福,惟辟作威,惟辟玉食"[2],亦即奖惩之实权只握于自家手中,为臣子分有的更多的只是议事而非决断之权。或许也只有核心权力的集中,才可以充分保证这个层级分明的政权体系的长远维系,而不至于"人用侧颇僻,民用僭忒"[3]。

而这个奖惩的核心权力不仅表现为世俗中爵禄刑罚的赐予,更表现为君主因与上天相应,而使遵从或背弃于他的臣子在冥冥之中承受着来自上天的另一份赏罚,这也就是《洪范》篇中最后所

---

① 吕思勉:《先秦史》,上海古籍出版社 2005 年版,第 275 页。
② 李民、王健:《尚书译注》,上海古籍出版社 2004 年版,第 224 页。
③ 李民、王健:《尚书译注》,上海古籍出版社 2004 年版,第 224 页。

言及的"五福"①与"六极"②。

总而言之，虽然君主可以用职司分立的手段切实减轻自己治国理政的负担，并更好地实现自身与万民的间接沟通与连接，但这种新构建的臣属层级本身却因供职于其中的臣属本人们的主观情志的不定，而需要贤德君主自身进行某种程度的把握和调节，而这种调节能力的存有也就在于君主是否切实保有核心的赏罚权力。且在当时普遍接受的天命王权的背景下，上天作为历任合格君主最为可信的依靠，臣民自身或者君主本人，会使附属于君主的臣民们相信对君主本人的不当违逆很可能会招致上天降下的相应灾殃，所以，除却对君主自身的德行要求之外，时人的固有观念以及其时君主与上天之间存在的相应关联，都是君主可以维持以自身为核心的政权体系的正常模态的重要辅助。但这整个以君主为核心的政权体系的根本，也是《洪范》篇中最为强调的部分，却还是君主自身所应具备的基本德行。这也是我们接下来所要讨论的。

在这一与君主个人德行相应的起始部分的"五事"中，《洪范》篇首先就对君主之"貌、言、视、听、思"作出了各自的限定，亦即君主之仪容应恭谦、言语应可从、观察应明晰、听闻应敏达、思考应通彻。而在这基础之上，君主也才能成就"肃、乂、哲、谋、圣"的基本德行目标，亦即敬慎、治政、明察、善断，乃至无事不可通。与之相应，上天也会为满足这些基本德行要求的君主降下诸种美好的征验，亦即"曰休征：曰肃，时雨若；曰乂，时旸若；曰

---

① 即"一曰寿，二曰富，三曰康宁，四曰攸好德，五曰考终命"（李民、王健撰：《尚书译注》，上海古籍出版社 2004 年版，第 229 页）。

② 即"一曰凶短折，二曰疾，三曰忧，四曰贫，五曰恶，六曰弱"（李民、王健撰：《尚书译注》，上海古籍出版社 2004 年版，第 229 页）。

哲,时燠若;曰谋,时寒若;曰圣,时风若"①,也就是雨、晴、暖、寒、风五种天象各依时序,风调雨顺。反之,如若君主无法满足这一标准,则诸种"咎征"以降,亦即"曰狂,恒雨若;曰僭,恒旸若;曰豫,恒燠若;曰急,恒寒若;曰蒙,恒风若"②,也就是"一极备,凶;一极无,凶"③,上述五种天象中的任何一种的过多或是缺少都会给其时的人们带来无可挽回的凶灾。而我们从《竹书纪年》的相关记载中,也可以略窥这一天象与君主德行相应的理论的征验性:

《纪年》曰:周昭王十九年,天大曀,雉兔皆震。④

——《开元占经》卷一〇一

《书纪年》曰:周昭王末年,夜有五色光贯紫微。其年,王南巡不返。⑤

——《太平御览》卷八七四咎征部

《纪年》曰:夷王七年,冬,雨雹,大如砺。⑥

——《太平御览》卷一四天部

所以君主为了自身治下的风调雨顺、长治久安,其也不得不注重自身的德行修养以符合冥冥之中主宰的期望与要求。这也是时人所秉承的这一天君相应观点的裨益之所在。

---

① 李民、王健:《尚书译注》,上海古籍出版社 2004 年版,第 227 页。
② 李民、王健:《尚书译注》,上海古籍出版社 2004 年版,第 227 页。
③ 李民、王健:《尚书译注》,上海古籍出版社 2004 年版,第 227 页。
④ 方诗铭、王修龄:《古本竹书纪年辑证》(修订本),上海古籍出版社 2005 年版,第 46 页。
⑤ 方诗铭、王修龄:《古本竹书纪年辑证》(修订本),上海古籍出版社 2005 年版,第 46 页。
⑥ 方诗铭、王修龄:《古本竹书纪年辑证》(修订本),上海古籍出版社 2005 年版,第 57 页。

　　当然,合格的君主也不应仅是德行高尚的无为之君,而更应是可以切实维护这一政治体系的治世雄主。这也就是"皇极"这一部分对君主之行事提出的客观要求。"皇极"不仅是与君德相应的部分之核心,更是整部《洪范》篇之核心。若由《逸周书》解"极"字,则"正及神、人曰极,世世能极曰帝"①,所以"皇极"实是贯通天人,永保天命的不二之法。而《正义》将"皇"解为"大",将"极"训为"中",故"皇极"合论,即是君主所行之"大中之道"。②所以其也就是君主如何以己身德行之"中",而使以己身为核心的政权体系也不失其"中"的延展法门,亦即《大禹谟》中所说的"人心惟危,道心惟微,惟精惟一,允执厥中"③。而这可能也是清华简《保训篇》中,文王临终之时,向其子武王所传之"中"。④

----

① 语出《逸周书·武顺解第三十二》,黄怀信:《逸周书校补注译》,西北大学出版社 1996 年版,第 166 页。

② 该观点见(汉)孔安国传,(唐)孔颖达疏,李学勤主编:《尚书正义》,北京大学出版社 1999 年版,第 299 页。

③ 李民、王健:《尚书译注》,上海古籍出版社 2004 年版,第 32 页。

④ 《保训篇》之释文可见李学勤主编:《清华大学藏战国竹简(一)》,中西书局、上海文艺出版有限公司 2010 年版,第 143 页。而清华简之真伪虽仍无法完全确认,但《保训篇》中文王所述史实亦见于其他史书,如其中所述的上甲微伐有易,亦见于《竹书纪年》:"《竹书》曰:殷王子亥宾于有易而淫焉,有易之君绵臣杀而放之,是故殷主甲微假师于河伯以伐有易,灭之,遂杀其君绵臣也。——《山海经·大荒东经》注"[方诗铭、王修龄:《古本竹书纪年辑证》(修订本),上海古籍出版社 2005 年版,第 12 页]所以其篇或为真。而关于所传之"中",梁涛先生认为"清华简《保训》的'中'是指中道"(梁涛:《清华简〈保训〉的"中"为中道说》,清华大学出土文献研究与保护中心编:《清华简研究》第一辑,中西书局 2012 年版,第 99—109 页)。其中,舜是积极的中,上甲微是消极的中。据其文载,另有中道说、地中说、诉讼文书说、旂旗说、民众说和军队说等。笔者此处亦以"中"为"中道",不过并无积极、消极之分。与廖名春先生在其《清华简〈保训〉篇"中"字释义及其他》(《孔子研究》2011 年第 2 期)中认为"中"即"和谐政治之道"有类似之处。

总论《洪范》篇中所言之极富关联对应的"天—君—臣民"的政权体系，我们可以肯定君主之德也必通贯天人之道。所以君主以天道为摹本、以臣民为依托、以己身为中镇，构造了一个颇具深意的"王"形政权。而洪范之九畴也便与这一政权体系的三个基点三三对应，充分阐释了其时相对稳定的政权体系对居于其中的君主之能力以及德行方面的客观要求。那么，在业已了解这一政权体系构建细则的情况下，我们是否也可以从另一相对宏观的角度来把握这一政权体系的精神实质。笔者以为，我们从《国语》中"和实生物"的典故即可体会之。

三、"和实生物"的政权真意

《国语·郑语》中的"史伯为桓公论兴衰"中有这样的记载：

> 公曰："周其弊乎？"对曰："殆于必弊者也。《泰誓》曰：'民之所欲，天必从之。'今王弃高明昭显，而好谗慝暗昧；恶角犀丰盈，而近顽童穷固。去和而取同。夫和实生物，同则不继。以他平他谓之和，故能丰长而物归之，若以同裨同，尽乃弃矣。故先王以土与金木水火杂，以成百物，是以和五味以调口，刚四支以卫体，和六律以聪耳，正七体以役心，平八索以成人，建九纪以立纯德，合十数以训百体。出千品，具万方，计亿事，材兆物，收经入，行姟极。故王者居九畡之田，收经入以食兆民，周训而能用之，和乐如一。夫如是，和之至也。于是乎先王聘后于异姓，求财于有方，择臣取谏工，而讲以多物，务和同也。声一无听，色一无文，味一无果，物一不讲。王将弃是

类也,而与剿同,天夺之明,欲无弊,得乎?……"①

在这段文字中,郑桓公首先向史伯询问,周幽王治下的周朝是否即将走向衰败。史伯认为这个答案是肯定的。史伯认为其时的君主周幽王摒弃良臣,亲近奸邪,无法如同周朝先祖一般借由贤明的臣属阶层维持君主与万民乃至上天之间的关联,而周幽王"去和而取同",亦即独断专行、固执己见的做法更是违背了周王朝"和实生物"的固有传统,是"以同裨同",而非"以他平他",所以必将"同则不继",无法维持自身的统治。而以前的圣王则不同,其顺应五行之材质,创制了各种名物以及相应的典章制度:其和汇五味以调配世人之口味,强健人之四肢以卫护世人之躯体,调和六律以使之和悦世人之耳,端正七窍以使之足为心之役使,并随之协调人之躯体的八个部分②,至此,世人外部之躯体已初步成就;其随后强健人之九脏③以纯正、完善人之躯体内部的功能④,至此,世人之身躯从外至内都处于一个相对有序合理的运行状态,也只有这样的世人才足以在先王的指导下更好地建设这个王朝、这个国家;所以先王随后颁布了多种典制以建立一个功能齐全的朝政体系,而在这个如同人之躯体一般完善的朝政体系中,各种治道得以采用,纷繁的事务得以处理,庞大的财物得以经用,诸种政令也得以切实推行。这也就是君王可以坐拥九州,教化万民并使之与己同心同德、和乐如一的关键,而这也是"和之至也"。

---

① 徐元诰撰,王树民、沈长云点校:《国语集解》,中华书局 2002 年版,第470—473 页。

② "八索"即为"八体",以应八卦也。其中乾为首,坤为腹,震为足,巽为股,离为目,兑为口,坎为耳,艮为手。

③ 除却通常的"五脏",另有胃、膀胱、胆和肠。

④ 此时的"德"之用法,应该并无道德褒贬之意味,而是强调其分属的职能、功能。

从以上的分析中,我们可以发现,这个"和之至也"其实是由人身之"和"推广至于天下之"和"的演进结果。如果我们把先王建立的诸种典制比喻为人类外部之躯壳,那么各种治道的采用、事务的处理、财物的经用、政令的推行则象征着这个躯体内部一切功能的有序运行。对于每个个体的人而言,躯体内外的完美、有序,意味着自身作为人类的生命价值的有效展现;而对汇合着无数个体的国家政权体系来说,相关典制以及政权体系内部诸种功能的有效运行,则意味着这个国家或这个王朝的长治久安。所以太平治世其实也不过是人身之"和"的扩大。而人之躯体之所以具有"和"之可能,我们也不得不感谢上天造物之神奇。所以这个"和之至也"的整个演进过程的起始,离不开圣明之先王自身对于天道的领会与体认,而现实世界中的政权体系,其实也就是当时之先王依照自身领会在人世间所构建的天道之模型。所以"和之至也"并不追求同一种声音、同一种色彩、同一种口味乃至同一种思想,我们所追求的其实只是希望可以通过自身拙劣的仿效得以在自己构建的世界中最终表现出天道几分原本的悠远与超然。然而,再完善的政道理论体系也无法在日益倾颓的周王室中得到应用与实践,自然也就无从挽救周王室之命运。而随着历史演进到"四海迭兴,更为伯(霸)主"①的春秋战国时代,权势日盛的各位诸侯也同样面临着治国理政的现实问题。那么,其时以"达则兼济天下"为己任的儒家先贤对殷周以来的传统君道体系作出了怎样的沿革,又对现世的君主提出了怎样的要求?下面我们便以儒家的主要代表人物为主线,系统梳理之。

① 见《史记·十二诸侯年表第二》,(汉)司马迁撰,(宋)裴骃集解,(唐)司马贞索隐,(唐)张守节正义:《史记》,中华书局1999年版,第365页。

四、孔子的"北辰"之冀

　　孔子之时,正是社会的大变革期,"一切社会经济、政治制度、学术文化均开始发生变化"①。而身处其中的至圣先师,在对殷周以来的优秀政道传统予以继承的同时,也对其予以了适当地修正与改变,这首先就表现于其经典的"北辰"之喻上:

　　　　子曰:"为政以德,譬如北辰,居其所而众星共之。"②

上文中的"北辰",并不是我们平时所说的"北极星"。据王夫之在《四书稗疏》中的考证,"辰者,次舍之名。辰非星,星非辰也。北极有其所而无其迹,可以仪测而不可以像观,与南极对立,而为天旋运之纽"③。辰,是停留、驻扎之意,而并非我们所联想的星辰。所以"北辰"只能说是北极,而非北极星,是我们肉眼无法直接观测,但事实上星辰运行皆环绕其而行的天之枢纽。此亦即郭璞所注释的,"北极,天之中,以正四时"④。而孔子以"北辰"喻君王,也就是要强调君主唯一而至上的地位。只要君主能"君其君",亦即自己率先垂范,表现出一个真正帝王的风采,那么其下的臣属子民也一定会争先效仿,表现出与自己职分相称的德行。这也就是季康子问政时,孔子所回答的"政者,正也。子帅以正,

---

①　童书业:《春秋左传研究》,中华书局 2006 年版,第 310 页。
②　杨伯峻译注:《论语译注》,中华书局 1980 年版,第 11 页。
③　参见程树德撰,程俊英、蒋见元点校:《论语集释》,中华书局 1990 年版,第 61 页。
④　参见(清)刘宝楠撰,高流水点校:《论语正义》,中华书局 1990 年版,第 37 页。

孰敢不正"①。

而如果我们将春秋时期普通民众的受教育水平也纳入考量之中，那么这句话也就具有了更现实的意义。正如《礼记·哀公问》所言，"政者，正也。君为正，则百姓从政矣。君之所为，百姓之所从也。君所不为，百姓何从"②。普通民众囿于才识与能力的局限，往往无法判断自身行为正确与否。而君主就起到了一个明示与榜样的作用。只要君主可以确保自身行事的无可指摘，那么，众民也可随之找到自身努力的方向，此亦即孔子所言说的"子欲善而民善矣。君子之德风，小人之德草。草上之风，必偃"③。但这也就对君主本身的德行与操守提出了一个相对较高的要求，正如孔子所言，"苟正其身矣，于从政乎何有？不能正其身，如正人何"④。如果自己持身端正，那么治国理政都不会有什么难处；而如果连己身都无法约束，那么自然也无从规范他人。

而君王恭己垂范的效用有时甚至强于明文的禁令，如《韩非子·外储说左上》有这样的记载：

> 齐桓公好服紫，一国尽服紫。当是时也，五素不得一紫。桓公患之，谓管仲曰："寡人好服紫，紫贵甚。一国百姓好服紫不已，寡人奈何？"管仲曰："君欲止之，何不试勿衣紫也？谓左右曰：'吾甚恶紫之臭。'"公曰："诺。"于是日，郎中莫衣

---

① 语出《论语·颜渊》，杨伯峻译注：《论语译注》，中华书局 1980 年版，第 129 页。

② （清）孙希旦撰，沈啸寰、王星贤点校：《礼记集解》，中华书局 1989 年版，第 1260 页。

③ 语出《论语·颜渊》，杨伯峻译注：《论语译注》，中华书局 1980 年版，第 129 页。

④ 语出《论语·子路》，杨伯峻译注：《论语译注》，中华书局 1980 年版，第 138 页。

紫；其明日，国中莫衣紫；三日，境内莫衣紫也。①

由上述文字，我们可知，因为齐桓公自身对紫色的偏好，齐国举国都偏好紫色，这甚至造成了市场物价的不平衡，以至于齐桓公为之忧虑不已。但在齐桓公听取了管仲的建议，对近身侍从官表达了自己对紫色染料之气息的厌恶后，不出三日，齐国境内再无服紫之人。这也就是为孔子所强调的，"其身正，不令而行；其身不正，虽令不从"②。行文至此，我们不由要问，既然国君的恭己垂范如此重要，那么，是否有什么具体可以参照的行为规范呢？笔者以为，这就回到了我们讨论的伊始部分，也就是要"为政以德"。

《孔子家语·入官》有云："德者，政之始也。政不和，则民不从其教矣。不从教，则民不习。不习，则不可得而使也。"③由此可见，君主之"德"，实是君主治政伊始所要解决的首要问题。只有"德"才可以使政令符合世情、事理，如此，民众才会服从政令。而民众习于听从政令后，君主才可以驱使其行进到正确的方向。那么，君主要怎样表现，才可称得上是有"德"呢？笔者以为，孔子时期的"德"字之用法，恐怕正如"君子之德风，小人之德草"中所体现的一般，并不具有明显的褒贬意味，而是更多地强调人们身处的

---

① 高华平、王齐洲、张三夕译注：《韩非子》，中华书局 2010 年版，第 422 页。

② 语出《论语·子路》，杨伯峻译注：《论语译注》，中华书局 1980 年版，第136 页。

③ 王国轩、王秀梅译注：《孔子家语》，中华书局 2011 年版，第 266 页。关于《孔子家语》之真伪问题，王承略认为，王肃的篡改范围不算太大，今本《家语》的大部分内容仍有重要的文献价值；［王承略：《论〈孔子家语〉的真伪及其文献价值》，《烟台师范学院学报》（哲学社会科学版）2001 年第3 期，第 14 页］而宋鹤在其研究生论文中认为《孔子家语》是孔氏家学的产物。（宋鹤：《〈孔子家语〉的成书及真伪研究》，辽宁师范大学硕士研究生学位论文，2009 年）由此，笔者在此处及以后的行文中亦会使用《孔子家语》中的相关文献。

社会地位本身对个体提出的规范和要求。① 所以孔子的"德"之标准也就因人而异。这也就是吴根友先生在其文章中所申明的,孔子似乎还有将"德政"的标准下移乃至泛化,以应用于诸侯和大夫的倾向。②

对于孔子来说,至上的"德"之标准必然是祖述尧舜等上古至圣先王。考诸《论语·雍也》篇,有如下记载:

> 子贡曰:"如有博施于民而能济众,何如? 可谓仁乎?"子曰:"何事于仁,必也圣乎! 尧舜其犹病诸! ……"③

在上段文字中,子贡询问孔子如何才算是"仁",并提出了"博施于民而能济众"的推测。但是孔子认为这个目标已经太过高远,这甚至是尧舜等圣王实施起来都颇为困难的事情,这已经可以被称为"圣"了,因而远远超过子贡可以尝试实践的范围。那么,君王究竟是应该以何博施于民、进而能济众呢?

让我们先来参考一下《论语》中所记载的"圣王"之行:

> 子曰:"大哉尧之为君也! 巍巍乎! 唯天为大,唯尧则之。荡荡乎,民无能名焉。巍巍乎其有成功也,焕乎其有文章!"④

> 子曰:"无为而治者其舜也与? 夫何为哉? 恭己正南面

---

① 这种用法在早期的西方亦有存在:于荷马生存之时,"善"与"德性"这一类的词语,其实就与人是否能履行社会指派给其的职责有关。([美]阿拉斯代尔·麦金太尔著,龚群译:《伦理学简史》,商务印书馆 2004 年版,第 31 页)

② 该观点见吴根友:《道义论——简论孔子的政治哲学及其对治权合法性问题的论证》,《孔子研究》2007 年第 2 期。

③ 杨伯峻译注:《论语译注》,中华书局 1980 年版,第 65 页。

④ 语出《论语·泰伯》,杨伯峻译注:《论语译注》,中华书局 1980 年版,第 83 页。

而已矣。"①

　　子曰:"禹,吾无间然矣。菲饮食而致孝乎鬼神,恶衣服
而致美乎黻冕,卑宫室而尽力乎沟洫。禹,吾无间然矣。"②
由上文观之,除却舜帝的"恭己正南面"是端正己身为天下式,尧帝
和禹帝可以得到孔子赞誉的原因都与他们钦顺昊天有着一定的关
联。帝尧是直接法效上天,"以天为则";而帝禹则是对自身勤俭、对
整治水道以及祭祀之事无比虔敬,以至于孔子无法挑剔于他。笔者
以为,这其实是孔子对殷周以来天人相应的君道传统之继承的必然
表现。虽然孔子在子路询问鬼神之事时,教导其"未能事人,焉能事
鬼"③,但笔者认为,孔子此时只是因材施教,觉得以子路当时之状
态,鬼神之说尚不是其可以深入了解的范围,而非鬼神等事本身并
不值得关注。而"博施于民而能济众"中"被博施之物"的由来,应
该就与至上之天有关。班大为先生就曾经在其文章中考证"帝"
字的最初含义应该是秉持某种特殊的星象工具以确定天帝之居
所——北天极之所在。④ 而笔者以为,为上古圣王所博施之道可
能也正是来自于古之圣贤对彼苍者天的体会与把握。毕竟远古之
时,王亦经常兼领祭司的职务,抑或二者本为一人。⑤

---

① 语出《论语·卫灵公》,杨伯峻译注:《论语译注》,中华书局 1980 年版,第
　　162 页。

② 语出《论语·泰伯》杨伯峻译注:《论语译注》,中华书局 1980 年版,第
　　84 页。

③ 语出《论语·先进》,杨伯峻译注:《论语译注》,中华书局 1980 年版,第
　　113 页。

④ 该观点见班大为:《再谈北极简史与"帝"字的起源》,见陈致主编:《当代
　　西方汉学研究集萃(上古史卷)》,上海古籍出版社 2012 年版,第 227 页。

⑤ 傅亚庶认为"……从远古社会的情况看,初期的祭祀是简单而纯朴的,部
　　落的首领、酋长可能本身就承担着祭祀中的一些具体工作。……"(傅亚
　　庶:《中国上古祭祀文化》,东北师范大学出版社 1999 年版,第 327 页)

但在诸侯争霸、天下共主名存而实亡的当下，汲汲于自身领土扩张的列位诸侯在本身不具有体悟天道之资格的同时，其本身也并无意愿从事此种耗时良久、无法见到短期效益的事业。所以孔子只能因材施教，将"德政"之标准普化。如果说《论语·学而》篇中的"道千乘之国，敬事而信，节用而爱人，使民以时"①，只是为中等大小②的诸侯国治理提供了具体的方策；那么，《论语·为政》篇中的"道之以政，齐之以刑，民免而无耻；道之以德，齐之以礼，有耻且格"，③则是以孔子特有的、循循善诱的方式，向其时的邦国主们展现了其所尊奉的北辰之政的优越之处。

然而正如孔子自己也明知的，"如有王者，必世而后仁"④。即便天下再有王者兴，以彼之德政，施于当今之世，最快恐怕也要至少三十年、亦即一代人的时间，方能看到具体成效。而这亦是欲"见小利"、求速成的邦国诸侯们所无法接受的。更兼之孔子对"正名"的坚决推崇，更显得其于春秋后期这个礼法名实淆乱不已的时代是如此之格格不入。正如干春松先生所说，虽然孔子之德政是以"民"为最终立足点，但其却是以处理神和人的关系为中心的。⑤ 所以，如乔健先生一般，将孔子寄希望于统治者之自我约束

① 杨伯峻译注：《论语译注》，中华书局1980年版，第4页。
② 孙钦善先生于《论语本解》中认为，孔子时代的"千乘之国"已经不算诸侯大国，而是如子路所说，"摄乎大国之间"。（孙钦善：《论语本解》，三联书店2009年版，第3页）
③ 杨伯峻译注：《论语译注》，中华书局1980年版，第12页。
④ 语出《论语·子路》，杨伯峻译注：《论语译注》，中华书局1980年版，第137页。
⑤ 干春松：《重回王道——儒家与世界秩序》，华东师范大学出版社2012年版，第8页。

的"德政",批判为"虚幻的政治理想"之类的学说,①并非不可理解。在天与时君之德政关联与周天子之权威一起逐渐走向没落之时,等待孔子的也只能是"凤鸟不至,河不出图,吾已矣夫"②的无奈与怅然。而随着以孔子为代表的,强调"恭己正南面",与应天有着紧密关联的德政思想的逐渐式微,其之后学——亚圣孟子,在孔子过身百年之后,秉持着儒家思想"可堪实用"③的另一端,兴起于战国的大争之世。

五、孟子的"保民"之释

"孟轲,驺人也。受业子思之门人"④,由载于《史记》的这句记述,我们发现孟子的学术渊源确实有自。"驺",即"邹"也,为鲁国治下。而孟子不仅在地域文化上深受邹鲁熏染,其甚至直接受教于孔氏家学。李启谦先生就认为孟子因受邹鲁文化影响,不仅尊崇孔子,以发展儒学为己业,更对邹鲁之地的重民思想有所继承和发展。⑤ 而在事实上,因为身处战国中期,传统的社会结构与春

---

① 乔健:《从"制约权力"到"自我约束"——春秋时期政治的重要特点与孔子政治思想的局限》,《陕西师范大学学报》(哲学社会科学版)2001 年第4 期。
② 语出《论语·子罕》,杨伯峻译注:《论语译注》,中华书局 1980 年版,第89 页。
③ 此处是与孔子学说相较而言。
④ 《史记·孟子荀卿列传第十四》,(汉)司马迁撰,(宋)裴骃集解,(唐)司马贞索隐,(唐)张守节正义:《史记》,中华书局 1999 年版,第 1839 页。
⑤ 李启谦:《论孟子思想与邹鲁文化》,刘德增主编:《儒学传播研究》,中华书局 2003 年版,第 93—95 页。

秋时期相比,业已发生了很大变化。所以,对于孟子而言,为了其之所学能够应用于世,其也必然要对自己所受教的传统孔氏之学施加属于自己的、应称于这个时代的新解读。而这也体现在了其对儒家传统的君主之"德"的"保民"要义的着重强调上。

　　首先,在对于"德"之应"天"部分的理解上,虽然孟子也继承了儒家传统的"君权天授"思想,亦即"天佑下民,作之君,作之师,惟其克相上帝,宠绥四方"①,但其话语体系中之"天"已不是主宰世间一切的人格之神②,而是"将天命或命运连结了人之道"③。在笔者看来,孟子此举,实际上是在某种程度上弱化了原有的天之存在,为其变"主宰之天"为"民意之天"张本。而由此,孟子意欲着重强调的"德"之"保民""贵民"义也就具有了必要的形而上学依据。虑及孟子所处之时代,强调民众、民力的重要,与其时人们早已逐渐失去的对至上之天的敬畏相较,或许更能得到那些"志存高远"、胸怀野望的诸侯的看重,毕竟治下民众的多寡直接关系着他们四处征战所必需的钱粮与兵源。所以,虽然孟子没有完全忽视君"德"中天之权威的部分,但更为其所重视并付诸绝大多数笔墨所强调的,却是君德中原本只居于一端的保民之义。或许正是由此,在齐宣王问"德何如,则可以王矣?"④时,孟了果断回答,"保民而王,莫之能御也"⑤。而这也是孟子所谓的行仁政之基。

---

① 语出《尚书·泰誓上》(李民、王健:《尚书译注》,上海古籍出版社 2004 年版,第 195 页,《孟子·梁惠王下》篇中孟子曾有引用)。

② 孙宝山:《黄宗羲与孟子的政治思想辨析》,《孔子研究》2006 年第 4 期。

③ 此为傅佩荣先生之解,傅佩荣:《儒道天论发微》,中华书局 2010 年版,第 113 页。

④ 语出《孟子·梁惠王上》,方勇译注:《孟子》,中华书局 2010 年版,第 11 页。

⑤ 语出《孟子·梁惠王上》,方勇译注:《孟子》,中华书局 2010 年版,第 11 页。

既然我们业已确定了孟子所谓的"君德"基本为"保民"之义所充斥,那么,我们的问题也就自然而然地过渡到了君主如何才可以"政在保民"这个论域上来。而笔者以为,这就首先需要君主可以效法尧舜汤文等先王,做到乐与民乐、忧与民忧。此亦即孟子所言的"乐民之乐者,民亦乐其乐;忧民之忧者,民亦忧其忧。乐以天下,忧以天下,然而不王者,未之有也"①。而在君主可以忧喜与民共俱时,君主个人对音乐、园囿、勇武、财货以及美色的喜好也就不再成为民众的困扰,反而能恰当地引导民众的教化方向,有利于国力的增强。而考虑到齐国在战国时期的强盛,孟子甚至对其弟子断言,"当今之时,万乘之国行仁政,民之悦之,犹解倒悬也。故事半古之人,功必倍之,惟此时为然"②。此句话,初看之,好似孟子在极力证明自己学说若得实践,必可使齐国在现有的强大之上更进一步,如殷周之雄主般,一统天下。但若我们将其时的客观史实纳入考量,亦即"当是之时,秦用商君,富国强兵;楚、魏用吴起,战胜弱敌;齐威王、宣王用孙子、田忌之徒,而诸侯东面朝齐"③,孟子的时代其实是一个各强国诸侯皆用法家之术,变法图强、兵行天下的实力剧烈增长期。而儒家之学与法家、兵家相较,因其推广周期较长,实在是没有什么优势可言。

但是孟子坚持认为"不仁而得国者,有之矣;不仁而得天下

---

① 语出《孟子·梁惠王下》,方勇译注:《孟子》,中华书局 2010 年版,第26—27 页。

② 语出《孟子·公孙丑上》,方勇译注:《孟子》,中华书局 2010 年版,第46 页。

③ 《史记·孟子荀卿列传第十四》,(汉)司马迁撰,(宋)裴骃集解,(唐)司马贞索隐,(唐)张守节正义:《史记》,中华书局 1999 年版,第 1839 页。

者,未之有也"①,亦即想要取得天下,最终还是要依靠以"保民"为基的仁政之举。正如《孟子·离娄上》所说:

> 桀纣之失天下也,失其民也;失其民者,失其心也。得天下有道,得其民,斯得天下矣;得其民有道,得其心,斯得民矣;得其心有道,所欲与之聚之,所恶勿施,尔也。民之归仁也,犹水之就下,兽之走圹也。②

要得到天下,首先就要得到民众的支持;而要得到民众的支持,就要使其归心;而要归聚众民之心,就要从其所欲,勿与其所恶,此亦即我们初始就有所强调的保民之要义——乐与民乐、忧与民忧。而只要做到这些,民众必将自然而然地尽来归附,就如同水之润下、走兽奔行于旷野,各从其天性。而孟子这种将君王之喜怒哀乐与民共适的理论,其实也不异于对孔子"恭己正南面"思想的另一种诠释,亦即孟子认为《诗经》"永言配命,自求多福"③所强调的"其身正而天下归之"④。虽然这种与民同忧乐的思想并不一定为人君所先天秉有,亦即《孟子·尽心上》篇所言的"尧、舜,性之也;汤、武,身之也;五霸,假之也"⑤,但只要人君可以"久假而不归",那么其与人君本有这种禀赋恐怕也无甚差别。

当然,在孟子看来,这种行仁政而王的理念是置之四海而皆准

---

① 语出《孟子·尽心下》,方勇译注:《孟子》,中华书局2010年版,第289页。

② 方勇译注:《孟子》,中华书局2010年版,第136页。

③ 原句语出《诗经·大雅·文王》,程俊英:《诗经译注》,上海古籍出版社2004年版,第408页。

④ 语出《孟子·离娄上》,方勇译注:《孟子》,中华书局2010年版,第132页。

⑤ 方勇译注:《孟子》,中华书局2010年版,第272页。

的。哪怕是宋国那样的小国,如果能推行仁政,也会因为四海归心而使齐楚之类的大国亦无可奈何之,此亦即"苟行王政,四海之内皆举首而望之,欲以为君,齐楚虽大,何畏焉"①。而凡为人君,又基本都具有了内蕴此君德,施行此仁政的客观条件。此亦即《孟子·公孙丑上》篇所言的"人皆有不忍人之心。先王有不忍人之心,斯有不忍人之政矣"②。所以在孟子看来,禀此君德,施以仁政,对每位人君而言,并不是"挟太山以超北海"③的"我不能",而是"为长者折枝"④的"我不为"。

然而,孟子于君德处所申明的保民之义亦不是没有缺憾的。这不仅在于其实践周期的过于漫长,更在于其具体施政方略的缺乏。虽然孟子基本仁政思想中的保民生计、劝课农桑、颁以教化确实是适用于当时所有国家中为执政者的穷兵黩武而疲惫不已的民众的,但在孟子看来,其时能为人君"辟土地""充府库""约与国""战必克"的所谓"良臣",其实是使人君不能归附仁义之道的古之"民贼"。⑤而这也就决定了孟子之君德思想、行仁政之方的不容于其世。梁任公亦将孟子此见,评之为"孟子所认定之政治事项,其范围甚狭"⑥。或许先贤大儒往往多倾向于固守古道,然而亦不

---

① 语出《孟子·滕文公下》,方勇译注:《孟子》,中华书局 2010 年版,第 115 页。

② 方勇译注:《孟子》,中华书局 2010 年版,第 59 页。

③ 语出《孟子·梁惠王上》,方勇译注:《孟子》,中华书局 2010 年版,第 12 页。

④ 语出《孟子·梁惠王上》,方勇译注:《孟子》,中华书局 2010 年版,第 12 页。

⑤ 该思想参见《孟子·告子下》,方勇译注:《孟子》,中华书局 2010 年版,第 248 页。

⑥ 梁启超:《先秦政治思想史》,东方出版社 1996 年版,第 109 页。

是所有儒者皆不通权变,西汉初年的叔孙通就是明例。① 虽然在司马温公看来,"叔孙生之器小也! 徒窃礼之糠秕,以依世、谐俗、取宠而已,遂使先王之礼沦没而不振,以迄于今"②。但是,如果有儒者可以在经变之余,又不失儒家之学之根本,或许这也未尝不是对儒家之学发展与变革的一个方向。而荀卿就在战国之时,对儒家思想作出了这样的革新。

---

① 《史记·刘敬叔孙通列传第三十九》有载叔孙通事迹如下:"叔孙通者,薛人也。秦时以文学徵,待诏博士。数岁,陈胜起山东,使者以闻,二世召博士诸儒生问曰:'楚戍卒攻蕲入陈,于公如何?'博士诸生三十余人前曰:'人臣无将,将即反,罪死无赦。原陛下急发兵击之。'二世怒,作色。叔孙通前曰:'诸生言皆非也。夫天下合为一家,毁郡县城,铄其兵,示天下不复用。且明主在其上,法令具于下,使人人奉职,四方辐辏,安敢有反者! 此特群盗鼠窃狗盗耳,何足置之齿牙间。郡守尉今捕论,何足忧。'二世喜曰:'善。'尽问诸生,诸生或言反,或言盗。于是二世令御史案诸生言反者下吏,非所宜言。诸言盗者皆罢之。乃赐叔孙通帛二十匹,衣一袭。拜为博士。叔孙通已出宫,反舍,诸生曰:'先生何言之谀也?'通曰:'公不知也,我几不脱于虎口!'乃亡去,……叔孙通儒服,汉王憎之;乃变其服,服短衣,楚制,汉王喜。叔孙通之降汉,从儒生弟子百余人,然通无所言进,专言诸故群盗壮士进之。弟子皆窃骂曰:'事先生数岁,幸得从降汉,今不能进臣等,专言大猾,何也?'叔孙通闻之,乃谓曰:'汉王方蒙矢石争天下,诸生宁能斗乎? 故先言斩将搴旗之士。诸生且待我,我不忘矣。'……汉五年,已并天下,……群臣饮酒争功,醉或妄呼,拔剑击柱,高帝患之。叔孙通知上益厌之也,说上曰:'夫儒者难与进取,可与守成。臣原徵鲁诸生,与臣弟子共起朝仪。'高帝曰:'得无难乎?'叔孙通曰:'五帝异乐,三王不同礼。礼者,因时世人情为之节文者也。故夏、殷、周之礼所因损益可知者,谓不相复也。臣愿颇采古礼与秦仪杂就之。'上曰:'可试为之,令易知,度吾所能行为之。'"[(汉)司马迁撰,(宋)裴骃集解,(唐)司马贞索隐,(唐)张守节正义:《史记》,中华书局1999年版,第2100—2102页]

② 语出《资治通鉴·汉纪三》,(宋)司马光编,张舜徽审订,李国祥等主编:《资治通鉴全译》,贵州人民出版社1994年版,第513页。

六、荀子的"现实"诠解

"荀子名况,亦曰荀卿,或称曰孙卿。赵人也。"①考其学术渊源,应当出自孔门十哲中,以德行而著称于世的仲弓门下。② 而荀子本人亦为《韩非子·显学》篇中所提到的"八儒"③之一,即"孙氏之儒",④并且"传经之功甚巨"⑤。虽然在政治、经济、思想、文化等各个方面,荀子都大体遵循了孔孟之思想路线⑥,但其亦将儒家传统之君德,在吸收其他学派思想的基础上⑦,作出了适应于战国后期实际情况的现实变革。

首先在天人关系方面上,荀子的天不同于孟子的主宰之天,其人格神的色彩在此时业已完全消解⑧,如《荀子·天论》篇有云:

———————————

① 钟泰:《中国哲学史》,东方出版社 2008 年版,第 69 页。
② 此为钟泰先生观点,具体考证请见钟泰:《中国哲学史》,东方出版社 2008 年版,第 69 页。
③ 《韩非子·显学》篇中有载:"自孔子之死也,有子张之儒,有子思之儒,有颜氏之儒,有孟氏之儒,有漆雕氏之儒,有仲良氏之儒,有孙氏之儒,有乐正氏之儒。"(高华平、王齐洲、张三夕译注:《韩非子》,中华书局 2010 年版,第 724—725 页)
④ 由周予同先生考证,皮锡瑞所持的"公孙尼子"之说应不成立,"孙氏"即为"孙卿"。(周予同:《从孔子到孟荀——战国时的儒家派别和儒经传授》,李绍强主编:《儒家学派研究》,中华书局 2003 年版,第 237 页)
⑤ (清)皮锡瑞著,周予同注释:《经学历史》,中华书局 1959 年版,第 55 页。
⑥ 李泽厚:《中国古代思想史论》,人民出版社 1985 年版,第 106 页。
⑦ 黄茂林:《试论先秦诸子关于国家起源的学说》,《厦门大学学报》(哲学社会科学版)1994 年第 3 期。
⑧ 该观点见佐藤贡悦:《试论孔、孟、荀天道观的比较——兼论东方伦理学的滥觞》,刘厚琴主编:《日本韩国的儒学研究》,中华书局 2003 年版,第 149 页。

天行有常,不为尧存,不为桀亡。应之以治则吉,应之以乱则凶。强本而节用,则天不能贫;养备而动时,则天不能病;修道而不贰,则天不能祸。故水旱不能使之饥渴,寒暑不能使之疾,袄怪不能使之凶。本荒而用侈,则天不能使之富;养略而动罕,则天不能使之全;倍道而妄行,则天不能使之吉。故水旱未至而饥,寒暑未薄而疾,袄怪未至而凶。受时与治世同,而殃祸与治世异,不可以怨天,其道然也。故明于天人之分,则可谓至人矣。①

在荀子看来,天之运行自有其常法,并不会因为对尧的欣赏、抑或是对桀的厌恶而有所改变。但只要能采取正确的应对方式,就可以不受天时之影响。"本",由杨倞之注解,当为农桑之事。② 所以只要在农业这项国家基本产业上做到可以保证民众基本衣食之充足以及不违农时等客观要求,就可以有效规避各种自然灾害和季节天时所带来的不利影响。而这也就意味着要明了天与人各自所本有的职分以及承担的职责,笔者以为,此亦即我们所说的"明于天人之分"。而在荀子之"天"业已失去其常规的、对世人尤其是对君主的诫命的权力的情况下,因为"天之立君,以为民也"③,君主作为群体中超乎其类、拔乎其萃的存在,也就必然拥有了总领群民、道之以正的权力至上性。杨阳甚至认为,在为君主专制权力合法性的辩护上,荀子远胜于其他先秦诸子。④

---

① 方勇、李波译注:《荀子》,中华书局 2011 年版,第 265 页。
② 参见(清)王先谦撰,沈啸寰、王星贤点校:《荀子集解》,中华书局 1988 年版,第 307 页。
③ 语出《荀子·大略》,方勇、李波译注:《荀子》,中华书局 2011 年版,第 453 页。
④ 该观点请参见杨阳:《荀子政治思维及其对君权合理性的构建》,《政治学研究》2003 年第 3 期。

而在为人君者,如何做到"群道当""政令时""百姓一"以及"贤良服"上①,荀子的治政观点不同于孟子的"仅凭仁慈感召就足以获得一统天下之权力的理想性的政治期望"②,其提出了可以应用于治世的具体方略,此亦即《荀子·王制》篇所载的:

> 贤能不待次而举,罢不能不待须而废,元恶不待教而诛,中庸民不待政而化。分未定也则有昭缪。虽王公士大夫之子孙,不能属于礼义,则归之庶人。虽庶人之子孙也,积文学,正身行,能属于礼义,则归之卿相士大夫。故奸言、奸说、奸事、奸能、遁逃反侧之民,职而教之,须而待之,勉之以庆赏,惩之以刑罚,安职则畜,不安职则弃。五疾,上收而养之,材而事之,官施而衣食之,兼覆无遗。才行反时者死无赦。夫是之谓天德,王者之政也。③

在荀子看来,身为君王,如果可以在臣属的问题上,做到举贤良、黜不能之时的不问出身以及保证这一过程的简短有效,在及时诛除可能为普通民众带来不好熏染的首恶之人的条件下,大部分的民众自然可以无须具体政令而得到教化。而这亦需要上至王公大夫、下至庶人都要明于以儒家礼义为基准的上下之分。而对秉持其他"奸言""奸说"的先秦诸子之门人④以及不喜安定的民众则需要予之以适当的引导,用庆赏、刑罚使其安于各自的本分抑或是职司。至于身有残疾的民众,则要在官方保证其基本生存需求的

---

① 以上小概念俱出自《荀子·王制》,方勇、李波译注:《荀子》,中华书局2011年版,第127页。

② 林存光:《先秦儒家政治思想简论》,《管子学刊》1995年第3期。

③ 方勇、李波译注:《荀子》,中华书局2011年版,第114页。

④ 此为王先谦之解,(清)王先谦撰:《荀子集解》,中华书局1988年版,第149页。

前提下,依其材质教育之并予以合适的职位。所谓的"五疾",由杨倞之解,当为"瘖、聋、跛躄、断者、侏儒"①。

　　而以上综合起来,便是王者的治政之道,亦即所谓"天德"。笔者以为,此处的"天德",可能有将王者之德比附"天无私覆"②的至公之德的意味,不知杨倞于此所注的"天覆之德"③是否可以作此理解。但若我们仔细推原荀子的治政之道,我们会发现,虽然荀子在其天论中为君主个人权力的至上性作出了分说,但其君主之德的载体却是只有依靠儒家礼义而建立的相关典仪制度才得以实现,所以实际上为荀子所主张的君主之德,只要君主可以维护基于儒家学说建制的礼法仪度,即可实现。可能这也是荀子在其《尧问》篇中所强调的"执一无失"④的隐藏含义。

　　至于传统为儒家所提倡的,时君对至圣先王之道的宗法,在荀子的话语体系中亦多有表述,如《荀子·君道》篇中"君者,民之原也,原清则流清,源浊则流浊"⑤所体现的"恭己正南面"的思想。只不过荀子与以往儒家所秉承的"法先王"所不同之处,就在于其着重提出的"法后王"思想。荀子在其《非相》篇中认为:

　　　　五帝之外无传人,非无贤人也,久故也。五帝之中无传政,非无善政也,久故也。禹、汤有传政而不若周之察也,非无善政也,久故也。传者久则论略,近则论详,略则举大,详则举小。⑥

①　(清)王先谦撰:《荀子集解》,中华书局1988年版,第149页。
②　语出《礼记·孔子闲居》,(清)孙希旦撰,沈啸寰、王星贤点校:《礼记集解》,中华书局1989年版,第1277页。
③　(清)王先谦撰:《荀子集解》,中华书局1988年版,第149页。
④　方勇、李波译注:《荀子》,中华书局2011年版,第504页。
⑤　方勇、李波译注:《荀子》,中华书局2011年版,第195页。
⑥　方勇、李波译注:《荀子》,中华书局2011年版,第61页。

由上观之,正是因为年代久远,所以五帝、禹、汤之时的善政极有可能有所失传,抑或是记述简略,因而难以仿效。而近之善政则不然,以其记述详细,由此也自然易于宗法。这可能也就是荀子言"道德之求,不二后王。道过三代谓之荡,法二后王谓之不雅"①的原因。而据李桂民考证,荀子所言的"法后王"应指的是"法周",亦即法效周武王等西周圣王,而周公因晚周时人的多有讳言,似也不能归入法效之列。② 如果我们认同"法后王"的此种归类,那么,"法后王"的提出,也就在事实上为荀子提出具体的执政方略,有效规避儒家学说可能存在的"大而无当"创造了可能。在荀子看来,子思、孟子之说,"略法先王而不知其统,犹然而材剧志大"③。所以,为适应战国的大争之世,其提出了更符合各位诸侯现实需要的执政之略。姜广辉先生就认为,荀子其人,无论是在儒家学统、抑或是道统上,都称得上是儒家的卓越传人和创新者。④ 如果说,荀子在战国末期的大争之世选择将儒家传统之关于君德的见解通过适当变革的方式予以流行,是符合时代和现实需要的。那么,同样活跃于春秋战国时代的先秦诸子们又对自己关涉君德的学说作出了怎样的疏解与改变,以适应时代之变革。让我们且以道、墨、法三家为例,大略观之。

---

① 语出《荀子·儒效》,方勇、李波译注:《荀子》,中华书局 2011 年版,第113 页。

② 李桂民著:《荀子思想与战国时期的礼学思潮》,中国社会科学出版社2012 年版,第 71 页。而黄海烈则认为,除却周朝之圣王,孔子与周公应该也在法效之列。(黄海烈:《荀子"法王说"及其对战国诸子的攻驳》,《齐鲁学刊》2010 年第 4 期)笔者以李桂民之说为是。

③ 语出《荀子·非十二子》,方勇、李波译注:《荀子》,中华书局 2011 年版,第 71 页。

④ 姜广辉主编:《中国经学思想史》第一卷,中国社会科学出版社 2003 年版,第 210 页。

七、其他学派对"君德"之分疏

在具体讨论道、墨、法三家对于"君德"的分疏之前，我们首先应该予以确定的是，本书所言及的道、墨、法三家文本的讨论范围。语及先秦道家，毋庸赘言，当以老子、庄子为其魁首。概之以钱穆先生之言，"先秦道家，主要惟庄老两家"①。老子其人，据熊铁基、马良怀和刘韶军考证，其先于孔子，且孔子曾于其处问礼②，而《老子》一书之作者亦应为老聃③。至于《庄子》一书之真伪，依崔大华先生考证，内七篇为庄子手笔、为真，而外、杂诸篇当为庄子后学所作。④ 所以笔者于《庄子》一书材料之引证，当以内七篇为主，兼辅之以外、杂诸篇。而论及墨家，我们所讨论之文本范围亦不会超出《墨子》之限。至于法家，以商君为现实改革之实践者，且《商君书》中只有《垦令》《境内》两篇可确认为其遗著⑤，故笔者对于法家相关君道思想的论说范围，倾向于集中在更有形而上意味的《管子》《韩非子》二书。当然，笔者之选择，亦不乏其二人分为法家之开创者和集大成者之原因。管子其人，在宋濂看来，虽其不若

---

① 钱穆：《庄老通辨》，三联书店 2005 年版，第 105 页。
② 熊铁基、马良怀、刘韶军：《中国老学史》，福建人民出版社 1995 年版，第 5—15 页。
③ 熊铁基、马良怀、刘韶军：《中国老学史》，福建人民出版社 1995 年版，第 15—16 页。
④ 崔大华：《庄学研究——中国哲学一个观念渊源的历史考察》，人民出版社 1992 年版，第 67—97 页。
⑤ 张林祥：《〈商君书〉研究》，西北师范大学博士学位论文，2006 年。

商鞅、韩非等传统法家之严苛、刻薄，但其实为法家之论的"始作俑者"。① 由此，管仲归为法家之列，当无甚疑问。而《管子》一书，虽然学界大多认为其并非管仲之作，而是保存了管仲思想的部分真实材料。② 但笔者更认同吴一德先生的部分遗著说，并以吴先生之考证为准，以《管子》书中的《治国》《封禅》《地数》《五辅》《经言》诸篇为管仲遗著③，并将之纳入本书的讨论范围。（《管子》书中的《大匡》《中匡》《小匡》三篇亦包括了十分信实的史料）

参详上述文本，考诸道、墨、法三家，我们不由得发现，除却道家还保有基本的对于君主之德行的标准要求及讨论，墨、法二家却是将传统儒家对君主之道德操守的要求降至了君主只需完成自己分属之职能。《墨子·尚贤下》即有言曰："尚贤者，天鬼百姓之利，而政事之本也。"④此是以"尚贤"为君主治政之本。而对法家而言，君主的职能分属则更为具体明晰：《管子·立政》篇中，人君有"所审者三""所慎者四"和"所务者五"⑤；《韩非子》中君王则有

---

① （明）宋濂，顾颉刚标点：《诸子辩》，朴社出版，民国十七年（1928 年）七月三版，第 4 页。
② 耿振东：《〈管子〉研究史（战国至宋代）》，学苑出版社 2011 年版，第 11 页。
③ 《经言》诸篇包括：《牧民》《形势》《权修》《立政》《乘马》《七法》《版法》《幼官》和《幼宫图》，共九篇。吴一德先生的观点和具体考证请见其博客文章《管仲·管子·〈管子〉》，新浪博客，http://blog.sina.com.cn/s/blog_65b85c1601015uub.html，2012 年 6 月 1 日发表。
④ 方勇译注：《墨子》，中华书局 2011 年版，第 82 页。
⑤ "君之所审者三：一曰德不当其位，二曰功不当其禄，三曰能不当其官。"（黎翔凤撰，梁运华整理：《管子校注》，中华书局 2004 年版，第 59 页）"君之所慎者四：一曰大德不至仁，不可以授国柄。二曰见贤不能让，不可与尊位。三曰罚避亲贵，不可使主兵。四曰不好本事，不务地利而轻赋敛，不可与都邑。"（黎翔凤撰，梁运华整理：《管子校注》，中华书局 2004 年版，第 62 页）"君之所务者五：一曰山泽不救于火，草木不得成，国之贫也。

"所守者三"和所用之"七术"①。而对于道家而言,"尚贤"抑或是诸种纷繁复杂的治政标准,从来都不符合该学派对人君之冀望。

西周末年以来,伴随着怨天尤人思潮之渐进,传统的天命神学日趋没落。② 而老子于此种情势之下,以"天"为楔入之处,大力彰显"道"高于"天"的哲学理念。③ 这也就是我们常说的,"有物混成,先天地生,寂兮寥兮,独立不改,周行而不殆,可以为天下母。吾不知其名,强字之曰'道'"④。由此,不可名之、无法言说的"道"也就胜过我们往日所宗法之"天",成为了侯王效法的最高标准,亦即"人法地,地法天,天法道,道法自然"⑤。朱谦之先生于此处,对由来已久的"寇才质本由尊君之故,妄改经文为'王法地'"

<hr />

二曰沟渎不遂于隘,障水不安其藏,国之贫也。三曰桑麻不殖于野,五谷不宜其地,国之贫也。四曰六畜不育于家,瓜瓠荤菜百果不备具,国之贫也。五曰工事竞于刻镂,女事繁于文章,国之贫也。"(黎翔凤撰、梁运华整理:《管子校注》,中华书局 2004 年版,第 64 页)

① 《韩非子·三守》:"人主有三守。三守完,则国安身荣;三守不完,则国危身殆。何谓三守?……端言直道之人不得见,而忠直日疏。……人主无威而重在左右矣。……传柄移藉,使杀生之机、夺予之要在大臣。"(高华平、王齐洲、张三夕译注:《韩非子》,中华书局 2010 年版,第 155—156 页)《韩非子·内储说上七术》:"七术:一曰众端参观,二曰必罚明威,三曰信赏尽能,四曰一听责下,五曰疑诏诡使,六曰挟知而问,七曰倒言反事。此七者,主之所用也。"(高华平、王齐洲、张三夕译注:《韩非子》,中华书局 2010 年 6 月第 1 版,第 318 页)

② 该观点请参见彭永捷:《略论中国哲学之开端》,《中国哲学史》2004 年第 3 期。

③ 该观点请参见宋志明:《简论中国哲学的发端》,《中华文化论坛》2009 年第 1 期。

④ 陈鼓应:《老子注译及评介》(修订增补本),中华书局 2009 年版,第 159 页。

⑤ 陈鼓应:《老子注译及评介》(修订增补本),中华书局 2009 年版,第 159 页。

之说颇为认同。① 但笔者以为,原究《老子·第二十五章》的相关
内容,我们且不论"道大,天大,地大,人亦大"中各个版本的"人"
"王"之争论,"域中有四大,而王居其一焉"中的"王"字,在朱谦
之先生的考证中,基本获得了除范应元本之外的一致认同。② 由
此,笔者以为,寇才质本对经文的修改或有顺就经文本义之由,并
非完全出于尊君。

　　既然"道"业已成为侯王效法的最高标准,那么落实到老子对
君主之德的要求上,也就表现为君主应"载营魄抱一"③,秉承"生
之畜之,生而不有,为而不恃,长而不宰"之"玄德"。④ 而这个
"一"据《老子》之自解,就应为其第三十九章所言及的"天得一以
清;地得一以宁;神得一以灵;谷得一以盈;万物得一以生;侯王得
一以为天下正"⑤。那么,这个贯穿天地神人万物的"一"究竟是
什么呢? 笔者以为,这就是《老子·第三十二章》中"道常无名、
朴。虽小,天下莫能臣。王侯若能守之,万物将自宾"⑥所提及的
"道"。据释德清之解,"木之未制成器者,谓之'朴'"⑦。所以侯
王秉承"玄德"治天下的过程,其实也是一个"朴散为器"⑧的过

①　朱谦之:《老子校释》,中华书局 1984 年版,第 103 页。

②　朱谦之:《老子校释》,中华书局 1984 年版,第 103 页。

③　语出《老子·第十章》,陈鼓应:《老子注译及评介》(修订增补本),中华
　　书局 2009 年版,第 93 页。

④　语出《老子·第十章》,陈鼓应:《老子注译及评介》(修订增补本),中华
　　书局 2009 年版,第 93 页。

⑤　陈鼓应:《老子注译及评介》(修订增补本),中华书局 2009 年版,第 212 页。

⑥　陈鼓应:《老子注译及评介》(修订增补本),中华书局 2009 年版,第 188 页。

⑦　陈鼓应:《老子注译及评介》(修订增补本),中华书局 2009 年版,第 188 页。

⑧　语出《老子·第二十八章》,陈鼓应:《老子注译及评介》(修订增补本),
　　中华书局 2009 年版,第 173 页。

程。而与"朴"相应的"方而不割,廉而不刿,直而不肆,光而不曜"①之"玄德"亦可换言为"上德无为而无以为"②所强调的"无为而治"。

老子之"无为而治"与儒家传统所强调的"恭己正南面"的"无为而治"不同。笔者以为,儒家的"无为而治"所侧重的是祖述尧舜的"北辰之治",强调通过君主自身德行的端正而对治下万民所带来的感化作用。其最终建立的是同一于儒家道德标准的、规范化的国家。而老子的"无为而治"则不同,虽然其亦强调"我无为,而民自化;我好静,而民自正;我无事,而民自富;我无欲,而民自朴"③,但在这之前有一个前提存在,这就是《老子·第十六章》中所强调的"致虚极,守静笃。万物并作,吾以观其复"④。对于老子而言,治理天下的过程并不是如同儒家一般,有一个固定的依据法式,而是要"夫物芸芸,各复归其根"⑤、各复其命,而这就是秉道之人君导引众民各自回归其本性的过程。所以,老子的"无为而治"最终所实践的是"上德无为而无以为"的"太上,下知有之"⑥,而非儒家"下德无为而有以为"的"亲而誉之"。由此观之,黄有东所

---

① 语出《老子·第五十八章》,陈鼓应:《老子注译及评介》(修订增补本),中华书局 2009 年版,第 279 页。
② 语出《老子·第三十八章》,陈鼓应:《老子注译及评介》(修订增补本),中华书局 2009 年版,第 206 页。
③ 语出《老子·第五十七章》,陈鼓应:《老子注译及评介》(修订增补本),中华书局 2009 年版,第 275 页。
④ 陈鼓应:《老子注译及评介》(修订增补本),中华书局 2009 年版,第 121 页。
⑤ 陈鼓应:《老子注译及评介》(修订增补本),中华书局 2009 年版,第 121 页。
⑥ 语出《老子·第十七章》,陈鼓应:《老子注译及评介》(修订增补本),中华书局 2009 年版,第 128 页。

认为的,孔子和老子之"无为而治"实是"同归而殊途"①,还是有其失当之处的。

而老子于君主玄德的实践之法,除却与儒家传统类似的"希言自然"②,亦即"少声教法令之治"③,其也对人君提出了与至上之"道"相应的要求。这就要求人君做到"心善渊",亦即"心胸善于保持沉静"④,而这里的"渊"亦是与《老子·第四章》中于"道"处所论及的"渊兮,似万物之宗"⑤相匹配的。至于对待治下之子民,《老子·第四十九章》则提出了:

> 圣人无常心,以百姓心为心。善者,吾善之;不善者,吾亦善之;得善。信者,吾信之;不信者,吾亦信之;得信。⑥

罗安宪先生将这点总结为老子"虚君心"学说中的第三要义,亦即人君以宽广仁厚之心胸容纳天下一切贤良不肖之民。⑦ 而笔者以为,此亦不失为"道"之"无"于治政之事的具体发用。所以此处亦为人君于"道"之宗法,甚至合冥。由此观之,马德邻先生所认为

---

① 黄有东:《"同归而殊途":孔子与老子"无为而治"治道思想之比较》,《船山学刊》2007年第1期。

② 语出《老子·第二十三章》,陈鼓应:《老子注译及评介》(修订增补本),中华书局2009年版,第153页。

③ 此为蒋锡昌先生之解,陈鼓应先生亦从此说。参见陈鼓应:《老子注译及评介》(修订增补本),中华书局2009年版,第153、155页。

④ 此为陈鼓应先生之见,陈鼓应:《老子注译及评介》(修订增补本),中华书局2009年版,第88页。

⑤ 陈鼓应:《老子注译及评介》(修订增补本),中华书局2009年版,第71页。

⑥ 陈鼓应:《老子注译及评介》(修订增补本),中华书局2009年版,第246页。笔者以今本之"圣人无常心"为是,不与帛书乙本之"常无心"之说。而通常本之"得善""得信",以笔者愚见,亦不应改为"德善""德信"。

⑦ 罗安宪:《老子"虚心说"简论》,《江南大学学报》(人文社会科学版)2012年第4期。

的,《老子》一书以"道"为始,构建了一套综"道"形上学、道德形上学、言语形上学、政治形上学在内的思想体系①,亦是颇有见地的。老子在以自身的"道"论体系推翻原有的"天"论系统时,也赋予了传统之君德与自身体系相适应的时新涵义。

而这种与"无为而无以为"相应的君德思想,在同一学脉的《庄子》一书中,亦有所体现。就《庄子》内篇而言,其主要集中于《应帝王》一篇:

> 老聃曰:"明王之治:功盖天下而似不自己,化贷万物而民弗恃,有莫举名,使物自喜;立乎不测,而游于无有者也。"②

以上这段文字是老聃对阳子居关于"明王"之问的回复。阳子居者,据成玄英之疏解,其"姓阳,名朱,字子居"③,而方勇、陆永品先生则直言其为我们所熟知的"拔一毛而利天下不为也"的"杨朱"。④"功盖天下而似不自己",由郭象之注解"天下若无明王,则莫能自得。令之自得,实明王之功也。然功在无为而还任天下。天下皆得自任,故似非明王之功"⑤,我们可知,在《庄子》书中的老聃看来,明王虽然有平治天下的功绩,但因其只是导引众生之天性,所以在众民看来,自己是自然而然地成就现今的喜乐之态。由

---

① 马德邻:《论〈老子〉的政治哲学思想——一种作为政治学基础的形而上学》,《上海师范大学学报》(哲学社会科学版)2006年第6期。

② 方勇、陆永品撰:《庄子诠评》(增订新版),巴蜀书社2007年版,第254页。

③ 参见(清)郭庆藩撰,王孝鱼点校:《庄子集释》,中华书局1961年版,第295页。

④ "拔一毛而利天下不为也",语出《孟子·尽心上》,方勇译注:《孟子》,中华书局2010年版,第271页。此处论说参见方勇、陆永品撰:《庄子诠评》(增订新版),巴蜀书社2007年版,第254页。

⑤ 参见(清)郭庆藩撰,王孝鱼点校:《庄子集释》,中华书局1961年版,第296页。

此,众民自然也就不会将这份功绩归之于明王。这其实是《庄子》对《老子》书中"太上,下知有之"①的诠解。而"立乎不测"与"游心于淡,合气于漠"②一样,在笔者看来,其皆为对明王以身合道、以道栖身的现实之阐述。至于"游于无有者",在钟泰先生看来,当为"无为而成也"③。综上所述,此段文句所叙述的就是明王以"道"为发用,无为而平治天下的过程。这显然与老学一脉承之。当然,以《庄子》之言,"治天下"于此应用并不恰当,名之为"在宥天下"则更为合适。林希逸于《庄子·在宥》篇有云:"在者,优游自在之意;宥者,宽容自得之意。"④由此,"在宥天下"即有顺应万物本性、使其自为之的意味,这也应是对《庄子·天地》篇所强调的"玄古之君天下,无为也,天德而已矣"⑤的另一种疏解。"在宥天下"的使用不仅有利于彰明庄子哲学的独特气质,其亦有利于将庄学之"在宥天下"与儒家圣王之"治天下"区分开来。

　　与《老子》一书并无明言,仅为代指的"绝圣弃智,民利百倍;绝仁弃义,民复孝慈"⑥不同,《庄子》一书经常直白地评判为儒家所宗法之圣王之是非。正如《在宥》篇中直指"尧之治天下也",是

---

① 语出《老子·第十七章》,陈鼓应:《老子注译及评介》(修订增补本),中华书局 2009 年版,第 128 页。

② 语出《庄子·应帝王》,方勇、陆永品撰:《庄子诠评》(增订新版),巴蜀书社 2007 年版,第 253 页。

③ 钟泰著:《庄子发微》,上海古籍出版社 1988 年版,第 173 页。

④ 方勇、陆永品撰:《庄子诠评》(增订新版),巴蜀书社 2007 年版,第 323 页。

⑤ 方勇、陆永品撰:《庄子诠评》(增订新版),巴蜀书社 2007 年版,第 356 页。

⑥ 语出《老子·第十九章》,陈鼓应:《老子注译及评介》(修订增补本),中华书局 2009 年版,第 134 页。此处文本取通行本之说。

"使天下欣欣焉人乐其性",为"不恬也"。① 在庄子及其后学看来,儒家所谓圣人的教化之道,实际上是"屈折礼乐以匡天下之形,县跂仁义以慰天下之心"②。这是"淫其性",是对世人本有的平淡天性的不当增加。而这种"己出经式义度"③,圣王为天下立法的行为,是"欺德"④之举,亦是对世人本有天性的违背。只有"正而后行"⑤,先端正己身于内,方可行化天下,此之谓"正生以正众生"⑥。而宋惠昌亦将《庄子》的政治哲学概括为自然主义的政治哲学。⑦ 在笔者看来,或许《应帝王》篇中最后的儵、忽谋报浑沌之德,七窍开而浑沌死的寓言⑧,在某种程度上,亦可喻指儒家之圣王原为推行大道,行一时之政,却反而使大道支离破碎、不存于世的不当之举。

---

① 此句中诸小断句俱见方勇、陆永品撰:《庄子诠评》(增订新版),巴蜀书社 2007 年版,第 322 页。

② 语出《庄子·马蹄》,方勇、陆永品撰:《庄子诠评》(增订新版),巴蜀书社 2007 年版,第 292 页。

③ 语出《庄子·应帝王》,方勇、陆永品撰:《庄子诠评》(增订新版),巴蜀书社 2007 年版,第 250 页。

④ 语出《庄子·应帝王》,方勇、陆永品撰:《庄子诠评》(增订新版),巴蜀书社 2007 年版,第 250 页。

⑤ 语出《庄子·应帝王》,方勇、陆永品撰:《庄子诠评》(增订新版),巴蜀书社 2007 年版,第 250 页。

⑥ 刘武撰,沈啸寰点校:《庄子集解内篇补正》,中华书局 1987 年版,第 182 页。"正生以正众生"语出《庄子·德充符》,方勇、陆永品:《庄子诠评》(增订新版),巴蜀书社 2007 年版,第 170 页。

⑦ 宋惠昌:《论〈庄子〉的自然主义政治哲学》,《中共中央党校学报》2006 年第 6 期。

⑧ 《庄子·应帝王》:"南海之帝为儵,北海之帝为忽,中央之帝为浑沌。儵与忽时相遇于浑沌之地,浑沌待之甚善。儵与忽谋报浑沌之德,曰:'人皆有七窍以视听食息,此独无有,尝试凿之。'日凿一窍,七日而浑沌死。"[方勇、陆永品:《庄子诠评》(增订新版),巴蜀书社 2007 年版,第 264 页]

当然,庄子哲学的主线,在笔者看来,并不是所谓的政治哲学,亦非所谓的君道。虽然"圣有所生,王有所成,皆原于一"①在客观上言明了圣王、君主之治政理事与大道的关联,但是正如《庄子》内七篇中,直接回应帝王治政之说的亦不过只有一篇《应帝王》。"道之真以治身,其绪余以为国家,其土苴以治天下"②,所以,"帝王之功,圣人之余事也,非所以完身养生也"③。而这也是庄子与老子之哲学关注点的显著不同。

综论以上我们对于君主理应拥有怎样德行之探讨,我们不难发现,与前文所论及的君位之传承、天赐之福佑相较,这些才是为君主所遵循的君道之最根本的问题,亦是儒家哲学可以尽展所长,予以充分讨论的话题之所在。殷周之时,君主依靠自身的能力与德行,为了稳固自身与天命以及众民之关联,其效仿天道,在现实的人间中构建了一套行之有效的"王"形政权体系。此时我们所说的君主之德,并非是对君主本人的道德操守予以严格的限定,而是对君王本人是否能充分发挥上天选立其为众民之主的职能的基本评判。所谓德者,得也,上得于天,下得于民。所以君主之德也就应是上承天命,下佑万民。而"德"字后起的道德属性,其实只不过是身为君主,理论上所应满足的几项基本要求之一,君德之关键还是在于君主本人对上至于天、下至臣民的彼此之间的关联的

---

① 语出《庄子·天下》,方勇、陆永品:《庄子诠评》(增订新版),巴蜀书社2007年版,第1050页。
② 语出《庄子·让王》,方勇、陆永品:《庄子诠评》(增订新版),巴蜀书社2007年版,第932页。
③ 语出《庄子·让王》,方勇、陆永品:《庄子诠评》(增订新版),巴蜀书社2007年版,第932页。

切实维系。其时的臣民以及后世评价君主个人之功过是非时，君主本人对这个由己身创建抑或继承的政权体系的损益与贡献，才是评价其合格与否的通常标准所在。所以，君道作为历任时君所应奉行之圭臬，其既以自身血脉承继过程中的天命永延为目标，其根本也就正在于这套以殷周历任君主本人为核心的政权体系的合理构建与和合维系。只不过君主因其现世权力的至上性，从而使这个政权体系的合理运转在某种程度上只能极大限度地依赖于君主自身的德行与才能。所以君主可见之德行操守以及理政才能也就成为臣民界定君主是否可以与天命、万民相应的基本标准。

而随着西周末年以来传统天命王权思想的逐渐瓦解，为了适应时代之变革，孔子提出了"北辰之喻"。这既是对殷周以来，以君主为直接核心，与上天、臣民相关联的政权体系之简化，亦在客观上加强了对现实人们所能直接干涉的君主自身德行的强调。但当时光推至战国，对君主德行提出诸多要求的"北辰之说"自然已经无法满足观以时效的诸侯之要求。所以其之后学，孟、荀二子，对儒家传统关乎"君德"之思想作出了不同理路的发展规划。于孟子而言，当今之世，民生疲敝，故其弱化孔子思想中的"应天"之说，于"保民"之义施以浓墨重彩，冀望一朝见用，便可拯救生民于万一。于荀子而言，其虽亦重生民，但因学说见用，方有善政之实，故其力主"法后王"之说，变儒家传统之君德为现时之可为，宏儒教于当世。

而至于以道、墨、法三家为代表的先秦其他诸子，其于"君德"亦有分疏。墨、法二家皆尚君主之能，较之儒家，其轻忽人君"正己"之德。言及道家，先有老子以强名之"道"高世俗之"天"，其之"玄德"似胜儒家之"下德"；后有庄子承袭其学，直非儒家之圣王。道家之于儒家，实为不同思路之演进。

总论上文史籍、诸子所言说之君德，若我们置其于弗雷泽的《金枝》语境下加以考量，其实其与我们前文所提到的，标记着督伊德教祭司们所崇奉橡树之神性的、为人肉眼可见的槲寄生，颇为相似。正如我们无法用世俗之眼发现内蕴于橡树的神性，我们也无法从祭祀仪式中的祷语祝词肯定君主、王朝与上天的内在关联。所以我们需要某种可以确定的事物来作为衡量之标准、依据，其之于橡树，就是附庸于其上的槲寄生；其之于政权，就是历任君王们所表现出的肉眼可见的德行。至于先秦时俗于君主德行之要求：殷周之时，君主理应"以德配天"，"永言配命，自求多福"①实是王朝千秋万代之基；春秋之初，众仲于"卫州吁弑桓公而立"有"臣闻以德和民，不闻以乱"之辩，后卫人果杀州吁于濮②；战国之际，智果论智宣子之以瑶为后，虽其"贤于人者五，其不逮者一"③，然"才者，德之资也；德者，才之帅也"④，智瑶以不仁行五贤，终致宗灭。所以，时至战国前期，人主之德行，仍有重于才具。然战国之世，礼法淆乱、名实异位，故有人主之才具，反重于德行。所以，在君主之德行会随世情移变、不可固守的现实下，我们的问题也就变为是否存在着其他可行的方法，能使君主如同只能植根于大地的橡树一般，表现出为臣民所期待的特定行为模式，亦即君主德行的固化。而这也就是我们下一章所要讨论的问题。

①　语出《诗经·大雅·文王》，程俊英：《诗经译注》，上海古籍出版社 2004 年版，第 408 页。
②　语出《左传·隐公四年》，杨伯峻编：《春秋左传注》，中华书局 1981 年版，第 35—36 页。
③　语出《国语·晋语九》，徐元浩撰，王树民、沈长云点校：《国语集解》，中华书局 2002 年版，第 454 页。
④　此为司马温公于"智伯宗灭"处之评价，(宋)司马光编，张舜徽审订，李国祥等主编：《资治通鉴全译》，贵州人民出版社 1994 年版，第 17 页。

第四章　君道之正——典制
礼法之治道纲要

如果说君主因其于政权体系中所存有的核心地位,而对整个社会秩序的正常运转以及王朝帝统的延续产生了不可忽视的影响,那么,为了这个政权体系的正常运行与维系,恐怕也势必需要在某种程度上对名义上仅附属于上天的君主加以一定的限制与规范。毕竟历经发展的君位正常传承,是以直系血缘为基本的裁定界限,所以我们其实无从保证流淌着先王血脉的后代就一定可以保有如同初代创始之君般的才能与德行。而"君—天"反向关联体系的构建,在弱化了时人理论体系中上天对时王原有的正定作用的同时,也更为需要相关具体的典制礼法以匡扶时王、佑护君道。典制礼法所象征的不仅是固化的典章与仪制,在很大程度上更是自古以来的圣王之法的体现与传承。"典"之一字,从其名词解之,有"常道""准则"之意;从其动词解之,则常为"主持""掌管"。所以"典制"合称,既可理解为不易之大法,也可解之为主持、维系这一大法运行的人。而我们也就由无上之神道、君主己身之政道,过渡到了可为他者干预、影响的治道的讨论范围。典制设立之初,就是为了弥补作为政权体系核心的君主个人才能抑或是德行的缺憾,所以主持这一辅弼制度的人就一定不会是理论上握有最高权力的君主本人。那么,握有这一权柄的人通常为谁,就让我们从典制创制之初研习之。

一、传说时代的典制初立

从《史记·五帝本纪第一》，我们可知，由有记载之传说时代的黄帝开始，其与其后几位帝王的功绩主要如下：

> 轩辕之时，神农氏世衰。诸侯相侵伐，暴虐百姓，而神农氏弗能征。于是轩辕乃习用干戈，以征不享，诸侯咸来宾从。而蚩尤最为暴，莫能伐。炎帝欲侵陵诸侯，诸侯咸归轩辕。轩辕乃修德振兵，治五气，蓺五种，抚万民，度四方，教熊罴貔貅䝙虎，以与炎帝战于阪泉之野。三战，然后得其志。蚩尤作乱，不用帝命。于是黄帝乃征师诸侯，与蚩尤战于涿鹿之野，遂禽杀蚩尤。而诸侯咸尊轩辕为天子，代神农氏，是为黄帝。天下有不顺者，黄帝从而征之，平者去之，披山通道，未尝宁居。……迁徙往来无常处，以师兵为营卫。官名皆以云命，为云师。置左右大监，监于万国。万国和，而鬼神山川封禅与为多焉。获宝鼎，迎日推荚。举风后、力牧、常先、大鸿以治民。顺天地之纪，幽明之占，死生之说，存亡之难。时播百谷草木，淳化鸟兽虫蛾，旁罗日月星辰水波土石金玉，劳勤心力耳目，节用水火材物。有土德之瑞，故号黄帝。①
>
> ……帝颛顼高阳者，黄帝子孙而昌意之子也。静渊以有谋，疏通而知事；养材以任地，载时以象天，依鬼神以制义，治

---

① （汉）司马迁，（宋）裴骃集解，（唐）司马贞索隐，（唐）张守节正义：《史记》，中华书局1999年版，第3—5页。

气以教化,絜诚以祭祀。①

> ……高辛生而神灵,自言其名。普施利物,不于其身。聪以知远,明以察微。顺天之义,知民之急。仁而威,惠而信,修身而天下服。取地之财而节用之,抚教万民而利诲之,历日月而迎送之,明鬼神而敬事之。②

从以上的记载中,我们可以发现,黄帝生存的时代其实是大小诸侯纷争不断,民不聊生的。所以黄帝不得不用兵戈之力使大多数的诸侯归附,并先后征讨不服从于自己的炎帝和蚩尤,且正是因为这些战争的胜利,其最终被各路诸侯尊为天下共主。然而,即便黄帝业已登临天子之位,由"迁徙往来无常处,以师兵为营卫"这句记载,我们也可以推测出彼时之政局恐怕仍不安稳。而从"官名皆以云命,为云师。置左右大监,监于万国",我们更加深了这一印象。"云"为漂浮不定之物,黄帝以此为官名,恐怕也有其与其麾下的统军臣属不得不随需而动的原因;而可能正是因为己身不能长镇中枢,所以才需要设置两名"大监",以处理政权体系的日常杂务,统管各路诸侯。这是我们从文献记载之中能找到的典制创制之始。所以,典制创立之初,实为臣属者以力相君。而在天下平定,黄帝"获宝鼎,迎日推荚",亦即黄帝与上天建立关联、依照天体运行推算历法后,其选拔了风后、力牧、常先、大鸿四人来管理众民。所以,我们由上可知,掌管典制的臣属们除却辅助君主管理大小诸侯之外,还需承担一定的监临万民的职责。而大小诸侯本身其实也是天下之君主的地方领主化,在西周以前的政权体系中,各

---

① (汉)司马迁,(宋)裴骃集解,(唐)司马贞索隐,(唐)张守节正义:《史记》,中华书局1999年版,第9页。

② (汉)司马迁,(宋)裴骃集解,(唐)司马贞索隐,(唐)张守节正义:《史记》,中华书局1999年版,第10—11页。

路诸侯或者说是部落首领,除却对公认之盟主承担诸如朝觐、纳贡、勤王等基本义务外,在领地内的权力并不弱于君主本身。所以对各路诸侯事务的掌管其实也就相当于变相地掌控其治下的众民。由此,成文可考的典制创制伊始,也就是为了使这些维持典制正常运行的臣属可以辅助君主加强其与万民的关联。而从其后黄帝顺应四时、劝课农桑,驯化禽兽,裁定历法,增阜民财等功绩中,我们可知,黄帝个人颇具才能,可能也是当时的社会发展并不充分,君主一人在才能充分的情况下完全可以处理多方面的事宜。至于随后即位的颛顼、帝喾之二帝,我们可以看到的是史书对其个人才具的评述,而没有相应的典制格局。或许这段时期的典制格局并没有其他的演进,而这一点在帝尧时发生了改变。

《虞书·尧典》中有这样的记载:

> 乃命羲和,钦若昊天,历象日月星辰,敬授人时。分命羲仲,宅嵎夷,曰旸谷。寅宾出日,平秩东作。日中星鸟,以殷仲春。厥民析,鸟兽孳尾。申命羲叔,宅南交,曰明都。平秩南讹,敬致。日永星火,以正仲夏。厥民因,鸟兽希革。分命和仲,宅西,曰昧谷。寅饯纳日,平秩西成。宵中星虚,以殷仲秋。厥民夷,鸟兽毛毨。申命和叔,宅朔方,曰幽都。平在朔易。日短星昴,以正仲冬。厥民隩,鸟兽氄毛。帝曰:"咨!汝羲暨和。期三百有六旬有六日,以闰月定四时成岁。允厘百工,庶绩咸熙。"①

从此段文字中,我们发现,帝尧在位期间,对黄帝以来的历法作出了及时修订。而这一工作,尧并没有选择自己完成,而是钦点了羲氏和和氏的四位臣属。所以羲仲、羲叔、和仲、和叔四人分居东南

---

① 李民、王健:《尚书译注》,上海古籍出版社 2004 年版,第 3—4 页。

西北四个方位,参照新制定的时历,分别掌管春夏秋冬四时的不同农事指导,并在此之外用闰月的设定,使原有的历法更加完善。而农事的有效发展,也就使诸种事业都可以相应进行。其实在掌管农事的过程中,羲氏与和氏之四子也就现实地拥有了引导万民的权柄。虽然只是局限于农事方面,但是我们从与黄帝时期的典制相比,也可以发现,此时的典制依旧沿袭了典制创制之初的深意,亦即臣属应在君主力所不能及的方面予以必要的辅助,以巩固乃至加强君主与万民的关联。只不过黄帝之时或因初期战乱频繁,或因天下甫定,臣属的辅助多集中于军事以及内政;而帝尧之时,战乱不丰,但新的合于天象的历法之裁定却需要从多个方位的观察入手,而以新历法为依托的农事指导更需要切近众民,这些都是帝尧一人所无法短期完成的工作,所以羲氏与和氏四子的辅弼使这一进程大大缩短,深得臣属典制辅弼之要。

而历史演进于帝舜之时,情况又发生了改变,部落联盟区域的进一步扩大,人口的增多,皆使将大多数的政务工作都交予君主一人这一传统做法变得更不现实,所以典制格局在帝舜之时有了颇为显著的发展,这也就是《虞书·舜典》所记载的:

> 舜曰:"咨,四岳。有能奋庸熙帝之载。使宅百揆,亮采惠畴?"佥曰:"伯禹作司空。"帝曰:"俞! 咨禹,汝平水土,惟时懋哉!"

> ……帝曰:"弃,黎民阻饥,汝后稷,播时百谷。"

> 帝曰:"契,百姓不亲,五品不逊,汝作司徒,敬敷五教,在宽。"

> 帝曰:"皋陶,蛮夷猾夏,寇贼奸宄。汝作士,五刑有服,五服三就;五流有宅,五宅三居,惟明克允。"

> 帝曰:"畴若予工?"佥曰:"垂哉!"帝曰:"俞,咨! 垂,汝共工。"

……帝曰："畴若予上下草木鸟兽?"佥曰："益哉!"帝曰："俞,咨! 益,汝作朕虞。"

……帝曰："咨! 四岳,有能典朕三礼?"佥曰："伯夷。"帝曰："俞! 咨伯。汝作秩宗。夙夜惟寅,直哉惟清。"

……帝曰："夔! 命汝典乐,教胄子,直而温,宽而栗,刚而无虐,简而无傲。诗言志,歌永言,声依永,律和声。八音克谐,无相夺伦,神人以和。"

……帝曰："龙,朕塈谗说殄行,震惊朕师。命汝作纳言,夙夜出纳朕命,惟允!"

帝曰："咨! 汝二十有二人,钦哉,惟时亮天功。"三载考绩,三考,黜陟幽明,庶绩咸熙。①

由以上文字,我们发现,如若文本记载不错,那么帝舜此时已经设立了相对完备的典制体系:其中伯禹为司空,主管百官,而这也是帝舜在帝尧时期所曾担任过的官职,亦即《舜典》所说的"纳于百揆,百揆时叙"②;后稷主管农事,负责使黎民不失农时;契为司徒,主管民众教化,务使父义、母慈、兄友、弟恭、子孝;皋陶作士,务使典狱公正、明信五刑;垂作工,统领百工事宜;而益作虞官,掌管山泽之事;伯夷典礼,负责天神、人鬼、地祇祭祀之事;夔总声乐,教育天下子弟③,并和神、人;龙则任纳言,负责将君主之政令通告天下。至此,帝舜时所设立的典制体系就初步总括了一个可以正常运行的庞大政权体系所需处理的大多数事务。

而除却伯夷所负责的三礼并不是寻常民众所能接触的范围,

---

① 李民、王健:《尚书译注》,上海古籍出版社 2004 年版,第 18—19 页。

② 李民、王健:《尚书译注》,上海古籍出版社 2004 年版,第 13 页。

③ 此为马融之解,"胄,长也,教长天下之子弟"。参见(汉)孔安国传,(唐)孔颖达疏,李学勤主编:《尚书正义》,北京大学出版社 1999 年版,第 79 页。

后稷负责的农事、契主管的教化、皋陶治下的典刑、夔总领的声乐、龙任职的纳言，都是与民众日常的生产、生活直接相关的；至于禹对百官的总领，其实也就相当于间接地引领众民；垂负责的百工，其实也是为了民众更好的生产、生活而创制诸种工具；益所主管的山泽之事，则是为了指导民众如何斧斤以时入山林且渔猎有节。所以，除却宗庙祭祀之事，君主本身事务的绝大多数都与民众的利益切身相关，而这也是君主需要臣属阶层能予以分担的部分，且这一套相对完善的典制格局的构建也使与民众相关的事务可以得到更为迅捷的处理，直接巩固并加强了君主与众民之间的关联。所以，在天命不失、万民拥戴的状况下，以君主为核心的政权体系必将长远维系，而平稳的政权交接过渡带来的是安定的社会发展环境，民众也因此可以更好地繁衍生息。

为了克服君主血脉传袭而设立的典制仪法，自然不能本身再桎梏于血脉承继，所以有了"三载考绩，三考，黜陟幽明"，亦即典制体系内的臣属三年一考核，而三次考核过后，无能之辈将被黜落，高明之人得到提举。至此，自身始终流动着新鲜血液的臣属阶层，作为典制的辅助推行者，就为英明君主的政令推行创造了极佳的社会环境。此时，英明的君主或是圣王本人，就是典制的创立者，所以其实是彼时的君主本身决定着从自己手中诞生的典制的涵盖范围以及实施精义之所在。但毕竟夏启以来的血脉传袭并不能保证后任的君主也必为圣明之人君，亦即"尧有丹朱，舜有商均，启有五观，汤有大甲，文王有管、蔡。是五王者，皆元德也，而有奸子。夫岂不欲其善，不能故也"①。由此，圣王所创立的典制就

①　语出《国语·楚语》之"申叔时论傅太子之道"，徐元浩撰，王树民、沈长云点校：《国语集解》，中华书局 2002 年版，第 483—484 页。

成为后世君主所应予以沿革的对象,典制的精义也成为后世君主治政之大法。且与变化的世情相应,掌管典制运行的臣属阶层也就因此拥有了新的使命,而这也是我们所要论及的下一个问题。

二、《周礼》的典制沿革

若是探讨自虞夏以来的典制之沿革以及臣属使命之变易,我们首先所面临的就是西周以前的史料文献相对不足的问题。而由孔子所说的"殷因于夏礼,所损益,可知也;周因于殷礼,所损益,可知也。其或继周者,虽百世,可知也"①,笔者初步推测,或许我们可以从《周礼》的相关记载中,一窥三代以来的典制格局之原貌。但是,我们的问题也就随之变为周朝的典章制度是否确实留有三代沿革之痕迹。所以下面笔者便从明确的典籍记载中初步试证之。

《礼记·王制》篇有载:

> 凡养老:有虞氏以燕礼,夏后氏以飨礼,殷人以食礼,周人修而兼用之。……有虞氏养国老于上庠,养庶老于下庠;夏后氏养国老于东序,养庶老于西序;殷人养国老于右学,养庶老于左学;周人养国老于东胶,养庶老于虞庠。虞庠在国之西郊。②

从以上文段中,我们可以一窥三代养老设宴之风貌:有虞氏之时,

---

① 语出《论语·为政》,杨伯峻译注:《论语译注》,中华书局1980年版,第21—22页。

② (清)孙希旦撰,沈啸寰、王星贤点校:《礼记集解》,中华书局1989年版,第378—382、385页。此段文字亦见引于《礼记·内则》篇。

以礼数相对为轻的"燕礼"款待诸老人,此时饮酒至醉,并以致仕的卿大夫与普通士、民的身份之别而分设宴于其大、小学;夏后氏之时,则以礼数相对最隆重的"飨礼"款待诸老,宴中菜肴丰盛,亦因身份之别而分设宴于大、小学;殷商之时,转用"食礼",以食为主,酒虽设而不饮,置宴亦有身份之别;而周人则是因袭古礼,三种礼制皆用,自然设宴也有身份之区分。所以,我们从养老设宴这项制度中就可发现,虽然四代养老所选取的仪制以及设宴地的具体名称都随着朝代变革而有着显著区别,但是不变的是礼制对于身份不同的强调和通贯四代的敬老之传统。

而敬老之传统也并非仅起始于有虞氏,据《礼记·内则》篇载,"凡养老,五帝宪,三王有乞言。五帝宪,养气体而不乞言,有善则记之为惇史。三王亦宪,既养老而后乞言,亦微其礼,皆有惇史"①,所以最晚自五帝时起,敬老就是我们的民族传统。只不过五帝时以效法诸老为主;而三王时,亦即夏、商、周三代,则是以请诸老留下治世良言为主,其中也不乏效法之意,所以三代之时的行为方式实是对于五帝之时的发展,当然,这可能也不乏君主才具之差的考量。所以,虽然"昔者有虞氏贵德而尚齿,夏后氏贵爵而尚齿,殷人贵富而尚齿,周人贵亲而尚齿"②,亦即不同朝代出于不同理由对于年长之人存有必要的尊重,但是,我们可以肯定的是"年之贵乎天下久矣"③,亦即敬老传统在这些不同价值取向与具体仪

---

① （清）孙希旦撰,沈啸寰、王星贤点校:《礼记集解》,中华书局 1989 年版,第 755 页。

② 语出《礼记·祭义》,（清）孙希旦撰,沈啸寰、王星贤点校:《礼记集解》,中华书局 1989 年版,第 1229 页。

③ 语出《礼记·祭义》,（清）孙希旦撰,沈啸寰、王星贤点校:《礼记集解》,中华书局 1989 年版,第 1229 页。

制中得以最终保留。

综上所述，仅从敬老之仪制来看，周礼实是因袭了前朝历代以来的典制成果，虽其在名目、仪制上稍有变动，但真正的典制真意也得以保存。且据《礼记·郊特牲》和《礼记·明堂位》中的记载，虽然在祭祀中，有虞氏、夏后氏、殷人、周人祭祀所尚①和君主祭天所乘之车的名号以及配备②、祭牲之颜色③、酒器的选用④等诸多方面存在着细节上的差别，但是没有改变的却是历代以来的基本仪制，亦即乘车、祭牲、酒器等祭礼的基本设置并没有太大的变化。由此，我们得以推测，可能周人不仅对于祭祀、敬老之传统，对于其他的基本仪制亦有所沿革。所以如果我们从《周礼》入手研究有虞氏以来的典制之格局，虽不能保证周人的典制格局就必然是前朝体系的完整存影，但我们可以保证的是，周人一定是在对原有典制的大体格局加以保留的基础上，辅之以自己王朝特征的润色与

---

① "有虞氏之祭也，尚用气。血、腥、爓祭，用气也。殷人尚声，臭味未成，涤荡其声。乐三阕，然后出迎牲。声音之号，所以诏告于天地之间也。周人尚臭，灌用鬯臭，郁合鬯，臭阴达于渊泉。灌以圭璋，用玉气也。既灌然后迎牲，致阴气也。"[语出《礼记·郊特牲》，(清)孙希旦撰，沈啸寰、王星贤点校：《礼记集解》，中华书局1989年版，第711—713页]

② "鸾车，有虞氏之路也。钩车，夏后氏之路也。大路，殷路也。乘路，周路也。有虞氏之旂，夏后氏之绥，殷之大白，周之大赤。夏后氏骆马黑鬣，殷人白马黑首，周人黄马蕃鬣。"[语出《礼记·明堂位》，(清)孙希旦撰，沈啸寰、王星贤点校：《礼记集解》，中华书局1989年版，第848—849页]

③ "夏后氏牲尚黑，殷白牡，周骍刚。"[语出《礼记·明堂位》，(清)孙希旦撰，沈啸寰、王星贤点校：《礼记集解》，中华书局1989年版，第850页]

④ "泰，有虞氏之尊也。山罍，夏后氏之尊也。著，殷尊也。牺、象，周尊也。爵，夏后氏以琖，殷以斝，周以爵。灌尊，夏后氏以鸡夷，殷以斝，周以黄目。其勺，夏后氏以龙勺，殷以疏勺，周以蒲勺。"[语出《礼记·明堂位》，(清)孙希旦撰，沈啸寰、王星贤点校：《礼记集解》，中华书局1989年版，第850—851页]

理解,而这也是我们探究典制沿革的精义之所在。由此,我们可以从《周礼》的相关记载入手研究。

《周礼》有云:

> 惟王建国,辨方正位,体国经野,设官分职,以为民极。乃立天官冢宰,使帅其属而掌邦治,以佐王均邦国。……惟王建国,辨方正位,体国经野,设官分职,以为民极。乃立地官司徒,使帅其属而掌邦教,以佐王安扰邦国。……惟王建国,辨方正位,体国经野,设官分职,以为民极。乃立春官宗伯,使帅其属而掌邦礼,以佐王和邦国。……惟王建国,辨方正位,体国经野,设官分职,以为民极。乃立夏官司马,使师其属而掌邦政,以佐王平邦国。……惟王建国,辨方正位,体国经野,设官分职,以为民极。乃立秋官司寇,使帅其属而掌邦禁,以佐王刑邦国。……国有六职,百工与居一焉。[1]

《周礼》,亦称《周官》,是一部记述了颇为完整的官制思想的政治学著作。而由上段文字中反复提到的"惟王建国,辨方正位,体国经野,设官分职,以为民极",我们可以推测,这整套官制的初设原因是为了在新划分的国家各级政权区域内,使君主的统治权威可以切实地降临于分散居住于各地的众民。而在前文有关《洪范》篇的论述中,我们业已证明了"皇极"之关键就在于通贯天人,所以《周礼》中设定的各级臣属其实在理念上同样承担着如何辅弼君主维持与万民之关联的任务。

由上文所引段落,我们可知,《周礼》将其官制划分为"天、地、四时"之六部:其中的天官冢宰为"治官之属",是经理国朝政事之

---

① (清)孙诒让撰,王文锦、陈玉霞点校:《周礼正义》,中华书局1987年版,第9—15、641、1245—1246、2235、2710、3105页。

官;地官司徒则为"教官之属",是总掌邦国教化之官;春官宗伯乃为"礼官之属",总司邦国的各种礼制;夏官司马则为"政官之属",主管邦国之军政事宜;秋官司寇则为"刑官之属",负责邦国刑法之贯彻;而居于最后之"冬官",由《周礼·天官冢宰》"大宰"部分的记载,应分掌国朝六典之一的"事典"①,亦即"审曲面势,以饬五材,以辨民器"②的百工之流。

从职能上划分,《周礼》认为"百工"和负责规划国朝发展方向之王公、具体实行治国方略之士大夫、沟通四方特产之商贾、勤恳耕耘而获取地财之农夫、纺绩丝麻以成衣服之妇工一样,同为邦国的六种职业之一。但是这里的划分并没有后世对匠人所经常秉承的轻视态度,因为"知者创物,巧者述之,守之世,谓之工。百工之事,皆圣人之作也"③,才智拙劣之人,其实是无法从事新器物的研发工作的,而又只有"手巧"之人才能将这一规划中的器物变成现实,由此历代从事这一制器工作的人们也就形成了所谓的"百工"。严格说来,其实也只有圣人方能援据五行之材质以及生克之道而创制民生之器物,亦即"烁金以为刃,凝土以为器,作车以行陆,作舟以行水,此皆圣人之所作也"④,其同时也是《周易·系

---

① (清)孙诒让撰,王文锦、陈玉霞点校:《周礼正义》,中华书局1987年版,第58页。邦之六典为:"一曰治典,以经邦国,以治官府,以纪万民;二曰教典,以安邦国,以教官府,以扰万民;三曰礼典,以和邦国,以统百官,以谐万民;四曰政典,以平邦国,以正百官,以均万民;五曰刑典,以诘邦国,以刑百官,以纠万民;六曰事典,以富邦国,以任百官,以生万民。"

② (清)孙诒让撰,王文锦、陈玉霞点校:《周礼正义》,中华书局1987年版,第3108页。

③ (清)孙诒让撰,王文锦、陈玉霞点校:《周礼正义》,中华书局1987年版,第3114页。

④ (清)孙诒让撰,王文锦、陈玉霞点校:《周礼正义》,中华书局1987年版,第3115页。

辞》中所强调的圣人四道之一的"以制器者尚其象"。

综上所述,我们发现,周朝的典制在其设立之初充分考虑到了君主如何通过臣属与万民建立关联的。其邦治、教化、礼制、刑法、百工的基本设定在前文我们所论述的虞舜之时的典制格局中都有所涉及。但是与虞舜之时,臣属作为才德之君主的襄助不同,夏启以来的君位之血脉承继使得包括西周在内的君位之传袭无法确切保证继位之后嗣的才具与德行。所以《周礼》中所反映的周朝典制虽然是君主所辖疆域扩大,使得臣属之数量、分工也必须相应增加的客观结果,但臣属之流——这一涌动于固有典制之中的活血,在原有的辅弼职能外,又承担着对才德不足之君主加以规劝的重任,而这无疑也是对恒常不易之君道本身的匡扶。周朝乃至历代典制之本身,都只不过是圣贤之人出于彼时情势之需要而加以裁定的规法仪制。而身处于典制之中,且不断变动的臣属阶层以自身行为对原有典制的诠释与匡扶才是使典制之传承不断焕发其生命力之所在。但这一典制设定亦不是没有其缺陷,如《周礼》中的部分臣属设定,就似违背了传统典制一般所要遵循的"君主—众民"之导向。

在"天官冢宰"具体的治官罗列中,我们不难发现,所谓的"治官之属",除却大宰、小宰、宰夫、大府、内府、外府、司会、司书、职内、职岁、职币这十一种官职是与基本的邦治之事有关,其他的诸种官职之设置,仿佛更倾向于为周王以及周王室服务。其中膳夫、庖人、内饔、外饔、亨人、食医、凌人、笾人、醢人、醯人、盐人、幂人[1]这十二种官职直接掌管王、后以及世子的肴馔之事,虽然其另负责宾客、祭祀、丧礼等所需饮食,但是我们可想而知,周王以及周王的

---

[1] 其负责以巾幕覆盖饮食。

家人才是其长期的服务对象。而负责酒浆供给的酒正、酒人、浆人三职恐怕亦如此例;除此之外,另有兽人、渔人、鳖人、腊人这四种负责进献食物的官职,忽略宾客、祭祀、丧仪等国之典仪,其贡献的主要对象不言自明。至于宫正、宫伯、内宰、内小臣、阍人、寺人、内竖这七职则是掌管王宫之戒令、门禁。另有司裘、缝人、追师、屦人、内司服这五职掌管周王以及其王室的服制,以及负责宫寝、幕次事宜的宫人、掌舍、幕人、掌次四职。当然,其中也不乏辅助王与后的九嫔、世妇、女御、女祝、女史以及典妇功;更不乏处理周王其他诸如藉田、收藏、贡献、招魂事宜的甸师、玉府、掌皮、典丝、典枲、染人和夏采。

所以除却十一种掌管邦治之官职,以及四种惠及民生的医官之属①,剩余的四十八种官职都与周王及其王室的日常生活有关。而《周礼》将这些与周王及其王室直接相关的官职汇之为"天官冢宰",虽然也不失为对臣属以力相君的另一种解读,但是这其中似乎并没有如虞舜之时那样,强调君主与万民之关联。我们所看到的,是周王及其王室犹如冥冥之天般的无上权威。诚然,君主居于"王"形政权体系的核心地位之事实,使得臣属及万民有必要承认并确立君主的现世威权,但是臣属及万民乃至君主本人对于君主权威的过分强调,却也存在着使君主在长期的崇奉中淡忘其威权所自的可能。而在理论上掌握现世最大权力的君主失却本心的情况下,应起到匡扶作用的臣属阶层又是否可以将失德之君主以及偏离的典制体系导归正道,这也是我们下一个部分所要研究的问题。

---

① 即医师、疾医、疡医、兽医。

三、西周后期的政治实践

上文为我们所论及之《周礼》,是对周朝理想中的典制体系的客观记述,且相传其为周公所作。所以,此处笔者便选取与之创作年代①相应的西周末期的政治实践着手分析。

由《中国历史纪年表》所载的西周谱系之传承:

武王	公元前 1027—1025 年
成王	1024—1005 年
康王	1004—967 年
昭王	966—948 年
穆王	947—928 年
共王	927—908 年
懿王	907—898 年
孝王	897—888 年
夷王	887—858 年
厉王	857—842 年
共和	841—828 年
宣王	827—782 年

---

① 关于《周礼》之产生年代,诸家各有所见,近代学者有认为其诞生于战国后期之说法,另有他说,争论未定。笔者从古代学人之意见,以其为周公所创,且以孙诒让先生之说为是,亦即"斟酌损益,因袭积累,以集于文武,其经世大法,咸粹于是"〔参见(清)孙诒让撰,王文锦、陈玉霞点校:《周礼正义》,中华书局 1987 年版,"序"第 1 页〕。

幽王　　　781—771 年①

我们可知,以"厉"为谥号且引发了历史上的"国人暴动"的周厉王,其实为西周末世之始。

由《国语·周语》中"邵公谏厉王弭谤"和"芮良夫论荣夷公专利"的记载:

> 厉王虐,国人谤王。邵公告王曰:"民不堪命矣!"王怒,得卫巫,使监谤者,以告,则杀之。国人莫敢言,道路以目。王喜,告邵公曰:"吾能弭谤矣,乃不敢言。"邵公曰:"是障之也。防民之口,甚于防川。川壅而溃,伤人必多,民亦如之。……夫民虑之于心而宣之于口,成而行之,胡可壅也! 若壅其口,其与能几何?"王不听。于是国莫敢出言,三年乃流王于彘。②

> 厉王说荣夷公,芮良夫曰:"王室其将卑乎! 夫荣夷公好专利而不知大难。夫利,百物之所生也,天地之所载也,而或专之,其害多矣。天地百物,皆将取焉,胡可专也。所怒甚多,而不备大难,以是教王,王能久乎? 夫王人者,将导利而布之上下者也,使神人百物无不得其极,犹日怵惕,惧怨之来也。……今王学专利,其可乎? 匹夫专利,犹谓之盗,王而行之,其归鲜矣。荣公若用,周必败!"既,荣公为卿士,诸侯不享,王流于彘。③

我们发现,周厉王之所以被流放于彘地,是多方面因素交汇的最终

---

① 万国鼎编,万斯年、陈梦家补订:《中国历史纪年表》,中华书局 1978 年版,第 64 页。

② 徐元浩撰,王树民、沈长云点校:《国语集解》,中华书局 2002 年版,第 10—13 页。

③ 徐元浩撰,王树民、沈长云点校:《国语集解》,中华书局 2002 年版,第 13—14 页。

结果。其一,在于厉王弭谤方法的错误,亦即任用卫巫监视国人,而不是按照邵公所建议的广开言路,虚心纳谏。所以民众心中的怨愤之情就犹如被堵塞前行通道的河水,虽然堵塞之方可以防止河水的一时泛滥,但决口之时也必会带来更大的损害。这一点,我们从传说时代鲧和禹治水采用不同方法所取得的不同结果也可加深对其的理解。而在民众内心的怨愤无从疏导之时,周厉王还犯下了第二个错误,即听从其宠信的荣夷公的进言,与民争利。从此,民众的切身利益因为厉王之争利而受到损害,但其又囿于卫巫的监视,而无法抒发内心的怨愤之情,而厉王也因此自己断绝了身为周王与众民的关联,所以才有最终的"国民暴动"之产生。

周王的职责,按照芮良夫的理解,即为"夫王人者,将导利而布之上下者也,使神人百物无不得其极",这也不失为对我们前文所引用的《逸周书》中的"正及神、人曰极"的疏解,所以,既然周朝的统治因为"王"形政权的构建而得以稳定、延续,那么,厉王对现有政权体系的颠覆行为也必然会导致其治下统治秩序的倾颓。而厉王所犯下的错误却不仅仅在于其主动割裂了君主与民众之间理应存在的关联,同时也在于其对荣夷公的宠信。但这并不仅是厉王一人之过错,而是这一以君主为核心的政权体系的客观缺陷,亦即君主之无上权力的存有使得君主可以依照自身喜好,对本不具有相适应德行的臣子进行过蒙拔擢。而在有见识的臣子(如邵公)的谏言并没有得到采信的状况下,以臣属阶层为主体的典制体系的匡扶作用也就名存而实亡。君主不能抑或是根本不愿从臣属阶层所组建的典制体系的帮助中稳固自身与万民的关联,使得这个对君主过于尊奉的典制体系也无法发挥其原本意图达到的匡扶作用。因为理论上来说,臣属阶层并不具备使君主可以无条件服从于自身意愿的强制性手段。当然,这种强制性的手段也是任何一个希求既寿且昌的政权体系都不会主动赋予的。

　　而厉王也不是周王朝唯一失德的君主,在《国语》的相关记载中,另有周厉王之子宣王失德的诸多表现,如"宣王即位,不籍千亩"①,宣王立戏为鲁太子②,以及宣王料民于太原③。宣王不籍千亩,是指宣王不遵行其祖上所创立的籍田之礼,因为籍田之礼严格说来只有天子方可举行,所以在厉王流放的十余年间,并没有臣属代行其礼。而宣王对于先祖所创礼制的荒废,也表明虽然先王的血脉得以不断传承,但很多礼仪、典制的真意却并没有随之流传,所以才有宣王的无心之失,表现于外的君主与神祇、祖先之间联系的削弱④,以及君主理应具有的对民众引领作用的失却。而周王凭借上天之威权而君临于世,所以君主本人对神权的轻忽也为臣属、众民对自身的尊奉提供了足可质疑的理由。

　　至于宣王立戏为鲁太子,则是对周王朝历来所推行的、强调尊卑之序的嫡长子继承制的舍弃。正如樊仲山父⑤所进言的那样:

　　　　不可立也!不顺必犯,犯王命必诛,故出令不可不顺也。令之不行,政之不立,行而不顺,民将弃上。夫下事上、少事长,所以为顺也。今天子立诸侯而建其少,是教逆也。若鲁从之而诸侯效之,王命将有所壅;若不从而诛之,是自诛王命也。

――――――――――

① 此段史事记载参见徐元浩撰,王树民、沈长云点校:《国语集解》,中华书局2002年版,第15—22页。

② 此段史事记载见徐元浩撰,王树民、沈长云点校:《国语集解》,中华书局2002年版,第22—23页。

③ 此段史事记载见徐元浩撰,王树民、沈长云点校:《国语集解》,中华书局2002年版,第23—25页。

④ 籍田礼意在向地祇祈求丰年。

⑤ "樊"由汪远孙所说,为仲山父之封邑。(参见徐元浩撰,王树民、沈长云点校:《国语集解》,中华书局2002年版,第22页)

是事也,诛亦失,不诛亦失。天子其图之。[1]

如果宣王以王令的形式降下"立戏为鲁太子"的御诏,那么,出于诸侯对王权的遵从,鲁公将不得不奉诏而行。但这条诏命本身既是对先王创制的典制的违逆,又有违"下事上、少事长"的尊卑之序。所以这条诏命将不符合"出令不可不顺"的政令发布之标准,而强迫诸侯以及众民认同这一诏命更是真正的"教下以犯上",最终受到损害的还是宣王自己治下的政权。由此,宣王将自己之王命与先祖之教命对立起来,无意识地动摇着周王朝的统治根基。

而"宣王料民于太原",更不是简单的、没有特殊目的的人口普查。其时"司民协孤终,司商协民姓,司徒协旅,司寇协奸,牧协职,工协革,场协入,廪协出"[2],可以说众民的日常生活在既有典制体系的运行下,已经无须君主过多烦问。而宣王料民、统计人口数量的真正原因还是在于"既丧南国之师"[3],亦即《史记·周本纪第四》所提到的"王师败绩于姜氏之戎"[4]。至于宣王料民究竟是希图再战还是单纯地想获知战事所带来的民力损耗,我们无从探知。但是我们所能确定的是仲山父进言时所说的"无故而料民,天之所恶也,害于政而妨于后嗣"[5]。依据时人"天—君"相应

---

① 徐元浩撰,王树民、沈长云点校:《国语集解》,中华书局 2002 年版,第22 页。

② 徐元浩撰,王树民、沈长云点校:《国语集解》,中华书局 2002 年版,第24—25 页。

③ 徐元浩撰,王树民、沈长云点校:《国语集解》,中华书局 2002 年版,第23 页。

④ (汉)司马迁撰,(宋)裴骃集解,(唐)司马贞索隐,(唐)张守节正义:《史记》,中华书局 1999 年版,第 105 页。

⑤ 徐元浩撰,王树民、沈长云点校:《国语集解》,中华书局 2002 年版,第25 页。

第四章 君道之正——典制礼法之治道纲要

167

的基本理论,或许上天震怒的原因并不仅是在于君主对民生所可能造成的干扰,恐怕更在于身为政权体系核心的君主对己身之君道的失却,所以才有《国语》所记载的"幽王二年,西周三川皆震"①。诚然,西周灭亡之原因与幽王本身德行不端、烽火戏诸侯不无关联,但是一个王朝的兴盛与衰败却不可只溯源至其时的治政之君,西周的衰亡也未尝不是因为累世君主之失德。所以,在为政之君主失德而臣属匡扶无果时,看似稳固的"王"形政权体系也就面临着可能到来的倾颓。其实,从"王"字之构成,我们不难发现,正是代表着君主自身理政方式的"竖笔"才是沟通天道、地道乃至臣属与万民的关键。由此,这整套意欲规范君道、匡扶时君的典制体系的根本缺陷也就在于其也只能佑助时王、提出规范,而其自身却无法拥有迫胁君主遵行正道的相应权限。那么,这种典制仪法的缺陷在先秦诸子所活跃的春秋战国之时,是否又有所弥补、改变,我们且以儒家思想为主线,仔细推原之。

四、孔子对周朝典制的"礼"之扩展

仲尼其时,礼崩乐坏,周王室之威权不复,甚至卿大夫也敢直缨其锋,《论语·八佾》篇有载:

> 孔子谓季氏,"八佾舞于庭,是可忍也,孰不可忍也?"
>
> 三家者以《雍》彻。子曰:"'相维辟公,天子穆穆',奚取于三家之堂?"②

---

① 徐元浩撰,王树民、沈长云点校:《国语集解》,中华书局2002年版,第26页。

② 杨伯峻译注:《论语译注》,中华书局1980年版,第23页。

"佾"，由朱子之注解，"舞列也"①。而据刘宝楠之考证，所谓的"八佾"应是八八六十四人的大型阵舞，而"佾"应为固定的八人之列。② 所以依据传统礼制"天子八，诸侯六，大夫四，士二"③的仪规，名义上身为鲁国大夫的季孙氏在礼法上只能"四佾舞于庭"，亦即只能享受三十二人的乐舞。所以季孙氏的八佾之舞实际上僭越了天子之礼乐。而《雍》为天子宗庙祭祀结束，撤收礼器时方能歌颂之诗④，所以孟孙、叔孙、季孙，这鲁之"三桓"，在这里亦是僭用了天子之礼。而在孔子看来，"天下有道，则礼乐征伐自天子出；天下无道，则礼乐征伐自诸侯出"⑤。所以季氏、三桓之行实是当今天下无道的现实表现。所以，针对当今天下无道之现实，孔子意欲"重新振兴在春秋时代已然衰微的周代传统礼乐制度"⑥。

虽然在孔子的自我评述中，其秉承着"述而不作，信而好古"⑦的基本治学态度，但笔者以为，孔子所提倡和维护的周礼其实并不是简单的、为我们上文所讨论的周朝典制。杨庆中先生就认为，孔子在对待周礼时并未因循守旧，而是体现了较多的变通精神。⑧蔡尚思先生亦认为孔子所强调之"礼"，既不同于一般之礼仪，亦

---

① （宋）朱熹：《四书章句集注》，中华书局1983年版，第61页。
② （清）刘宝楠撰，高流水点校：《论语正义》，中华书局1990年版，第78页。
③ （宋）朱熹：《四书章句集注》，中华书局1983年版，第61页。
④ （宋）朱熹：《四书章句集注》，中华书局1983年版，第61页。
⑤ 语出《论语·季氏》，杨伯峻译注：《论语译注》，中华书局1980年版，第175页。
⑥ 梁家荣：《仁礼之辨：孔子之道的再释与重估》，北京大学出版社2010年版，第39页。
⑦ 语出《论语·述而》，杨伯峻译注：《论语译注》，中华书局1980年版，第66页。
⑧ 杨庆中：《先秦儒学的开展与中国文化的历史命运》，《中国哲学史》1996年第3期。

非纯粹之形式。① 孔子在《礼记·礼运》篇中就直言：

　　　夫礼必本于天，殽于地，列于鬼神，达于丧、祭、射、御、冠、
　　昏、朝、聘。故圣人以礼示之，故天下国家可得而正也。②

由此观之，"礼"或者更确切地说"周礼"，在孔子心中，是上古圣人
法效③天地鬼神，可以应用于国家治理、士民日用所涉及的方方面
面的礼法仪度，亦是天下国家终可归导于正的必要手段。这可能
也是《论语·学而》篇中，有若承袭其师，对"礼之用"所回答的"小
大由之"④之义解。如果我们考虑到之前业已分析的、以匡扶时君
为主要目的的典制体系之固有缺陷，我们便会发现，在"礼"可以
渗透到士民日常生活、国家治理的方方面面时，君主本身德行才具
之不足、缺失便可以在相当大的程度上得到有效规避。因为正如
干春松先生所认为的那样，无论"礼"于孔子之话语体系中拥有如
何复杂之涵义，其最基本之要素都是"规则"。⑤

　　而笔者以为，孔子之"周礼"实际上是我们之前所研习的、代表
周朝典制之"周礼"的扩大化。其不仅局限于官制，而是扩展到人伦
日用的各个方面。在"礼"之推广之初，可能确会出现一些不尽如人
意之处，但如果通过代代相传、潜移默化，达到世人日用而不知的程
度，恐怕为孔子所期待的太平盛世也可因之而实现。而君主原本居

---

① 蔡尚思：《孔子的政治思想》，王曰美主编：《儒家政治思想研究》，中华书
　局 2003 年版，第 323 页。
② （清）孙希旦撰，沈啸寰、王星贤点校：《礼记集解》，中华书局 1989 年版，
　第 585 页。
③ "殽，效也。"［（清）孙希旦撰，沈啸寰、王星贤点校：《礼记集解》，中华书
　局 1989 年版，第 585 页］
④ 杨伯峻译注：《论语译注》，中华书局 1980 年版，第 8 页。
⑤ 干春松：《儒家王道政治秩序的构建及其遇到的困境——以"管仲之器小
　哉"的诠释为例》，《哲学研究》2011 年第 4 期。

于政权体系的核心影响地位,在这一过程中也会自然地相应弱化。毕竟在臣属、士民皆各安其分,"臣臣、父父、子子"的大局都没有明显变动的情况下,仅仅是"君不君",只要不是暴虐堪比桀纣,应该都不会动摇社会之稳定、国家之根基。可能这也是孔子的礼学体系如此广泛之原因。在蔡尚思先生看来,孔子之礼涉及治国、法律、军事、外交、经济、教育以及衣食住行等各个方面。① 当然,如果君主本身对"礼"十分推崇,这一进程会大大加快,所谓"上好礼,则民易使也"②。由《论语·为政》篇中的"道之以德,齐之以礼,有耻且格"③,我们可以发现,我们前文所解读的孔子之人君"恭己正南面"之君德,实在是要与孔子广博的礼学体系相参照来看的。正是因为孔子礼学体系本身的无所不包,所以君主在一定程度上才可以"己正而天下正",而此时的"己正"其实也不异于接受孔子广普化的"周礼"之别名。肖绍俊以"礼"为孔子政治理论的核心概念和精髓④,这样看来,其实是颇有见地的。而行文至此,我们不由发现,孔子的政治思想可能还是有一定的"虚君"之嫌的。而至于为什么孔子选择以"周礼"为蓝本,笔者以为除却李启谦先生所分析的鲁为周公之封邑、周礼尽在鲁的地域文化之影响⑤,周朝切

① 蔡尚思:《孔子的礼学体系——纪念孔子诞辰两千五百四十周年》,孔凡岭主编:《孔子研究》,中华书局 2003 年版,第 695—706 页。
② 语出《论语·宪问》,杨伯峻译注:《论语译注》,中华书局 1980 年版,第 158 页。
③ 杨伯峻译注:《论语译注》,中华书局 1980 年版,第 12 页。
④ 肖绍俊:《德、仁、礼:孔子政治和谐思想之精髓》,《郑州大学学报》(哲学社会科学版)2011 年第 5 期。
⑤ 李启谦:《结合鲁国社会的特点了解孔子的思想》,刘德增主编:《儒学传播研究》,中华书局 2003 年版,第 45 页。

近、文献可考之便利①,周王朝曾经强盛之现实,可能亦在孔子考量与期许之中。

而在"礼"之具体厘定上,正如孔子所说,"夫礼,先王以承天之道,以治人之情"②。所以,"礼"之裁定就应"时为大,顺次之,体次之,宜次之,称次之"③。制定礼制首先所要考量的,其实还在于其是否与当时的社会现实及风土人情相应,亦即"合于天时,设于地财,顺于鬼神,合于人心"④,如此"礼"方有"理万物"之效。具体的条文、仪则,在孔子看来,反而是次等重要之物。可能,这也未必不可以作为有若"礼之用,和为贵"⑤的一种解读方式。所以,为孔子提倡之"礼",其实并不是如同周朝典制般的恒久不易之法。而《礼记·檀弓上》篇中所记述的孔子于"弁人有其母死而孺子泣者"之评价,"哀则哀矣,而难为继也。夫礼,为可传也,为可继也,故哭踊有节"⑥,更告诉我们,在"礼"的制定之上,务必不要超过必要的限度,亦即"礼,与其奢也,宁俭"⑦。此亦可解为"礼

---

① 《论语·八佾》篇有载,"子曰:'夏礼,吾能言之,杞不足征也;殷礼,吾能言之,宋不足征也。文献不足故也,足,则吾能征之矣。'"(杨伯峻译注:《论语译注》,中华书局 1980 年版,第 26 页)
② 语出《礼记·礼运》,(清)孙希旦撰,沈啸寰、王星贤点校:《礼记集解》,中华书局 1989 年版,第 585 页。
③ 语出《礼记·礼器》,方悫于此解之为"天之运谓之时,人之伦谓之顺,形之辨谓之体,事之义谓之宜,物之平谓之称"。[参见(清)孙希旦撰,沈啸寰、王星贤点校:《礼记集解》,中华书局 1989 年版,第 627 页]
④ 语出《礼记·礼器》,(清)孙希旦撰,沈啸寰、王星贤点校:《礼记集解》,中华书局 1989 年版,第 625 页。
⑤ 语出《论语·学而》,杨伯峻译注:《论语译注》,中华书局 1980 年版,第 8 页。
⑥ (清)孙希旦撰,沈啸寰、王星贤点校:《礼记集解》,中华书局 1989 年版,第 210 页。
⑦ 语出《论语·八佾》,杨伯峻译注:《论语译注》,中华书局 1980 年版,第 24 页。

所以制中也"①,抑或"领恶而全好者"②。

虽然在孔子自己看来,"礼之所兴,众之所治也。礼之所废,众之所乱也"③。但正如孔子自己所说,"人而不仁,如礼何"④。无论孔子以周朝典制为蓝本,所扩展、厘定之礼教如何完善、如何具有自洽性,其在开始总是需要一个可以将之推行、维系之人。但从孔子周游列国而无果、告哀公及三桓"陈恒弑其君"而无获,我们可知,春秋之时,实无孔子可以施政之所。而其后学孟子,虽然其在学理上与孔子一脉相承,认为"上无礼,下无学,贼民兴,丧无日矣"⑤,并以礼为君子之行事准则,亦即"以礼存心"⑥。但不知是否是因为其终究不像孔子一般曾经历任官职⑦、主政一方,且其学说也终未为各路诸侯所用,孟子于"礼"之论述,多集中于具体仪则之讨论,如"嫂溺援之以手"⑧等。其于典制礼法之整体性发微,实所未见。所以我们只能将目光移至战国之时,儒家另一为诸侯采信、得以部分实践主张的荀卿身上,希望能有所收获。

---

① 语出《礼记·仲尼燕居》,(清)孙希旦撰,沈啸寰、王星贤点校:《礼记集解》,中华书局 1989 年版,第 1268 页。

② 语出《礼记·仲尼燕居》,(清)孙希旦撰,沈啸寰、王星贤点校:《礼记集解》,中华书局 1989 年版,第 1268 页。

③ 语出《礼记·仲尼燕居》,(清)孙希旦撰,沈啸寰、王星贤点校:《礼记集解》,中华书局 1989 年版,第 1273 页。

④ 语出《论语·八佾》,杨伯峻译注:《论语译注》,中华书局 1980 年版,第 24 页。

⑤ 语出《孟子·离娄上》,方勇译注:《孟子》,中华书局 2010 年版,第 128 页。

⑥ 语出《孟子·离娄下》,方勇译注:《孟子》,中华书局 2010 年版,第 163 页。

⑦ 孔子曾任中都宰、鲁国司空、大司寇等实职。

⑧ 典出《孟子·离娄上》,方勇译注:《孟子》,中华书局 2010 年版,第 141—142 页。

五、荀子"隆礼重法"的现实革易

荀卿其人,考诸史籍,既曾三任齐之祭酒①、位列诸大夫之首,亦曾辖楚之兰陵、主政一方。② 以其事迹而言,其与孔子有相似之处。而在学统上,其也对孔子思想有着相当程度的承继。就孔子所崇奉之"礼"而言,荀子亦认为"国无礼则不正。礼之所以正国也"③。但与孔子所奉行之"君君,臣臣,父父,子子"④不同,荀子将之扩展到了"君君、臣臣、父父、子子、兄兄、弟弟一也,农农、士士、工工、商商一也"⑤。这就将孔子集中于人伦关系的"礼"之应用扩展到了具体的社会分工层面。粗略观之,与孔子所强调的人伦之"化"相比,荀子可能更重视职分之"教"。梁漱溟先生认为,如果士农工商四民都能各尽其道、各守其分、互相配合良好,在人君没有妄加干涉、亦尽其道的情况下,确实能成就一番治世。⑥ 可

① 由司马贞索隐"卿三为祭酒者,谓荀卿出入前后三度处列大夫康庄之位,而皆为其所尊"[参见(汉)司马迁撰,(宋)裴骃集解,(唐)司马贞索隐,(唐)张守节正义:《史记》,中华书局 1999 年版,第 1843 页]之解,此处"祭酒"并非后世官名,而是指荀子曾三度位列大夫之首位。

② 见《史记·孟子荀卿列传第十四》,(汉)司马迁撰,(宋)裴骃集解,(唐)司马贞索隐,(唐)张守节正义:《史记》,中华书局 1999 年版,第 1843 页。

③ 语出《荀子·王霸》,方勇、李波译注:《荀子》,中华书局 2011 年版,第 170 页。

④ 语出《论语·颜渊》,杨伯峻译注:《论语译注》,中华书局 1980 年版,第 128 页。

⑤ 语出《荀子·王制》,方勇、李波译注:《荀子》,中华书局 2011 年版,第 126 页。

⑥ 梁漱溟:《治道和治世》,杜豫、刘振佳主编:《儒家管理思想研究》,中华书局 2003 年版,第 14 页。

能这也是荀子作出此种划分的部分因由。

但士农工商的具体划分,却不由得让我们想起了"管仲对齐桓公以霸术"中所提及的"士之子恒为士,工之子恒为工,商之子恒为商,农之子恒为农"①。而这也反映了荀子与传统儒家的不同之处,为了适应战国的大争之世,其对传统儒家思想作出了不小的改易。而对以管仲为代表的早期法家革新者的社会编制思想的吸收,就在这改易之列。所以荀子之"礼"较之孔子所提倡之"礼",其更重视礼义之"分",而非孔子之顺人心、合世情,亦即因为"分均则不偏,势齐则不壹,众齐则不使"②,故"制礼义以分之,使有贫富贵贱之等,足以相兼临者,是养天下之本也"③。高彦平认为,荀子的礼法并重思想,因其紧扣时代脉搏,获得了当政者的赏识。④而从荀卿在齐国与楚国所历任之官职,我们亦可略窥其之一斑。

可能也正是因为荀子对法家思想的部分融会,在对周朝典制之提倡方面,其较之孔子更为具体,如《荀子·王制》篇中,其就仿照《周礼》,对官员吏人的具体职司进行了详细划分:

> 序官:宰爵……,司徒……,司马……。……大师之事也。……司空之事也。……治田之事也。……虞师之事也。……乡师之事也。……工师之事也。……伛巫、跛击之事也。……治市之事也。……司寇之事也。……冢宰之事

---

① 语出《国语·齐语》,徐元浩撰,王树民、沈长云点校:《国语集解》,中华书局 2002 年版,第 220—221 页。

② 语出《荀子·王制》,方勇、李波译注:《荀子》,中华书局 2011 年版,第 117 页。

③ 语出《荀子·王制》,方勇、李波译注:《荀子》,中华书局 2011 年版,第 117 页。

④ 高彦平:《孟、荀政治思想异同之比较》,《西北大学学报》(哲学社会科学版)2005 年第 5 期。

也。论礼乐,正身行,广教化,美风俗,兼覆而调一之,辟公之事也。全道德,致隆高,綦文理,一天下,振毫末,使天下莫不顺比从服,天王之事也。①

由上述段落,我们发现,荀子通过对《周礼》典制职司分类之仿效,构建了一个以"天王"为最高,涉及治政理事方方面面的完备官制体系。其中的部分职司是对《周礼》所涉及的原有周朝典制的改造与发明,司徒、司马、大(太)师、乡师和司寇,就是《周礼》中原有之职官名称。而荀子为了使其适用于诸侯分封之国家,而非周天子辖有之天下,对其作出了相应的职司简化处理,使其能适用于一邦之治,如司徒总管境内百族、城郭和器械之事,司马负责邦之军政、军需,太师总领国之诗乐教化、使之勿失其正,乡师总管州里治邑之教化以及田宅畜养等民政杂事,司寇则负责国域内之刑政、惩奸除恶。而其余官职名称则是荀子出于对邦国之治所必需职司之体认,或自命其名、或援引前制,如宰爵全权负责邦之国宾宴饮、祭祀典仪,司空负责境内各种利于农政民生的工事建设,治田负责国内的诸种农事指导,虞师负责境域内山林薮泽之保护与出产之取用,工师总领国内诸种手工品的制造事宜,伛巫、跛击则从事传统的卜筮择吉之事,治市负责维护商业的有序运营、车旅安全以及道路等整修之事,冢宰则总管全国政教与吏民之事。而位居百官之上的诸侯与天子,亦即"辟公"与"天王",则无须负责邦国天下的任何具体事宜,只需端正己身、广普教化即可。至此,荀子"隆礼至法则国有常"②的完美典制体系也就得以建立。但若仔细推原该典制体系,我们不由发现"辟公"与"天王"只高居其位、并无具

---

① 方勇、李波译注:《荀子》,中华书局 2011 年版,第 129—130 页。
② 语出《荀子·君道》,方勇、李波译注:《荀子》,中华书局 2011 年版,第 199 页。

体职司的设定,颇有传统儒家"恭己正南面"的意味。所以,我们不禁初步怀疑,荀子是否如其学派祖师孔子一样,秉持着一定的"虚君"思想。

申波认为,在传统儒生实践自身超越理想的过程中,其经常面临着是"从道"抑或是"从君"的两难选择,而这纠结的根源就在于世俗的社会政治权力掌握在君主而非儒生手中。① 而荀子为了解决这一矛盾,顺利推行自身的政治主张,其不同于孔子只将"君"视为"礼"之体系的一个有机组成部分,其大大提升了"君"在自身礼制体系中的地位,亦即"礼有三本:天地者,生之本也;先祖者,类之本也;君师者,治之本也"②。这里的"君师",杨柳桥先生援引李贤《后汉书》所注"师,即君也",认为"师者,长也,民之长也"③。所以"君师"即是"君",只不过荀子这里是对君主于民众的教化作用予以强调。由此,在荀子的"礼"之体系中,"君"就其治世的职能而言,就获得了不输于天地、祖先的至高地位。刘宗贤先生就认为,荀子对孔子之"礼"的改造,意在"隆礼尊君",且为政教合一的制度文化奠定了基础。④

而在荀子赋予"君"以"教化"职能的同时,其又强调"君者,善群也"⑤,而为了达到"群道当"的客观结果,人君就必须遵守三项

---

① 申波:《从"君""道"关系看士大夫的话语分裂》,《社会科学论坛》(学术评论卷)2009 年第 8 期。

② 语出《荀子·礼论》,方勇、李波译注:《荀子》,中华书局 2011 年版,第303 页。

③ 杨柳桥:《荀子诂译》,齐鲁书社 2009 年版,第 513 页。

④ 刘宗贤:《孟、荀对孔子仁—礼学说的发展及得失》,《东岳论丛》2009 年第 1 期。

⑤ 语出《荀子·王制》,方勇、李波译注:《荀子》,中华书局 2011 年版,第127 页。

基本大节,亦即"故君人者欲安则莫若平政爱民矣,欲荣则莫若隆礼敬士矣,欲立功名则莫若尚贤使能矣"①。所以,笔者以为,虽然荀子赋予"君"以"礼"之体系的根本地位,但从其所定义的"君"之职能看来,善于处理社会各阶层关系,且以"隆礼敬士、尚贤使能"为主要大节的人君实在是看不出其有"事必躬亲"的必要抑或可能。而在人君与下民之间的中间阶层——贤良之臣属、士人的队伍不断扩大的状况下,君主原本的与民政相关的治政职能也必然会部分为新兴起的士人臣属所分有。所以,虽然名义上,荀子"隆礼重法"的典制体系之实施效果是"百吏莫不畏法而遵绳"②,但实际上,荀子所试图达到的理想效果却是名之为"大形"的"天子不视而见,不听而聪,不虑而知,不动而功,块然独坐而天下从之如一体,如四肢之从心"③。此种状况下,流动着以贤良士人为新鲜血液的典制体系实际上在大多数状况下处于自主营运的状态,而"天子"抑或是人君也在事实上成为了某种形式上的象征,徒有其名而失其实。所以,由此观之,荀子其实亦本"虚君"之说,其之"尊君"实是为其"虚君"张本。

近人金天翮曾评价荀子为"阳儒而阴法,崇名而绌性"④。但依笔者之管见,或许"阳法而阴儒"更似荀子行为之写照。在荀子宏大、精细之典制体系下,所掩藏的是儒家传统的尚礼、虚君之心。当然,世人于荀卿派系之误解,亦不乏其两名弟子俱为法家芝兰

① 语出《荀子·王制》,方勇、李波译注:《荀子》,中华书局 2011 年版,第 118 页。
② 语出《荀子·王霸》,方勇、李波译注:《荀子》,中华书局 2011 年版,第 187 页。
③ 语出《荀子·君道》,方勇、李波译注:《荀子》,中华书局 2011 年版,第 199 页。
④ 钟泰:《中国哲学史》,东方出版社 2008 年版,"序"第 1 页。

故。但正如曾参亦曾断言"夫子之道,忠恕而已矣"①,韩非、李斯之修习,或囿于公子之身,或困于青云之志:此二者,恐皆未尽荀子之学、未道荀子之真意。那么,以韩非为代表的法家对于典制礼法又有怎样不同于荀子的疏解。我们且综合先秦其他学派之诸子思想,仔细讨论之。

六、其他学派对典制礼法之疏解

考诸前文我们业已厘定的道、墨、法三家之基础文本,我们不由发现,此三家关于典制礼法之疏解,主要集中在法家一门。

就道家思想而言,其祖师老子坚决否定儒家虚设之"仁义"②,亦即"天下皆知美之为美,斯恶已;皆知善之为善,斯不善已"③。而对于儒家所裁定的以"礼"为中心的典制仪礼,老子亦认为其施政之教实际上属于"上礼"之范围,亦即"上礼为之而莫之应,则攘臂而扔之"④。所以,对于认为圣人应"处无为之事,行不言之教"⑤的老子而言,此种强迫他人遵照己说的行径显然是不值得提

---

① 典出《论语·里仁》,杨伯峻译注:《论语译注》,中华书局 1980 年版,第 39 页。

② 此观点见欧阳镇:《老子无为而治的社会观论析》,《江西社会科学》2007 年第 3 期。

③ 语出《老子·第二章》,陈鼓应:《老子注译及评介》(修订增补本),中华书局 2009 年版,第 60 页。

④ 语出《老子·第三十八章》,陈鼓应:《老子注译及评介》(修订增补本),中华书局 2009 年版,第 206 页。

⑤ 语出《老子·第二章》,陈鼓应:《老子注译及评介》(修订增补本),中华书局 2009 年版,第 60 页。

倡的。由此观之,笔者以为,哪怕老子"失道而后德,失德而后仁,失仁而后义,失义而后礼。夫礼者,忠信之薄,而乱之首"①之语,只是阐发社会发展之客观状况,并非实指儒家的倡"礼"之说,恐怕其之学术倾向就决定了其不会对典制礼法之说予以过多关注。

而对追求"乘天地之正""御六气之辩"②,以逍遥无待的庄子来说,典制礼法之流,实是"屈折礼乐,呴俞仁义,以慰天下之心"③,此为对人之本有天性的弯折。虽然,庄子其文亦有对"正"之强调,但其基本学术倾向是尧舜之类的圣王通过自正心性,而引导众人心性亦归于正,亦即"幸能正生,以正众生"④,而非典制规范的"外"匡之道。至于《说剑》篇中的"三剑"说,亦即天子剑、诸侯剑和庶人剑,虽然我们不能否认其中的"诸侯之剑"蕴含着相当的典制仪法思想⑤,但从崔大华先生之解,此篇实为庄子后学模拟策士之文⑥,故非庄子原作。所以该篇于庄子思想之体认,恐不具有参考价值。对于庄子而言,其所追求的还是当今之世,可免刑焉

---

① 语出《老子·第三十八章》,陈鼓应:《老子注译及评介》(修订增补本),中华书局 2009 年版,第 206 页。

② 语出《庄子·逍遥游》,方勇、陆永品:《庄子诠评》(增订新版),巴蜀书社 2007 年版,第 6 页。

③ 语出《庄子·骈拇》,方勇、陆永品:《庄子诠评》(增订新版),巴蜀书社 2007 年版,第 278 页。

④ 语出《庄子·德充符》,方勇、陆永品:《庄子诠评》(增订新版),巴蜀书社 2007 年版,第 170 页。林希逸认为,"此'生'字,只是'性'字";宣颖云,"舜能正己之性"。[参见方勇、陆永品:《庄子诠评》(增订新版),巴蜀书社 2007 年版,第 174 页]以此,笔者有此论断。

⑤ 《庄子·说剑》:"诸侯之剑,以知勇士为锋,以清廉士为锷,以贤良士为脊,以忠圣士为镡,以豪桀士为夹。"[方勇、陆永品:《庄子诠评》(增订新版),巴蜀书社 2007 年版,第 997 页]

⑥ 崔大华:《庄学研究——中国哲学一个观念渊源的历史考察》,人民出版社 1992 年版,第 97 页。

的"无待"逍遥之道。

而待我们将视线转至墨家,虽则墨子亦倡"治法",然其所法"天"之"行广而无私""施厚而不德"实是为其"兼爱"之说立道德之基。① 其之所言还是以列德、尚贤为重,而非典制仪法。故荀子评其为,"不知壹天下、建国家之权称,上功用、大俭约而僈差等,曾不足以容辨异、县君臣"②。但是,与道、墨两家不同,对法家而言,典制仪法之设置,天然就为其所关切。

就法家始祖管子而言,其于完善的社会编制思想,颇有建树,如《管子·乘马》篇便有载:

> 方六里命之曰暴,五暴命之曰部,五部命之曰聚。聚者有市,无市则民之(或为乏)。五聚命之曰某乡,四乡命之曰方,官制也。官成而立邑。五家而伍,十家而连,五连而暴,五暴而长,命之曰某乡,四乡命之曰都,邑制也。邑成而制事。四聚为一离,五离为一制,五制为一田,二田为一夫,三夫为一家,事制也。事成而制器。方六里为一乘之地也。一乘者,四马也。一马,其甲七,其蔽五。四乘,其甲二十有八,其蔽二十,白徒三十人奉车两,器制也。③

出上段文字,我们发现,管子先以"方圆六里"的区域为基本建制,并名之为"暴"。随后其赋予不同面积之地域以不同的建制名称,

---

① 《墨子·法仪》篇有载:"然则奚以为治法而可?故曰:莫若法天。天之行广而无私,其施厚而不德,其明久而不衰,故圣王法之。既以天为法,动作有为必度于天。天之所欲则为之,天所不欲则止。然而天何欲何恶者也?天必欲人之相爱相利,而不欲人之相恶相贼也。"(方勇译注:《墨子》,中华书局 2011 年版,第 22—23 页)

② 语出《荀子·非十二子》,方勇、李波译注:《荀子》,中华书局 2011 年版,第 69 页。

③ 黎翔凤撰,梁运华整理:《管子校注》,中华书局 2004 年版,第 89—90 页。

如"部""聚""乡""方"。在"暴"升级为基本的小群落"聚"时,其又在每个以"聚"为单位的建制点中配备必要的集市,以供应周边民众的日用之需。这是管子所规划的基本地方行政体制。而在地方区域行政组织体系业已划分的状况下,管子随之规划了与之相应的民政体制,亦即以"家"为基本单位、逐级扩充的"伍""连""暴""乡"和"都"。在地域和居民都得到有效的组织和划分后,管子随之组建了以"聚"为基本单位的,逐级扩大的生产组织体系。最后,管子厘定了以方圆六里的区域,承担一乘兵车之供给所需的基本赋税体制。当然,这里所征收的基本军赋并不仅仅为了添置、维护一乘兵车所包括的车辆和马匹,其更为了供给一乘车马所配置的标准兵力,亦即二十八名甲士、二十名盾手,以及三十名步卒。至此,管子以地域划分为基本的行政、民政、生产和军赋体系就有效地建立了起来。与儒家从官制、教化入手的理想主义相比,管子基于地域之规划,无疑更具现实精神,亦能更有效地提升国家的综合实力。

而对管子而言,所谓的典制礼法并不局限于儒家所宽泛讨论的人伦日用,亦不简单地局限于对周朝官制典仪之沿革,而是如何通过恰当的编制和法度使整个社会得以高效有序地运行。可以说这是与儒家对典制的"礼"之扩充,完全不同的政治理想,亦即典制的"法"之走向的现实展开。

而为了使国家生产之基础——民众,可以在这套社会编制中充分发挥其作用,管子又提出了勿使民众杂处的谏言,亦即《管子·小匡》所载的:

> 士农工商,四民者,国之石民也,不可使杂处。杂处则其言哤,其事乱。是故圣王之处士必于闲燕,处农必就田野,处工必就官府,处商必就市井。今夫士,群萃而州处,……夫是,

故士之子常为士。今夫农,群萃而州处,……是故农之子常为农。朴野而不慝,其秀才之能为士者,则足赖也。故以耕则多粟,以仕则多贤,是以圣王敬畏戚农。……今夫工,群萃而州处,……夫是,故工之子常为工。今夫商,群萃而州处,……夫是,故商之子常为商。①

对于管子而言,社会中的普通民众并不是儒家所认为的"待化之民",而是承担着不同社会职责的士、农、工、商。所以"民"亦是完整社会编制中一个不容忽视的部分。而通过将士、农、工、商,聚类而群处,就将原本承担着不同社会职责之民众的不同特质、在客观上最大差异化,并使之在最大程度上可以长远延续。但这在有效防止社会分工的组成比例发生剧烈变化的同时,其实也限制了分属于不同社会角色的民众自由转换职业倾向的可能。当然,在管子看来,"农"的地位向来不同,除却其原本担当的稼穑之事,其亦可以向"士"这一阶层过渡、转化。或许正是因为"农"的本质淳朴,由其中的优秀之辈所晋身的"士"才更可以信赖。虽然囿于齐国本身地理条件并不适宜发展农业的客观现实,以及自太公望以来就确立的"通商工之业,便鱼盐之利"的基本施政方针②,管子在其社会分工中为"商"和"工"保留了　席之地。但是即便其并不像韩非一般,因秦国具有优越的自然条件和发达的农业经济③,就直言"商工之民"为"修治苦窳之器,聚弗靡之财,蓄积待时,而侔

---

① 黎翔凤撰,梁运华整理:《管子校注》,中华书局 2004 年版,第 400—402 页。
② 邵先锋:《论齐国发展商业的举措和功效》,《管子学刊》2012 年第 2 期。
③ 王铁峰:《秦国富强及东并六国之地理条件研究》,吉林大学硕士学位论文,2004 年。

农夫之利"①的邦之五蠹,其对商工之民晋身为"士"的变相禁绝,亦表明了其本身的情感倾向。

当然,管子为了维持自身所划定的、扩及整个社会的现实法度编制的有效运转,虽然并不像儒家一般以典制仪礼虚其君,其亦主张"无为者帝,为而无以为者王,为而不贵者霸"②。而事实上,齐桓公也正是因为"事无巨细、咸决于仲父"的合作态度,而使自己以中人之才而登霸主之位。由此观之,法家之效、较于儒家,实为神速。而管子虽然将"礼"引之为"国之四维"之一③,然其初衷不过是禁民之微邪、节民以序的牧民之法,而非传统儒家的化民以正。所以,荀子评价管子的"管仲,为政者也,未及修礼也"④,其实也并未失当。

至于言及法家之集大成者韩非,可能是因为秦孝公以来的商鞅变法使基本的编制思想已深入秦国社会的方方面面,所以其对典制法度的解说又从宏观的社会编制转向了基本的"君—臣"之格局。而对以"民智"为"不可用,犹婴儿之心也"⑤,以"民性"为"恶劳而乐佚"⑥的韩非来说,"民"显然不足以在此格局中占据过多的位置。其所需要的只是可以无条件听从上令、服从法度的,为

---

① 语出《韩非子·五蠹》,高华平、王齐洲、张三夕译注:《韩非子》中华书局2010年版,第722页。
② 语出《管子·乘马》,黎翔凤撰,梁运华整理:《管子校注》中华书局2004年版,第84页。
③ 语出《管子·牧民》,黎翔凤撰,梁运华整理:《管子校注》,中华书局2004年版,第11页。
④ 语出《荀子·王制》,方勇、李波译注:《荀子》,中华书局2011年版,第118页。
⑤ 语出《韩非子·显学》,高华平、王齐洲、张三夕译注:《韩非子》,中华书局2010年版,第737页。
⑥ 语出《韩非子·心度》,高华平、王齐洲、张三夕译注:《韩非子》,中华书局2010年版,第759页。

时俗所轻贱的"失计之民""朴陋之民""寡能之民""愚戆之民""怯慑之民"和"谄谀之民"。① 虽然如同传统儒家一样,其也强调"君君、臣臣"的各守其分、各尽其能,但其强调的是"君无见其所欲,君见其所欲,臣自将雕琢;君无见其意,君见其意,臣将自表异"②的"君"之"无为"和"群臣守职,百官有常,因能而使之,是谓习常"③的"臣"之"复朴守常"。其之"明君无为于上"④不同于道家的"与道合冥",亦不同于儒家的"恭己正南面",而是通过"寂乎其无位而处,漻乎莫得其所"⑤的喜怒莫测、不可揣度,而使"群臣竦惧乎下"⑥的尽忠职守。王爱平就认为,韩非对老子之"道"作出了有利于君主专制的形而下改造。⑦

不知韩非是否真是从"纣之亡,周之卑"以及"晋也分也,齐之夺也"才总结出了"人臣太贵,必易主位""群臣之太富,君主之败也"之类的、深得为吕不韦辖制多年的秦王政之心意的策论⑧,但

---

① 以上"六民"语出《韩非子·六反》,高华平、王齐洲、张三夕译注:《韩非子》,中华书局 2010 年版,第 655 页。

② 语出《韩非子·主道》,高华平、王齐洲、张三夕译注:《韩非子》,中华书局 2010 年版,第 34—35 页。

③ 语出《韩非子·主道》,高华平、王齐洲、张三夕译注:《韩非子》,中华书局 2010 年版,第 35 页。

④ 语出《韩非子·主道》,高华平、王齐洲、张三夕译注:《韩非子》,中华书局 2010 年版,第 35 页。

⑤ 语出《韩非子·主道》,高华平、王齐洲、张三夕译注:《韩非子》,中华书局 2010 年版,第 35 页。

⑥ 语出《韩非子·主道》,高华平、王齐洲、张三夕译注:《韩非子》,中华书局 2010 年版,第 35 页。

⑦ 王爱平:《从韩非子看道法合流及其对传统政治文化的影响》,《南开学报》(哲学社会科学版)2004 年第 6 期。

⑧ 此分句中引用俱出自《韩非子·爱臣》,高华平、王齐洲、张三夕译注:《韩非子》,中华书局 2010 年版,第 30—31 页。

其确实主张以法度规范身处典制之中的众臣,亦即"明主使其群臣不游意于法之外,不为惠于法之内,动无非法"的"以法治国"。① 而对于只需在人君"杀戮之谓刑,庆赏之谓德"②的"二柄"导引下、各尽其能的众臣来说,其具有职位所需的基本才能就好,过于贤德,反而会使臣属"乘于贤以劫其君"③。所以,韩非认为管子在推行政令前向桓公谋求地位、财富、亲近的行为,并不像霄略所论断的、只是为了方便政令之推行,而是或出于贪鄙、或出于不谙治国之法的不当之行。④ 在韩非所构建的典制法度中,只有人君才处于真正中心的地位,亦即《扬权》篇所言的"事在四方,要在中央。圣人执要,四方来效"⑤,而这也是其与儒家典制构建的显著区别之处。陈炎先生认为,韩非的政治哲学是秦朝暴政行为的思想渊薮。⑥ 而乔健先生甚至更为激进地认为,韩非应为中国两千多年的君主专制负责。⑦ 在韩非看来,只要人君可以确实把握住"所以立功成名者四",亦即"一曰天时,二曰人心,三曰技能,四曰势位"⑧,抱法而处势,其一定可以一改"废势背法"的"千世乱

---

① 此分句中引用俱出自《韩非子·有度》,高华平、王齐洲、张三夕译注:《韩非子》,中华书局 2010 年版,第 49—50 页。

② 语出《韩非子·二柄》,高华平、王齐洲、张三夕译注:《韩非子》,中华书局 2010 年版,第 52 页。

③ 语出《韩非子·二柄》,高华平、王齐洲、张三夕译注:《韩非子》,中华书局 2010 年版,第 56 页。

④ 以上观点俱出自《韩非子·难一》,高华平、王齐洲、张三夕译注:《韩非子》,中华书局 2010 年版,第 544—545 页。

⑤ 高华平、王齐洲、张三夕译注:《韩非子》,中华书局 2010 年版,第 59 页。

⑥ 陈炎:《韩非子与马基雅维里的政治哲学》,《复旦学报》(社会科学版) 2012 年第 1 期。

⑦ 乔健:《论韩非对老子的修正》,《思想战线》2008 年第 3 期。

⑧ 语出《韩非子·功名》,高华平、王齐洲、张三夕译注:《韩非子》,中华书局 2010 年版,第 309 页。

而一治"之格局,而代之以"千世治而一乱"的国祚绵延。① 檀莉甚至认为韩非的政治思想本身就是对"势"的言说。②

　　综论前文所陈,我们发现,为先贤们所创立的适应其时的诸种典制体系,其之初始,无非是因为"天道赏善而罚淫,故凡我造国,无从非彝,无即慆淫,各守尔典,以承天休"③。虽然诸种典制体系可以在君主盛德之时,起到辅弼时君处理日益增多的日常政务的作用。但是,其于君德衰末之世,囿于自身"襄助"的设定,反而无法实现创制伊始的挽狂澜于既倒、匡扶社稷于忽微的初衷。因为奉行典制体系的臣属阶层本身非基于血缘的流动性,使得典制体系可以保有远胜于君主之血脉承继的君道之传袭。但是,出于对既有政权体系中君主相对于臣民的至上性的尊奉,典制体系本身不可能拥有远胜于君主的权威。所以,对于历任之君主,在诸如邵公、虢文公、仲山父之类的贤明臣子谏言无果的状况下,典制体系本身就无法对其时失德之君主采取更进一步的手段,而这也是这个基于佑助君道、规范时君而创制的典制体系所无从克服之缺陷。

　　所以,对于彼时的"王"形政权体系来说,匡扶、规范着时君上应于天、下应臣民的典制体系是有必要与时人的天人感应乃至遣告观念结合来看的。传统祭祀仪制中所体现的天之威权对于时王所可能起到的正定作用,可以说是典制体系于自身所固

第四章　君道之正——典制礼法之治道纲要

---

　　① 此分句中之引用俱出自《韩非子·难势》,高华平、王齐洲、张三夕译注:《韩非子》,中华书局2010年版,第608页。
　　② 檀莉:《论韩非子"势"的政治思想》,《理论探索》2004年第1期。
　　③ 语出《国语·周语》,徐元浩撰,王树民、沈长云点校:《国语集解》,中华书局2002年版,第68页。

有设定的襄助权限外所能假借的少数几种力量之一。而这种假借与其说是现实地依靠不可测度的天之权威,不如说其是对时君心中所尚存有的对于上天之敬畏的引导。因此,如果时君本人早已遗忘为其先祖所深深敬奉的天之威权,那么,在时王与上天之关联已由人君主动断绝的情况下,典制本身以及负责掌管其日常运行的臣属阶层也就无法另行规劝人君维系其与万民之关联。而这种于政权体系的合理维系中方可获得延续的君道也就理所当然地面临着现实的失却。但是我们却也无法赋予这一"王"形政权体系中的典制部分以更多的权限。且不说这与这一政权模型的植基之处相违背,更重要的是,在臣属阶层如同活血般为固有的典制体系带来生机时,我们也无法肯定非血缘承继所引进的臣属阶层在整体性恒久拥有相匹乃至超越王权的力量时,其表现于外以及深铭于心的一定是如同周公般的操守,而非王莽般的布局。

而感于西周以来的典制之衰微,以孔子为首创的儒家对故有的典制体系进行了积极的改造。就孔子而言,其扩充典制以"礼",期冀通过"礼"于士民人伦日用、国家治理之普及,可以有效规避君主德行才具之不足于万一。而对荀子来说,为了儒学为现时统治者接受,其隆礼重法,隐"虚君"之说于尚礼之职司革易。总论儒家之学,其俱以尚礼、虚君为本,实为对故有典制体系的"礼"之维度的理想展开。而相对于道、墨两家于典制礼法的不以为意,法家自管子伊始,便对传统的典制体系加以扩充,使之成为可以编纪整个社会的法度规范。而集法家之大成的韩非更是将法度规范援引、强化于君臣相处之间,奉"尊君"之说。此可谓之法家对故有典制体系的"法"之维度的现实诠解。所以,在宋洪兵先生看来,以韩非为代表的法家,其不同于儒、道的政治理想主义,而是深具政治现实主义的品格。①

　　考原典制礼法之革易，我们发现，其实先秦诸子们只是试图通过对典制礼法之构建，而使因为血脉承继而飘忽不定之君德可以在固有体系的匡正与扶持下，表现出某种可为世人接受、信任的固定模式。而这份民众于人君、政权之信任亦是十分重要。笔者从《国语·晋语》之说，以之为"信于君心，则美恶不逾。信于名，则上下不干。信于令，则时无废功。信于事，则民从事有业"②。附会以弗雷泽《金枝》之解，典制礼法之于君主，其实是希冀君主如同只能植根于大地的橡树一般，表现出为臣民所期待的特定行为模式，亦即君德之固化。而若不考虑韩非的尊君之说，而代之以儒家的"虚君"之解，我们不由发现，在君主如同橡树一般不言、不行的状况下，可能亦如橡树需要一位或一批祭司以对其照料与保护一样，我们亦需要可以在特定和通常情况下可以维系典制礼法正常运行之人。而随着这个问题的提出，我们亦进入了下一章的讨论。

第四章　君道之正——典制礼法之治道纲要

---

① 宋洪兵:《韩非子政治思想再研究》，东北师范大学博士学位论文，2007 年。
② 徐元浩撰，王树民、沈长云点校:《国语集解》，中华书局 2002 年版，第357 页。

第五章　君道之助——贤正
　　　　士人之治道凭依

　　言及典制礼法之维系,我们首先想到的,是理想典制体系在不考虑君主可能的不良干涉之影响的自动、自主运行。而这所依赖的就是我们前文业已提到的,在典制内部承担一定职责,且其组成人员不断流动变化的臣属阶层。而臣属阶层的组成,除却世卿世禄的公卿勋戚,"士"这个独特的阶层亦被纳入其中。据余江之见,"士"之初义本为"任事",在殷周时期,"士"是最低等之贵族。① 而时至春秋战国,当时的社会阶层产生了剧烈流动,原本的上层贵族地位下降、而庶民的地位却反有上升,由此,作为上下流动汇合之所的"士"阶层,其组成人数不断扩大。② 而"士"作为中国文化传统中的相对不确定项,其既可以为"臣属",亦不局限于"臣属"。③ 所以,对这一阶层予以恰当的引导,就在客观上有益于诸种典制体系之维系与其必要的人员补充,乃至最终的匡协时君。至于"士"阶层中贤正兼备的"无双国士",其在某些情况下更是独

---

① 余江:《士之溯源及其早期衍变》,《文史哲》2006 年第 3 期。
② 此为余英时先生之见,余英时:《士与中国文化》,上海人民出版社 1987 年版,第 12—13 页。
③ 此观点见余英时:《士与中国文化》,上海人民出版社 1987 年版,"自序"第 11 页。

力支撑礼法如常、匡扶时君的"世之典范"。由此,本章亦是上文治道理论之延续。而以"宗周"为基本学术理念的传统儒家,对周人遍及贵族、庶民的优良教育传统①,自然也予以了必要的继承。所以,对"士"这一阶层的教育与引导,就成为了其理论体系的重要组成部分。而我们在具体讨论先秦儒家对贤人于君道之裨益等问题前,首先要予以确定的就是为儒家所尊奉的"国士"典范,亦即其所公认的理想治政人格。

一、历史记述中的"周公"

周公旦者,文王之子,武王之弟也。② 其与儒家之渊源也深。孔子将老之际,曾以"不复梦见"③之语,慨叹己身壮志之未酬。而孟子亦誉之以"古圣人",以其为古之典范。④ 荀子则盛赞其以"大儒",以之为儒效之验。⑤ 所以,就先秦儒家之传承延续而言,周公实为儒家理想治政人格之代表。

考其行履,周公少时,既有别于文王诸子,亦即"旦为子孝,笃

---

① 程二行:《造士·选士·命士——先秦士人文化的发展道路》(二),《湖北师范学院学报》(哲学社会科学版)2001 年第 1 期。

② 参见《史记·鲁周公世家第三》,(汉)司马迁撰,(宋)裴骃集解,(唐)司马贞索隐,(唐)张守节正义:《史记》,中华书局 1999 年版,第 1269 页。其后笔者所述周公之行履,如非引用,不另标注。可总见于(汉)司马迁撰,(宋)裴骃集解,(唐)司马贞索隐,(唐)张守节正义:《史记》,中华书局 1999 年版,第 1269—1274 页。

③ 语出《论语·述而》,杨伯峻译注:《论语译注》,中华书局 1980 年版,第 67 页。

④ 典出《孟子·公孙丑下》,方勇译注:《孟子》,中华书局 2010 年版,第 76 页。

⑤ 典出《荀子·儒效》,方勇、李波译注:《荀子》,中华书局 2011 年版,第 90 页。

仁,异于群子"①。及至武王登位,其分担了大部分的政事处理,是武王出征的坚强后盾。而在周国与商王朝的争斗中,重要的盟津②之誓、牧野之战,甚至最后的告天祭祀中都有周公之身影。在周王朝最终建立后,其为了辅弼武王,也没有前往自己的封地——鲁国。武王于周公之信任,以及周公在内政处理的重要性上,略窥一斑。时至周代殷后二年,武王久病不愈,因其时天下于此可未定,群臣惶遽不安。故周公致祷于周之先祖,祈以身代,武王果愈,此即为《尚书·金縢》篇所载之事。其后,武王崩殂于成王少时,周公恐江山不稳,为了保有并绍继周王朝历代先祖之心愿与事业,其欲"弗辟而摄行政"③,在太公望和召公奭等众臣之支持下,心愿得成。而在周公代替年少之成王执政后不久,就发生了管叔、蔡叔勾结纣王之子武庚的反叛,为了向周王朝治下的各路诸侯及其臣属申明东征平叛的重要意义,周公作《大诰》,此即为现存《尚书·周书》中的《大诰》录文。而在殷商旧部之叛乱平定后,其代成王封帝乙之长子微子于宋,以承殷后,此即为《尚书·周书》中现存之《微子之命》④。其后,周公亦主持了东都雒邑之兴建。及成王

① 参见《史记·鲁周公世家第三》,(汉)司马迁撰,(宋)裴骃集解,(唐)司马贞索隐,(唐)张守节正义:《史记》,中华书局1999年版,第1269页。
② 今孟津西北。
③ 参见《史记·鲁周公世家第三》,(汉)司马迁撰,(宋)裴骃集解,(唐)司马贞索隐,(唐)张守节正义:《史记》,中华书局1999年版,第1271页。
④ 《微子之命》虽分属于《古文尚书》之列,未见录于《今文尚书》。但笔者据近年来之学者考证,以《古文尚书》并非伪作,故《微子之命》亦非伪作。丁鼎先生就认为清代学者阎若璩论证传世本之《古文尚书》为伪的方法和结论存在着不小的漏洞;(丁鼎:《"伪〈古文尚书〉案"平议》,《古籍整理研究学刊》2010年第2期)而李艳芳更是在其硕士学位论文中直言梅氏本《古文尚书》不伪。(李艳芳:《东晋古文〈尚书〉真伪研究》,辽宁师范大学硕士研究生学位论文,2009年)

七年，"成王长，能听政"①，周公乃归政于成王，复居臣子位。

据《尚书大传·雒诰》之言，"周公摄政，一年救乱，二年克殷，三年践奄，四年建侯卫，五年营成周，六年制礼作乐，七年致政"②。其中的"践奄"意指奄国叛乱的平定。而"建侯卫"则意指西周初年的"封建亲戚以藩屏周"③"立七十一国，姬姓独居五十三人"④。至于"成周"，此即为我们先前所言之东都雒邑。周公之"制礼作乐"，其实也就指代了周公在周王朝初年所厘定的诸种典章制度，相传《周礼》即为周公所作。综上所述，可以说，周公实为天下甫定、风雨飘摇的新兴周王朝，作出了巨大的贡献。在某种程度上，我们甚至可以说，没有周公，也就没有周王朝之延续；而没有周公所厘定之典章礼教，亦没有周王朝的长治久安。

综考先秦之时，可为宗法的治政能人。虽然伊尹在史籍记载中亦如周公一般，贤能无匹于一时，其以"至味"说成汤以天子事⑤，成

---

① 语出《史记·鲁周公世家第三》，(汉)司马迁撰，(宋)裴骃集解，(唐)司马贞索隐，(唐)张守节正义：《史记》，中华书局1999年版，第1272页。

② 王闿运：《尚书大传补注》，《续修四库全书》第0055册，《续修四库全书》编纂委员会编，上海古籍出版社2002年版，第824页。

③ 语出《左传·僖公二十四年》，杨伯峻编：《春秋左传注》，中华书局1981年版，第420页。

④ 语出《荀子·儒效》，方勇、李波译注：《荀子》，中华书局2011年版，第90页。

⑤ 该典可见于《吕氏春秋·本味》篇："汤得伊尹，祓之于庙，爝以爟火，衅以牺猳。明日，设朝而见之。说汤以至味。汤曰：'可对而为乎？'对曰：'君之国小，不足以具之，为天子然后可具。夫三群之虫，水居者腥，肉玃者臊，草食者膻，臭恶犹美，皆有所以。凡味之本，水最为始。五味三材，九沸九变，火为之纪。时疾时徐，灭腥去臊除膻，必以其胜，无失其理。调合之事，必以甘酸苦辛咸，先后多少，其齐甚微，皆有自起。鼎中之变，精妙微纤，口弗能言，志不能喻，若射御之微，阴阳之化，四时之数。故久而不弊，熟而不烂，甘而不哝，酸而不酷，咸而不减，辛而不烈，淡而不薄，肥而不䐆。'"(许维遹撰：《吕氏春秋集释》，中华书局2009年版，第312—315页)

汤身故后,其见太甲无能,遂代理政事,三载后还政于太甲。① 但据《古本竹书纪年》之相关记载,伊尹并非自愿还政,而是太甲从桐宫脱困而出,击杀伊尹,自复王位,亦即"太甲潜出自桐,杀伊尹"②。所谓空穴来风,其因有自。由此,伊尹与周公之敬守臣道相比,就有了不可讳言的致命缺陷。而春秋时期,为齐桓公"九合诸侯,一匡天下"③作出卓越贡献的管仲,亦被认为"微管仲,吾其披发左衽矣"④的孔子,以其不俭,亦不知礼,评之为"管仲之器小哉!"⑤。所以,在儒家看来,只有如周公般,敬守臣道,无失其礼,才是理想的治政人格。虽然周公不常有,但据孟子之言,周公亦曾"思兼三王,以施四事,其有不合者,仰而思之,夜以继日,幸而得之,坐以待旦"⑥。所以,周公似乎也非天纵其圣,无所不能。那么周公是否可代,是否亦可"学而至"?让我们以儒家理想治政贤人形象之革易,来对这一问题进行深入探讨。

二、孔子言谈中的治政"君子"

据前文业已完成之研究,我们发现,儒家在理想的治政形象

---

① 见《史记·殷本纪第三》,(汉)司马迁撰,(宋)裴骃集解,(唐)司马贞索隐,(唐)张守节正义:《史记》,中华书局1999年版,第72—73页。

② 与此相似之记载,于《古本竹书纪年》中另有八则,兹不赘述。[方诗铭、王修龄撰:《古本竹书纪年辑证》(修订本),上海古籍出版社2005年版,第23—24页]

③ 语出《史记·管晏列传第二》,(汉)司马迁撰,(宋)裴骃集解,(唐)司马贞索隐,(唐)张守节正义:《史记》,中华书局1999年版,第1695页。

④ 语出《论语·宪问》,杨伯峻译注:《论语译注》,中华书局1980年版,第151页。

⑤ 语出《论语·八佾》,杨伯峻译注:《论语译注》,中华书局1980年版,第31页。

⑥ 语出《孟子·离娄下》,方勇译注:《孟子》,中华书局2010年版,第158页。

上,具有深厚的"法先王"情结。尧、舜、文王都是儒家所共有的宗法对象。但是这种对上古圣王的法效,很明显只能适用于同样拥有其位的时君。而在可以匡扶典制的、为士人仿效的贤人臣属形象上,周公当然是传统儒家的不二选择。但是儒家并不是一味固守传统的学派,其学说亦会伴随着世情、时局之变化而有所衍易。况且,周公的王族出身以及与之相应的理政才能,在某种程度上意味着其为普通士人仿效极具难度,所以儒家之先贤便依据自身对典制体系中可以独当一面的贤人标准之理解,凝聚了分属于自己的、独特的、可为士人仿效的理想治政人格。笔者以为,这个理想的治政贤人形象,对于孔子而言,就是其在《论语》中反复提到的"君子"。总览《论语》全篇,"君子"一词,共出现了107次,可以称得上是一个具有相当高的使用频率的语汇。而由《诗经·淇奥》篇中的"有匪君子,如切如磋,如琢如磨"①,我们也可轻松地将"君子"一词与修养、境界等话语联系起来。但孔子话语体系中的"君子"亦有着丰富的"治政"内涵。

《论语·尧曰》篇有载:

子张问于孔子曰:"何如斯可以从政矣?"

子曰:"尊五美,屏四恶,斯可以从政矣。"

子张曰:"何谓五美?"

子曰:"君子惠而不费,劳而不怨,欲而不贪,泰而不骄,威而不猛。"

子张曰:"何谓惠而不费?"

子曰:"因民之所利而利之,斯不亦惠而不费乎? 择可劳而劳之,又谁怨? 欲仁而得仁,又焉贪? 君子无众寡,无小大,

---

① 程俊英:《诗经译注》,上海古籍出版社2004年版,第84页。

无敢慢,斯不亦泰而不骄乎? 君子正其衣冠,尊其瞻视,俨然
人望而畏之,斯不亦威而不猛乎?"

子张曰:"何谓四恶?"

子曰:"不教而杀谓之虐;不戒视成谓之暴;慢令致期谓
之贼;犹之与人也,出纳之吝谓之有司。"①

由子张和孔子的这段问答,我们发现,在治政方面,只要"君子"可
以做到坚持五种善政、摒弃四种恶政,就达到了孔子心目中理政化
民的最基本要求。具体言之,五种善政中的"惠而不费",从皇侃
所疏,应是理政者在知晓靠海所居之民以鱼盐蜃蛤之捕捞为业、山
居之民以果实木材之出产为生的前提下,"不使水者居山,渚者居
中原"②,这样民众依靠自己平常的谋生手段即可维持自己及家庭
的日用所需。蔡清于此之解尤当,"因民之所利而利之,非以己之
利与之也,所谓用天之道、因地之利者。若以府库之财与之,则惠
而费矣"③。而"劳而不怨",从邢昺之解,应为"使民以时"④,不打
断民众的日常生产活动,此亦即"择可劳而劳之"。以上俱为孔子
提出的"君子"应如何治民理政的基本要求。至于"欲而不贪,泰
而不骄,威而不猛",则是孔子对居于民众之上的"君子"提出的基
本德行要求。从邢昺之解,君子以仁为欲,而非常人之汲汲于财
货,故有"欲而不贪";而"常人之情,敬重大而慢寡小",君子反其
道而行之,故有"泰而不骄"。⑤ 至于"威而不猛",从李零先生之

---

① 杨伯峻译注:《论语译注》,中华书局 1980 年版,第 209—210 页。
② 参见程树德撰,程俊英、蒋见元点校:《论语集释》,中华书局 1990 年版,
第 1372 页。
③ 参见高尚榘主编:《论语歧解辑录》,中华书局 2011 年版,第 1005 页。
④ 参见高尚榘主编:《论语歧解辑录》,中华书局 2011 年版,第 1005 页。
⑤ 参见高尚榘主编:《论语歧解辑录》,中华书局 2011 年版,第 1005 页。

解,应是"衣冠整齐,仪态端正,让人看上去肃然起敬,威风凛凛却并不可怕"①。

而孔子所谓的"四恶政",则是对君子治政所不能为之事作出了基本划定。由孙钦善先生之解,"不教而杀"是指治政之"君子"平时不对民众申以教化,伺其有罪则从而刑之;"不戒视成"则是对民众日常不加申诫、只观之以成绩;"慢令致期"是指"君子"自己政令松懈,却又严格限期于民众。② 至于"出纳之吝",由高尚榘先生之见,则是意指治政的"君子"在惠民方面之吝啬有若专管财务之小吏。③

综上所述,孔子对可堪治政之君子在德行、具体治教等方面提出了这几项基本要求。当然,"君子"亦不是不可解作"人君",但笔者以前文已证的、孔子对人君所秉有的"恭己正南面"思想,以及子张素有的干禄之志,推断以孔子的"因材施教"和"不在其位,不谋其政"④的一贯论断,此处所指,应为臣属之道。或者,此处对身为臣属的君子之要求,我们亦可以用孔子对郑子产的评价概括之:"有君子之道四焉:其行己也恭,其事上也敬,其养民也惠,其使民也义。"⑤

而在"君子"具体使民之政令发布上,孔子亦有所言及。此亦即《为政》篇中,"子贡问君子"时,孔子回答的,"先行其言而后从

① 参见高尚榘主编:《论语歧解辑录》,中华书局 2011 年版,第 1006 页。
② 孙钦善:《论语本解》,三联书店 2009 年版,第 254—255 页。
③ 高尚榘主编:《论语歧解辑录》,中华书局 2011 年版,第 1008 页。
④ 语出《论语·泰伯》,杨伯峻译注:《论语译注》,中华书局 1980 年版,第 82 页。
⑤ 语出《论语·公冶长》,杨伯峻译注:《论语译注》,中华书局 1980 年版,第 47—48 页。

之"①。而《礼记·缁衣》篇中,孔子解之为,"言从而行之,则言不可饰也。行从而言之,则行不可饰也。故君子寡言而行,以成其信,则民不得大其美而小其恶"②。笔者以为,此即言明保持政令与实际施政之法相一致的重要性,如此,"君子"方可在一贯的"言行一致"中获得治下民众的信任与支持。而与此相似的、理政之"君子"政令与施政相互配合的例子,在《礼记·缁衣》篇中另有一则,也即"君子道人以言,而禁人以行,故言必虑其所终,而行必稽其所敝,则民谨于言而慎于行"③。但传世本与郭店竹简本于此章句,有细微之别。郭店竹简本此处为"君子道人以言,而恒以行。故言则虑其所终,行则稽其所敝,则民慎于言,而谨于行"④。"慎"和"谨"的位置互换,于其实际意义而言,无甚差别。但是传世本的"禁"字和郭店竹简本的"恒"字之差,则是差别迥甚了。胡治洪先生就认为,前者强调的是强制手段,而后者则是讲求的上位者之示范作用。⑤ 笔者以为,如果此处言及之"君子"亦是人臣,而非时君,其在治下之所、采取部分强制手段,亦不是不可理解的。

虽然,上之所论,是基于作为臣属的"君子"业已辖有一方治政之权而进行的。但这并不意味着其时真正治政理事的臣属之流,一定会遵守孔子所厘定之规范。事实上,"君子"在孔子的话语体系中,其实是处于一个可上可下的中间位置,《孔子家语·五

---

① 杨伯峻译注:《论语译注》,中华书局 1980 年版,第 17 页。

② (清)孙希旦撰,沈啸寰、王星贤点校:《礼记集解》,中华书局 1989 年版,第 1332 页。

③ (清)孙希旦撰,沈啸寰、王星贤点校:《礼记集解》,中华书局 1989 年版,第 1324 页。

④ 荆门市博物馆:《郭店楚墓竹简》,文物出版社 1998 年版,第 130 页。

⑤ 胡治洪:《原始儒家德性政治思想的遮蔽与重光——〈缁衣〉郭店本、上博本与传世本论》,《孔子研究》2007 年第 1 期。

仪解》篇有载：

> 哀公问于孔子曰："寡人欲论鲁国之士，与之为治，敢问如何取之？"……孔子曰："人有五仪，有庸人，有士人，有君子，有贤人，有圣人。审此五者，则治道毕矣。"①

前文我们业已论及，春秋以来，处于贵族与庶民中间阶层的"士"的数量不断扩大。以当时的时代而言，普通庶民出身，是很难参与进国家治理的政事之中的。而"君子"就是孔子为"士"这个在可堪参政的臣属中，人数明显最多的阶层划定的、德行才具的努力方向。楼宇烈先生认为儒家原本就是属于"士"的，且其亦以教育和培养"士"为己任。② 而这与孔子以"礼"之体系扩展周朝的固有典制亦是相应的。虽然孔子并不期望通过教育、学习，可以使普通士人达至圣贤般的程度，进而以"无双国士"的身份代人君主政境内，但如果在官僚体制内部，秉持孔子思想的"君子"人数可以大幅度增加，这无疑是非常有利于孔子的"礼"之思想于整个官僚体制乃至下层民众的扩散的。而在切身推行典制礼法的臣属思想为孔子之"礼"所主据时，此时典制礼法一定会将时君亦匡扶至"礼"之方向。所以，就此观之，孔子所言之"君子不器"③，或许并不仅是强调君子应能适应各方面的职务所需，可能亦有君子应在任何环境下都可以己身为范、推行仁礼之道的意味。毕竟"君子无终

---

① 王国轩、王秀梅译注：《孔子家语》，中华书局 2011 年版，第 57 页。《孔子家语》此篇与《大戴礼记·哀公问五义》颇有相似。但以《孔子家语》所论更为完整，笔者倾向于以此篇为准。

② 楼宇烈：《儒家思想与官僚文化》，王曰美主编：《儒家政治思想研究》，中华书局 2003 年版，第 523 页。

③ 语出《论语·为政》，杨伯峻译注：《论语译注》，中华书局 1980 年版，第 17 页。

食之间违仁,造次必于是,颠沛必于是"①,"孝乎惟孝,友于兄弟,
施于有政",亦是为政的一种方式。②

或许正是因为"士"的身份本身就存在着一定的模糊性,所以,
孔子对"士"的"君子之教",以"德"教为主,而以"政"教为辅。这
样,即使身受"德"教的君子并没有居于治人之位,其于整体社会风
气之转化亦会有所助益。郑臣认为,孔子之道德与政治既相互分
别、又未完全分离③;而沈锦发甚至以整个先秦儒家的政治为一种
德性的政治④。但是,我们又不得不注意到,当如此多的受一家之学、
持相同之见的士人聚集在一个官僚体制中,有时可能亦会产生一些问
题。《国语·晋语》中,叔向见司马侯之子时,就曾明言:"君子比而不
别。比德以赞事,比也。引党以封己,利己而忘君,别也。"⑤当如此多
的士人的力量聚集在一起,而又不加以正确的规范与引导,其就可能
在事实上威胁国君的统治。而在以君主为中心的典制礼法的匡正体
系发生动摇时,典制礼法本身也可能无法如常维系。所以,孔子于《为
政》篇中亦不忘强调,"君子周而不比,小人比而不周"⑥。"夫周以举

---

① 语出《论语·里仁》,杨伯峻译注:《论语译注》,中华书局 1980 年版,第
36 页。

② 语出《论语·为政》,杨伯峻译注:《论语译注》,中华书局 1980 年版,第
20—21 页。

③ 郑臣:《道德与政治的分与合——〈论语〉的思想启示》,《孔子研究》2009
年第 3 期。

④ 沈锦发:《先秦儒家"圣王原理"探析——兼论先秦儒家政治与道德的关
系》,《南昌大学学报》(人文社会科学版)2010 年第 2 期。

⑤ 徐元浩撰,王树民、沈长云点校:《国语集解》,中华书局 2002 年版,第
428 页。

⑥ 杨伯峻译注:《论语译注》,中华书局 1980 年版,第 17 页。

义",而"比"则是"举以其私"。① 虽然孔子强调"益友",亦即"友直、友谅、友多闻"②的重要性,但是"朋比而为奸"显然不在受赞扬之列,为孔子所推崇的其实还是"君子矜而不争,群而不党"③。

综上所述,为孔子所划定之理想治政形象——"君子",其实是与春秋时"士"这一阶层的身份、特质极为相应的。假若孔子心目中"志于道,据于德,依于仁,游于艺"④的"君子"们,在真正主政一方后,可以"反本修迹"、切实贯彻以"六本"为核心的"君子之道",亦即"立身有义矣,而孝为本,丧纪有礼矣,而哀为本,战阵有列矣,而勇为本,治政有理矣,而农为本,居国有道矣,而嗣为本,生财有时矣,而力为本"⑤,那么,距孔子的"礼"之典制体系可以上匡时君、下化万民的治道之实现,一定其时未远了。向世陵先生认为,《论语》之编纂以《尧曰》篇的"三知",亦即"不知命,无以为君

---

① 语出《国语·晋语》,徐元浩撰,王树民、沈长云点校:《国语集解》,中华书局 2002 年版,第 378 页。不过原文所言是"比"与"党",徐元浩引潘维城《论语古注集笺》之语,认为《晋语》此处的"比"就是"周","党"即为"比"。

② 语出《论语·季氏》,杨伯峻译注:《论语译注》,中华书局 1980 年版,第 175 页。

③ 语出《论语·卫灵公》,杨伯峻译注:《论语译注》,中华书局 1980 年版,第 166 页。

④ 语出《论语·述而》,杨伯峻译注:《论语译注》,中华书局 1980 年版,第 67 页。

⑤ 语出《孔子家语·六本》,王国轩、王秀梅译注:《孔子家语》,中华书局 2011 年版,第 182 页。笔者以为,"居国有道矣,而嗣为本",或许并不仅限于国君之重后嗣。对于一个在事业方面已小有成就的士人贵族来说,后嗣之有无,以及后嗣之才具,都是决定自己这一支系可否在国家事务中发挥更大作用的关键。"道"者,上有所自、下有所启,由"道"的这种传承性意味而言,笔者以为,"居国有道矣,而嗣为本"亦可应用于普通士人贵族,也即其可应用于居于臣属之位的"君子"。

子也;不知礼,无以立也;不知言,无以知人也"①作结,实是有强调
"三知"为学者学为"君子"之根基的深意在其中的。② 笔者以为,
可能"三知"之深意,亦不仅限于学者之为学,或许,亦在于"君子"
实为推行治政、教化的典制根基。当然,"君子"的协理政务、推行
教化在事实上对各诸侯国的君主们予以襄助之同时,也在客观上
分薄了原属于君主的职责与权力。所以,孔子所提出的治政"君
子"理论,事实上,是对其原有"虚君"理念的延续,意在规避君主
本身才具德行所可能具有的不足。这亦是与其礼学思想体系相应
的。以上,我们研究孔子之说若此,那么,孔子其后,儒家于理想的
治政形象是否亦有所申解,让我们于下细观之。

三、《大学》《中庸》的"为政"之路

孔子其时,"士"这一阶层、伴随着上位贵族阶层的没落和庶
民的兴起,其规模就已不断扩大。而在孔子后学活跃的春秋末期
至战国之世,各势力集团的养士、用士之风,诸种官学、私学的兴
起,都为士人阶层的进一步扩大、崛起,创造了必要条件。③ 然而,
士人阶层整体实力的崛起,并不意味着每一位士人的晋身机会都
得到扩大。这其实还受限于士人本身的所受之学。以战国时期,
各诸侯国普遍以迅速增强国力为己身要务的现实来看,传统儒家

① 杨伯峻译注:《论语译注》,中华书局 1980 年版,第 211 页。
② 向世陵:《"三知"为先与君子人格的塑造》,中国人民大学孔子研究院
编:《儒学评论》第八辑,河北大学出版社 2012 年版,第 311 页。
③ 此观点参见盘剑波:《论春秋战国时期"士"的崛起及其贡献》,《中南民
族大学学报》(人文社会科学版)2007 年第 4 期。

之学在各诸侯国的接受度可能并不广泛。① 由此，战国时，除却本身出身高贵的弟子，修习传统儒家之学的普通士人也就面临着自己下无立身之基以奉父母、上无施政之所以行教化的客观现实。其实，这一现象在孔子之时就已存在。《论语·雍也》篇中，孔子"谓子夏曰：'女为君子儒，无为小人儒'"②。朱子在其《论语集注》中例引二程和谢良佐之说，以"儒"为学者之称，以"君子儒"和"小人儒"为品行之别。③ 但笔者此处，倾向于以杨向奎先生的考证为准，认为"君子儒"实为以"礼"立身的"王者师"，而"小人儒"则是多从事于相礼、奔走于衣食日用的"俗儒"。④ 所以，在领受儒家之学的士人们无法进入自己期待已久的政权体系、进而一展抱负时，如何使他们不放弃儒家之学，可以做到"以礼存身"，而又不至于沦落为空以"礼"之形式糊口的"小人之儒"，这亦是孔子及其后学所亟须解决的问题。而《大学》《中庸》，这两篇儒家经典文献就为这一问题的解决提供了别样的思考理路。

《大学》《中庸》原为《礼记》二章，后为宋儒整理，方得以独立成篇。考其渊源，在《大学》成书方面，梁涛先生认为《大学》出于曾子或其弟子的可能性极大。⑤ 而罗安宪先生认为，即便《大学》具体出于曾子抑或是子思之手，仍有待研究，但不妨将其视为讨论

---

① 笔者以为，以孟子之才德，亦周游列国而不遇，由此，源于孔子的传统儒学所受之冷遇，实可窥之一斑。当然，荀子援法入儒、改造后的儒学并不在笔者划定的传统儒学之列。

② 杨伯峻译注：《论语译注》，中华书局 1980 年版，第 59 页。

③ （宋）朱熹：《四书章句集注》，中华书局 1983 年版，第 88 页。

④ 此观点参见杨向奎：《宗周社会与礼乐文明》，人民出版社 1992 年版，第 411—421 页。

⑤ 梁涛：《郭店竹简与思孟学派》，中国人民大学出版社 2008 年版，第 115 页。

孔孟之间、儒学发展的重要材料。① 而在《中庸》成书方面，郭沂先生则认为，今本《中庸》由汉人汇辑原始《论语》佚文和子思之《中庸》而成，其中亦有汉人杂入之文献。② 张岂之先生则断言，今本《中庸》必在孟子之前③，且以《中庸》思想较《大学》成熟，《大学》应在《中庸》之前④。所以综上所论，《大学》《中庸》实为我们研究孔孟之间儒学发展的重要文献，而《大学》成书又早于《中庸》，所以我们的研究先自《大学》始。

《大学》起首即云："大学之道，在明明德，在亲民，在止于至善。"⑤由朱子之解，"大学者，大人之学也"，我们可知，大学之道，实乃为学致圣之方。而其学之关键也就在于"明明德"。"德"字由我们先前之解，其早期用法实无褒贬之分。所以"明德"之"明"实际上是对其时为中性的"德"字加以限定，此亦即朱子所注解的"虚灵不昧"⑥的天赋懿德。而第一个"明"字，则为动词，有"发明"之义，其既有"明了、通晓"之涵义，亦有"昭明、彰显"等更深层次的意涵。综上所论，"大学之道"其实就是古之学人对天予之"明德"从"无知"到"明了"的认知过程，以及使本有之"明德"从"蒙昧"到"昭彰"的修习过程。而这落实于具体文字，也就是《大学》篇中，我们耳熟能详的：

> 古之欲明明德于天下者，先治其国；欲治其国者，先齐其

---

① 罗安宪主编：《中国孔学史》，人民出版社2008年版，第137—138页。
② 郭沂：《〈中庸〉成书辨正》，《孔子研究》1995年第4期。
③ 张岂之主编，刘宝才、方光华分卷主编：《中国思想学说史·先秦卷》，广西师范大学出版社2008年版，第289页。
④ 梁涛：《郭店竹简与思孟学派》，中国人民大学出版社2008年版，第115页。
⑤ （宋）朱熹：《四书章句集注》，中华书局1983年版，第3页。
⑥ （宋）朱熹：《四书章句集注》，中华书局1983年版，第3页。

家;欲齐其家者,先修其身;欲修其身者,先正其心;欲正其心者,先诚其意;欲诚其意者,先致其知;致知在格物。物格而后知至,知至而后意诚,意诚而后心正,心正而后身修,身修而后家齐,家齐而后国治,国治而后天下平。①

文中所提到的"格、致、诚、正;修、齐、治、平"就是我们平常所言说的"八条目"。其中的"格物""致知""诚意""正心"就是对天赋之"明德"的认知过程;而"修身""齐家""治国""平天下"则是在对己身之"明德"充分体认的基础上,因自身于社会序列中所处的位置、职责不同,而导致的、影响范围不等的发用结果,这亦可理解为己身之"明德"所能辐射、惠及的范围。当然,"身修而后家齐,家齐而后国治,国治而后天下平"的话语陈述方式,让我们有一种先身修、而后家齐,先家齐、而后国治,先国治、而后天下平的依次渐进之感。以逻辑事理言之,"身不修不可以齐其家"②,"其家不可教而能教人者,无之"③,"其为父子兄弟足法,而后民法之也"④。在儒家看来,于己身修德方面无所成就之人,是无法将自己尚未体认明白的、儒家所提倡的德行礼教在更大的范围上予以推广的。所以,"自天子以至于庶人,壹是皆以修身为本"⑤。沈素珍以"格、致、诚、正"为"修身"的方法与途径,认为"修身"是《大学》"八条目"的中枢环节。⑥ 而张岂之先生则是将"八条目"以"身修"为转折点,划分为从外至内、由内及外的不同演进过程,(从

---

① (宋)朱熹:《四书章句集注》,中华书局1983年版,第3—4页。
② (宋)朱熹:《四书章句集注》,中华书局1983年版,第8页。
③ (宋)朱熹:《四书章句集注》,中华书局1983年版,第9页。
④ (宋)朱熹:《四书章句集注》,中华书局1983年版,第9页。
⑤ (宋)朱熹:《四书章句集注》,中华书局1983年版,第4页。
⑥ 沈素珍:《中国传统政治哲学中的"德治"与"和谐"——以〈大学〉为中心的解析》,《安徽大学学报》(哲学社会科学版)2009年第5期。

"物格"到"正心"为"从外至内"、而从"身修"到"家齐"到"天下平"则是"由内及外")亦论《大学》之以"修身"为本。①

所以，与孔子明确提出可为士人法效的"治政"君子形象不同，《大学》是将孔子的"'孝乎惟孝，友于兄弟，施于有政。'是亦为政"②的基本思想予以进一步的扩充与发展，为广大的士人阶层划定了一个大概的、以发明天赋之"明德"为主要修习途径的、不囿于施政之所的模仿范本。正如"为人君，止于仁；为人臣，止于敬；为人子，止于孝；为人父，止于慈；与国人交，止于信"③，在儒家看来，在行为个体扮演着不同的社会角色、承担着不同社会职责的现实下，其亦有"仁""敬""孝""慈""信"等可堪效法，具有共性的道德基准。虽然"一言偾事，一人定国"④的施政效果，在相当大的程度上，只局限于国君抑或是一方主政。但只要可以正确认知自己所承担的社会职责对己身所提出的相关要求，并为之努力，普通的、尚未禄进的士人亦是在日用实践中切实"为政"。由此，《大学》也划定了以修己、修身为本的"絜矩之道"，亦即"所恶于上，毋以使下；所恶于下，毋以事上；所恶于前，毋以先后；所恶于后，毋以从前；所恶于右，毋以交于左；所恶于左，毋以交于右"⑤。

而成书于《大学》之后的《中庸》，其对《大学》之道亦有发明之处。成中英先生就以《大学》之说，解读其所厘定的"中庸三原

---

① 张岂之主编，刘宝才、方光华分卷主编：《中国思想学说史·先秦卷》，广西师范大学出版社 2008 年版，第 276 页。
② 语出《论语·为政》，杨伯峻译注：《论语译注》，中华书局 1980 年版，第 20—21 页。
③ （宋）朱熹：《四书章句集注》，中华书局 1983 年版，第 5 页。
④ （宋）朱熹：《四书章句集注》，中华书局 1983 年版，第 9 页。
⑤ （宋）朱熹：《四书章句集注》，中华书局 1983 年版，第 10 页。

则"中的"求正"与"絜矩"。① 而由《中庸》的"在上位不陵下,在下位不援上,正己而不求于人则无怨。上不怨天,下不尤人"②,我们亦可一窥《中庸》与《大学》在言及以正己、修身为本的"絜矩之道"之时的一脉相承。当然,与《大学》不同,《中庸》在强调"反求诸身"的重要性时,并不以上古圣贤之行必为当世之所法效,而是将我们反求诸己的行为直接划之为对上天赋予本性的体认与复归,此亦即《中庸》起首所言的"天命之谓性;率性之谓道;修道之谓教"③。而这显然是与我们前文所言及的朱子于《大学》"明明德"之处的注解相类的。以《中庸》言之,"自诚明,谓之性;自明诚,谓之教"④,"唯天下至诚,为能尽其性;能尽其性,则能尽人之性;能尽人之性,则能尽物之性;能尽物之性,则可以赞天地之化育;可以赞天地之化育,则可以与天地参矣"⑤。在《中庸》看来,"诚"是天之所赋、人之本有的珍贵品质,但是因为人之禀赋不同,"或生而知之;或学而知之;或困而知之"⑥,所以,既有生来就明了天性之诚的贤圣之人,亦有通过学习才能体认、复归天性之诚的世俗之人。然而,"及其知之一也"⑦,"及其成功一也"⑧。只要最终可以做到"尽性而诚",就能达至朱子所言的"知之无不明而处之

---

① 成中英:《中道、中和与时中——论儒家的中庸哲学》,杨春梅主编:《儒家文化思想研究》,中华书局 2003 年版,第 622—624 页。
② (宋)朱熹:《四书章句集注》,中华书局 1983 年版,第 24 页。
③ (宋)朱熹:《四书章句集注》,中华书局 1983 年版,第 17 页。
④ (宋)朱熹:《四书章句集注》,中华书局 1983 年版,第 32 页。
⑤ (宋)朱熹:《四书章句集注》,中华书局 1983 年版,第 32 页。
⑥ (宋)朱熹:《四书章句集注》,中华书局 1983 年版,第 29 页。
⑦ (宋)朱熹:《四书章句集注》,中华书局 1983 年版,第 29 页。
⑧ (宋)朱熹:《四书章句集注》,中华书局 1983 年版,第 29 页。

无不当"①的超然境界。《中庸》之"诚",在一定意义上,其实也就相当于《大学》所谓"明德"。喻立平甚至认为《中庸》通过对"修德以化政""力行以成政"的强调,构建了具有儒家特色的人治哲学。②

但与《大学》"格致诚正,修齐治平"的"八条目"所喻指的德行水准与治政能力成正相关的思想略有区别的是,《中庸》通过将儒家的传统品德"孝"作为勾连普通士人与舜、文、武等先王的共同品质③,亦即"夫孝者,善继人之志,善述人之事者也"④"践其位,行其礼,奏其乐,敬其所尊,爱其所亲,事死如事生,事亡如事存,孝之至也"⑤,得出了"大德必得其位,必得其禄,必得其名,必得其寿"⑥"大德者必受命"⑦的结论。而这也就为现实中不得禄进的士人阶层许下了"书中自有黄金屋""书中自有千钟粟"的修德以成业的晋身诺言。只要士人们可以"博学之,审问之,慎思之,明辨之,笃行之"⑧,切实做到"人一能之己百之,人十能之己千之"⑨,那么,暂时不得禄进的士人们终有一日可以从只能修身的"正己"为政,发展到真正的执政为民、治政利国。所以,在一定程度上,我们可以认为,《中庸》的作者较之《大学》的作者,更明了何

---

① (宋)朱熹:《四书章句集注》,中华书局 1983 年版,第 33 页。
② 喻立平:《〈中庸〉政治哲学略论》,《江汉论坛》2005 年第 3 期。
③ 《中庸》篇有载,"舜其大孝也与!"[(宋)朱熹撰:《四书章句集注》,中华书局 1983 年版,第 25 页],亦有"武王、周公,其达孝矣乎"[(宋)朱熹撰:《四书章句集注》,中华书局 1983 年版,第 27 页]。
④ (宋)朱熹:《四书章句集注》,中华书局 1983 年版,第 27 页。
⑤ (宋)朱熹:《四书章句集注》,中华书局 1983 年版,第 27 页。
⑥ (宋)朱熹:《四书章句集注》,中华书局 1983 年版,第 25 页。
⑦ (宋)朱熹:《四书章句集注》,中华书局 1983 年版,第 26 页。
⑧ (宋)朱熹:《四书章句集注》,中华书局 1983 年版,第 31 页。
⑨ (宋)朱熹:《四书章句集注》,中华书局 1983 年版,第 31 页。

为劝善之良方。当然,时代之衍易所导致的人心之差别,亦可能是二者规劝方式不同的原因。

孔子有言曰:"君子无所争。必也射乎! 揖让而升,下而饮。其争也君子。"①由《礼记·射义》对这句话的相应解读,"射者,仁之道也。射求正诸己,己正而后发,发而不中则不怨胜己者,反求诸己而已矣"②,我们可以发现,《大学》与《中庸》两篇皆是对儒家传统的正己修身之学的承继。毕竟,《大学》有"君子有诸己而后求诸人,无诸己而后非诸人"③之教,《中庸》有"射有似乎君子;失诸正鹄,反求诸其身"④之言。所以,《大学》《中庸》这两篇以成书年代论,可归置于孔孟之间的儒家思想文献,为我们研究其时以正己修身为切实"为政"之路的思想之发展提供了重要依据,而这也不失为对我们先前所讨论的、孔子所提出的、理想中的治政君子形象的重要补充。毕竟不是所有修习儒家之学的士人最终都可以进入政权体系,真正的襄助时君。但是如果不能晋身的士人阶层仍可以保有儒家的基本操守,以己身为典范,于人伦日用中习熏、渐染身边之人,在整个社会风气都欣然向上的情况下,这也必然在事实上成就对人君的匡扶与襄助。综上所述,自孔子以来的儒家理想治政形象,在此时,已经具有了侧重于"正己为政"理念、适应于其时士人阶层现实需要的演进。那么,在随后的发展中,儒家的理想治政形象又具有了怎样的发展与变化,让我们于下细观之。

---

① 语出《论语·八佾》,杨伯峻译注:《论语译注》,中华书局1980年版,第25页。
② (清)孙希旦撰,沈啸寰、王星贤点校:《礼记集解》,中华书局1989年版,第1448页。
③ (宋)朱熹:《四书章句集注》,中华书局1983年版,第9页。
④ (宋)朱熹:《四书章句集注》,中华书局1983年版,第24页。

四、孟子的"大人"形象

　　孟子的理想治政形象与孔子略有区别。与孔子提出的、可供士人仿效的"治政君子"形象不同,孟子虽然亦对君子有所分说,但除却修养论方面的君子形象,如《孟子·离娄下》篇的"君子以仁存心,以礼存心"①,其之"治政君子"形象,或是立于时君宗法的角度而言,如《孟子·公孙丑下》篇中的"域民不以封疆之界,固国不以山溪之险,威天下不以兵革之利。……以天下之所顺,攻亲戚之所畔,故君子有不战,战必胜矣"②,或是立于臣属的角度却难以仿效,如孟子对周公和孔子的推崇。③ 可能这与孟子本身在仕途方面的境遇窘迫,亦不乏关联。或许,正是因为孟子本身并未如孔子和荀子一般,历职郎署,主政一方,所以,其于与典制体系相适应的"理想治政形象"这一问题,并未过多发微。但也可能正是因为其自身经历,使得孟子对"正己为政",这个上自孔子、中发展于

---

①　方勇译注:《孟子》,中华书局 2010 年版,第 163 页。
②　方勇译注:《孟子》,中华书局 2010 年版,第 65 页。
③　《孟子·公孙丑上》篇有载:"……吾未能有行焉,乃所愿,则学孔子也。""伯夷、伊尹于孔子,若是班乎?"曰:"否,自有生民以来,未有孔子也。"曰:"然则有同与?"曰:"有。得百里之地而君之,皆能以朝诸侯,有天下。行一不义、杀一不辜而得天下,皆不为也。是则同。"(方勇译注:《孟子》,中华书局 2010 年版,第 50 页)《孟子·公孙丑下》篇有载:"周公,弟也。管叔,兄也。周公之过,不亦宜乎! 且古之君子,过则改之;今之君子,过则顺之。古之君子,其过也如日月之食,民皆见之;及其更也,民皆仰之。今之君子,岂徒顺之? 又从为之辞。"(方勇译注:《孟子》,中华书局 2010 年版,第 77 页)《论语·子张》篇亦有类似记载:"子贡曰:'君子之过也,如日月之食焉:过也,人皆见之;更也,人皆仰之。'"(杨伯峻译注:《论语译注》,中华书局 1980 年版,第 203 页)

《大学》《中庸》的学说,作出了更多的补充与思考。

在孟子看来,修习传统儒学的士人不得禄进之原因,一方面是由于客观环境的"龙困潜渊",这是上天对自身的考验与磨炼,亦即"天将降大任于是人也,必先苦其心志,劳其筋骨,饿其体肤,空乏其身,行拂乱其所为,所以动心忍性,曾益其所不能"①;另一方面,则是因为对儒家之"道"的坚持,亦即"不由其道而往者,与钻穴隙之类也"②。孟子认为,"伯夷隘"而"柳下惠不恭",③所以,这两种在其看来颇为极端的入仕标准,都不应是儒家士人的选择。而如公孙衍、张仪之类的策士之流,彼"以顺为正",实为"妾妇之道"。虽然其通过对国君心思之把握,获得赏识,终可晋身,但其对道义之背离,就正如不待父母、媒妁之言就私会夜奔之女子,终将受到父母和世人的轻贱。④ 或许,孟子亦是因为受到孔子"名不正,则言不顺"⑤思想的影响,所以才认为"居天下之广居,立天下之正位,行天下之大道。得志与民由之,不得志独行其道"⑥,方是儒家士人的所由之道。由此,孟子对孔子"'孝乎惟孝,友于兄弟,

---

① 语出《孟子·告子下》,方勇译注:《孟子》,中华书局 2010 年版,第253 页。
② 语出《孟子·滕文公下》,方勇译注:《孟子》,中华书局 2010 年版,第111 页。
③ 语出《孟子·公孙丑上》,方勇译注:《孟子》,中华书局 2010 年版,第63 页。
④ 孟子此观点可见之于《孟子·滕文公下》,方勇译注:《孟子》,中华书局2010 年版,第111 页。
⑤ 语出《论语·子路》,杨伯峻译注:《论语译注》,中华书局 1980 年版,第133—134 页。
⑥ 语出《孟子·滕文公下》,方勇译注:《孟子》,中华书局 2010 年版,第109 页。

施于有政。'是亦为政"①的"正己为政"思想进行了充分发挥,沿袭了《大学》《中庸》一贯的"反求诸己"之学,为秉习儒学的士人更为明确地指出了立身于典制之外的"为政"之路。此亦即《孟子·万章下》中所提及的"夫义,路也;礼,门也。惟君子能由是路,出入是门也"②。

在孟子看来,"万钟则不辨礼义而受之。万钟于我何加焉?"③儒家的学问之道,于孟子而言,无他,由"义"之路径,追寻、保有自己本有之"仁心"耳。④《孟子·告子上》篇有言曰:

> 有天爵者,有人爵者。仁义忠信,乐善不倦,此天爵也。公卿大夫,此人爵也。古之人修其天爵,而人爵从之。今之人修其天爵,以要人爵;既得人爵,而弃其天爵,则惑之甚者也,终亦必亡而已矣。⑤

由上段文字,我们发现,在孟子心中,"仁义忠信"这些为儒家所提倡的美好品质,实是上天所赐予世人之爵禄;而为时人所汲汲追寻的官职爵俸,不过是来自人间的赐封。所以,天爵是高于,至少是不弱于人爵的。但是,对于当时的士人来说,他们不过是将天爵当做晋身之阶,在获得其所追寻的人爵之位后,就弃天爵如敝屣。正如孔子所言,"吾谁欺? 欺天乎!"⑥在孟子看来,这些人的行为无

---

① 语出《论语·为政》,杨伯峻译注:《论语译注》,中华书局 1980 年版,第 20—21 页。
② 方勇译注:《孟子》,中华书局 2010 年版,第 207 页。
③ 语出《孟子·告子上》,方勇译注:《孟子》,中华书局 2010 年版,第 225 页。
④ 此思想见《孟子·告子上》,方勇译注:《孟子》,中华书局 2010 年版,第 225—226 页。
⑤ 方勇译注:《孟子》,中华书局 2010 年版,第 230 页。
⑥ 语出《论语·子罕》,杨伯峻译注:《论语译注》,中华书局 1980 年版,第 90 页。

疑是在自取灭亡。而儒家之士人，习尚古之学，故其自然应以"天之尊爵"为己身之"安宅"①，以"尚志"而非"尚功"为己务。"居仁由义"，这也就是孟子所说的"大人之事"。②

"大人"一词，在《孟子》一书中，反复出现。《孟子·离娄上》篇云，"惟大人为能格君心之非"③，"大人"作为可以纠正现实君主不当之处的唯一人选，其也就直接承担着"正君而国定"④的引导教化之责。且不论孟子所言说的"大人"是否一定能如孔子的"执政君子"一般，拥有主政一方的现实权柄，但是，能为我们所肯定的是，"大人"一定拥有可堪指正人君的德行。

依孟子之见，"大人"并不一定在诸多细节上皆无可挑剔。正所谓"大行不顾细谨，大礼不辞小让"，亦即《孟子·离娄下》篇所言的"大人者，言不必信，行不必果，惟义所在"⑤。能决定"大人"之所以为"大人"、"小人"之所以为"小人"的关键，是在于其所从"大体""小体"之别。在孟子看来，"心之官则思"，"心"与或可蔽于外物的"耳目之官"的"不思"不同，其为"天之所与我者"，所以，只要能把握住"心"这一"大体"，诸如"耳目之官"的"小体"亦不会轻易为外物所惑，此亦即《孟子·告子上》篇所言及的"先立乎其大者，则其小者弗能夺也"的"为大人之法"。⑥ 这也是孟子

---

① 语出《孟子·公孙丑上》，方勇译注：《孟子》，中华书局 2010 年版，第60 页。

② 以上观点可见于《孟子·尽心上》，方勇译注：《孟子》，中华书局 2010 年版，第 274 页。

③ 方勇译注：《孟子》，中华书局 2010 年版，第 144 页。

④ 语出《孟子·离娄上》，方勇译注：《孟子》，中华书局 2010 年版，第144 页。

⑤ 方勇译注：《孟子》，中华书局 2010 年版，第 154 页。

⑥ 以上观点可见于《孟子·告子上》，方勇译注：《孟子》，中华书局 2010 年版，第 229 页。

强调"大人者,不失其赤子之心者也"①的客观原因。而前文我们业已论及的"仁义忠信"等"天爵"②,亦根植于心③,此即《孟子·公孙丑上》篇所言说的"恻隐之心,仁之端也;羞恶之心,义之端也;辞让之心,礼之端也;是非之心,智之端也"④。正是因为"天爵"与我们天赋本有的"心之官"所存在的客观关联,亦是因为"人皆有不忍人之心"⑤,所以,并不具有明显过人才具的普通士人,才皆可以凭借与贤圣之人共有的"心"之"大体",做到"尽心、知性、而知天"⑥。所以,孟子在继承前人"正己"⑦"反身而诚"⑧等思想的基础上,将普通士人可以道而之善的前提,由《大学》的法效上古、《中庸》的天命之性,具体到人人皆有的"心"之官。这就在先天上保证了"人皆可以为尧、舜"⑨的客观前提。而由《孟子·离

---

① 语出《孟子·离娄下》,方勇译注:《孟子》,中华书局2010年版,第155页。

② 语出《孟子·告子上》,方勇译注:《孟子》,中华书局 2010 年版,第230页。

③ 此观点亦可见于《孟子·尽心上》篇的"君子所性,仁、义、礼、智根于心"(方勇译注:《孟子》,中华书局2010年版,第267页)。

④ 方勇译注:《孟子》,中华书局2010年版,第59页。

⑤ 语出《孟子·公孙丑上》,方勇译注:《孟子》,中华书局 2010 年版,第59页。

⑥ 语出《孟子·尽心上》,方勇译注:《孟子》,中华书局 2010 年版,第257页。

⑦ 《孟子·公孙丑上》篇有载:"仁者如射,射者正己而后发;发而不中,不怨胜己者,反求诸己而已矣。"(方勇译注:《孟子》,中华书局2010年版,第60—61页)

⑧ 《孟子·离娄上》篇有言:"是故诚者,天之道也;思诚者,人之道也。至诚而不动者,未之有也;不诚,未有能动者也。"(方勇译注:《孟子》,中华书局2010年版,第138页)《孟子·尽心上》篇亦言:"万物皆备于我矣。反身而诚,乐莫大焉。"(方勇译注:《孟子》,中华书局2010年版,第258页)

⑨ 语出《孟子·告子下》,方勇译注:《孟子》,中华书局2010年版,第235页。

娄上》篇所载,圣人,亦不过是"人伦之至也"①;以及《孟子·告子下》篇之言,"尧舜之道",亦不过是"孝弟而已矣"②,我们发现,只要普通士人可以"服尧之服,诵尧之言,行尧之行"③,在共有"心之官"的指引下,一切皆有可能。

由此,《大学》之所谓"明德"、《中庸》之所谓"诚"、儒家传统之"圣人",都在孟子的这种思维理路下,变得更为切实可行、可至。孟子亦将儒家传统的"正己"之学,具现化为现实可蹈可履的"爱人不亲,反其仁;治人不治,反其智;礼人不答,反其敬。行有不得者皆反求诸己,其身正而天下归之"④的"尽心"之教。(此亦可归之于"求放心"⑤之学)

而孟子的"大人者,正己而物正者也"⑥在承继儒家传统"修齐治平"思想的基础上,强调"亲亲而仁民,仁民而爱物"⑦之余,亦表明了儒家之为贤臣的标准。其既不同于张仪之流的以君心之是非为是非的"事君人者",也不同于柳下惠之类的以"安社稷"为务,更不同于伯夷叔齐的"达可行于天下而后行之"的"天民"之属⑧;而是"尊德乐义""穷则独善其身;达则兼善天下"⑨。而这亦

① 方勇译注:《孟子》,中华书局 2010 年版,第 130 页。
② 方勇译注:《孟子》,中华书局 2010 年版,第 236 页。
③ 语出《孟子·告子下》,方勇译注:《孟子》,中华书局 2010 年版,第 237 页。
④ 语出《孟子·离娄上》,方勇译注:《孟子》,中华书局 2010 年版,第 132 页。
⑤ 语出《孟子·告子上》,方勇译注:《孟子》,中华书局 2010 年版,第 227 页。
⑥ 语出《孟子·尽心上》,方勇译注:《孟子》,中华书局 2010 年版,第 266 页。
⑦ 语出《孟子·尽心上》,方勇译注:《孟子》,中华书局 2010 年版,第 281 页。
⑧ 分句中小概念出自《孟子·尽心上》,方勇译注:《孟子》,中华书局 2010 年版,第 266 页。
⑨ 分句中小概念出自《孟子·尽心上》,方勇译注:《孟子》,中华书局 2010 年版,第 261 页。

在道德操守上,将士人阶层与"无恒产,因无恒心"①的普通民众区别了开来。而由孟子对与"大人"之"大"有关的叙述,亦即《孟子·尽心下》篇所载的"可欲之谓善,有诸己之谓信,充实之谓美,充实而有光辉之谓大,大而化之之谓圣,圣而不可知之之谓神"②,我们或可猜测,孟子为不得禄进士人描画的"大人"形象,其实在某种程度上,与孔子的治政君子形象一样,都是基于士人阶层现实可学、可法的需要而提出的,是普通士人之上、圣人之下的中间概念。

而孟子言语中的"大人"形象,亦是对孔子以来的儒家之学,于典制体系之外讨论"修身俟命""正己为政"的重要补充。其较之《大学》《中庸》更为具体可行的言说方式,在使其获得更广泛的士人接受度的条件下,也必然会产生更大的社会影响,亦意味着其会在整体意义上更有效地匡扶于时君。以上我们论及孟子之教若此,那么,稍晚于孟子的荀子在儒家理想治政形象方面又作出了怎样的革易与改变,让我们于下细观之。

五、荀子以"雅儒""大儒"为代表的理想治政人格

考究荀子之学,其亦承继儒家之业。据林存光、肖俏波之解,培养士人中的精英群体,进而对变化中的社会政治秩序做出改变,

---

① 语出《孟子·梁惠王上》,方勇译注:《孟子》,中华书局 2010 年版,第 13 页。
② 方勇译注:《孟子》,中华书局 2010 年版,第 295 页。

是古典儒家的现实关切与一贯追求。① 或许亦是因为荀子本人也如孔子一般，具有现实处理国家事务的经验，所以不同于孟子偏重个体、心性的"正己为政"的理论倾向，荀子提出了与其礼法并重的典制体系相应的"俗人""俗儒""雅儒""大儒"等具体概念，此亦即《荀子·儒效》篇中所载的：

> 故有俗人者，有俗儒者，有雅儒者，有大儒者。不学问，无正义，以富利为隆，是俗人者也。逢衣浅带，解果其冠，略法先王而足乱世术，缪学杂举，不知法后王而一制度，不知隆礼义而杀《诗》《书》；其衣冠行伪已同于世俗矣，然而不知恶；其言议谈说已无异于墨子矣，然而明不能别；呼先王以欺愚者而求衣食焉，得委积足以掩其口则扬扬如也；随其长子，事其便辟，举其上客，偲然若终身之虏而不敢有他志，是俗儒者也。法后王，一制度，隆礼义而杀《诗》《书》，其言行已有大法矣，然而明不能齐法教之所不及，闻见之所未至，则知不能类；知之曰知之，不知曰不知，内不自以诬，外不自以欺，以是尊贤畏法而不敢怠傲，是雅儒者也。法先王，统礼义，一制度，以浅持博，以古持今，以一持万，苟仁义之类也，虽在鸟兽之中，若别白黑；倚物怪变，所未尝闻也，所未尝见也，卒然起一方，则举统类而应之，无所儗怎，张法而度之，则晻然若合符节，是大儒者也。故人主用俗人则万乘之国亡，用俗儒则万乘之国存，用雅儒则千乘之国安，用大儒则百里之地久，而后三年，天下为一，诸侯为臣，用万乘之国则举错而定，一朝而伯。②

---

① 林存光、肖俏波：《古典儒家政治哲学论纲》，《天津社会科学》2013 年第5 期。

② 方勇、李波译注：《荀子》，中华书局 2011 年版，第 107 页。

由上文观之,以荀子之见,可以大致将当世之人归为"俗人""俗儒""雅儒"和"大儒"四类。普通世俗之人,以崇利为要,身无长才、亦匮兼德,实不足论。而处于荀子分类底层的"俗儒"之流,虽然在衣饰外物上颇似儒者之形,但其所学杂而不精,既未得先儒之精要,亦乏应所学于现世之能;且视其所求,与俗人无异,徒以儒术为糊口之资、行便佞之事,身无长志,仅欲存身。这可能亦是代指我们前文曾经讨论过的"小人之儒",即仅以自身受习的、儒家的只言片语为生,向无儒家之志愿,亦乏儒家所倡之德行的普通儒者。在荀子的类群划分中,显然,"俗人"和"俗儒"都处于不被称道的位置。而"雅儒"和"大儒"则不然,其与前两者的区别,就在于是否能"法后王,一制度,隆礼义而杀《诗》《书》",亦即秉承荀子根据时代衍易之需要而予以改革的"新儒学"。先前我们业已论及,荀子考量到战国末期各诸侯国主的现实需求,对传统儒学进行了与之相应的"隆礼重法"的革易,而这种改革与传统儒学最明显的区别之一,就在于是法先王之教命还是法后王之情实。所以,为荀子所期许的、能在治国利民上有所建树的儒者之流,也就非"雅儒"和"大儒"莫属。此二者同秉承荀子之学,只不过在领会与应用的程度上有所差别。不过,虽然"雅儒"不能像"大儒"一般,"以浅持博,以古持今,以一持万",以不变之礼法、应对万化之世情;但是因为"尊贤畏法而不敢怠傲",不以不知为知之的恳切态度,其亦是有其优越之处的。所以在"俗人"会使万乘之国亦走向灭亡、"俗儒"仅能使万乘之国勉强存续的比较下,"雅儒"虽然不能如同"大儒"一般,执政百里之国亦可使天下归一,但是其之能力亦可保证千乘之国的长治久安。

比照荀子提出的"尊圣者王,贵贤者霸,敬贤者存,慢贤者亡"①,君主对不同类型的儒者所奉持的态度的区别,亦在相当大的程度上关涉着己身现实之国运。而德行才具不同的儒者亦适用于荀子所提出的礼法并重的典制体系的不同层级:

> 大儒者,天子三公也。小儒者,诸侯大夫士也。众人者,工农商贾也。②

在荀子看来,"志安公,行安修,知通统类"③的"大儒"完全可以成为辅佐天子的最高等级的官员;而无法做到触类旁通、一通百通,仅是"公修而才"④的"小儒",亦足以成为诸侯之辅臣;至于没有修习儒学的普通民众,则无法担任典制体系的管理阶层,而只能处于被统治的地位。但是这个等级序列亦不是不可变动的。"小儒"的"公修而才",较之"大儒"的"知通统类",虽已弱化了相当的程度,但其亦不是"小儒"本有的天赋之能。而是通过自身的学习和努力,才最终得以实现的,亦即"志忍私然后能公;行忍情性然后能修,知而好问然后能才"⑤。而这种"积礼义而为君子"⑥

---

① 语出《荀子·君子》,方勇、李波译注:《荀子》,中华书局 2011 年版,第395 页。
② 语出《荀子·儒效》,方勇、李波译注:《荀子》,中华书局 2011 年版,第112 页。
③ 语出《荀子·儒效》,方勇、李波译注:《荀子》,中华书局 2011 年版,第112 页。
④ 语出《荀子·儒效》,方勇、李波译注:《荀子》,中华书局 2011 年版,第112 页。
⑤ 语出《荀子·儒效》,方勇、李波译注:《荀子》,中华书局 2011 年版,第112 页。
⑥ 语出《荀子·儒效》,方勇、李波译注:《荀子》,中华书局 2011 年版,第111 页。

"途之人百姓积善而全尽谓之圣人"①的"圣人可学而至"的思想，是与荀子"性者、本始材朴也"②的立论相一致的。而在《荀子·性恶》篇中，荀子更是直言，"人之性恶，其善者伪也"③。王杰先生认为，荀子的人性论，是对孔子"性相近也，习相远也"的基本理论作出了不同于孟子的极端性发挥。④ 但是，笔者更倾向于认同何显明的观点，亦即虽然荀子之性恶与孟子之性善，看似差异迥甚，但是就其通过导人向善、从而建构理想的德性政治的最终目的观之，二者实为殊途而同归。⑤ 毕竟荀子的"涂之人可以为禹"⑥，较之孟子的"人皆可以为尧、舜"⑦，实在是颇为相类。

　　而被荀子所盛赞的"圣人"，抑或是"大儒"，也正是通过"化性而起伪，伪起而生礼义，礼义生而制法度"⑧，最终做到"性伪合"⑨，然后才成就自己的至圣之名的。所以荀子认为，儒者、君

① 语出《荀子·儒效》，方勇、李波译注：《荀子》，中华书局 2011 年版，第110 页。
② 语出《荀子·礼论》，方勇、李波译注：《荀子》，中华书局 2011 年版，第313 页。
③ 方勇、李波译注：《荀子》，中华书局 2011 年版，第 375 页。
④ 王杰：《论孔子的天命、人性及政治价值依据》，《孔子研究》2005 年第 6期。文中孔子原文语出《论语·阳货》，杨伯峻译注：《论语译注》，中华书局 1980 年版，第 181 页。
⑤ 何显明：《儒家政治哲学的内在理路及其限制》，《哲学研究》2004 年第5 期。
⑥ 语出《荀子·性恶》，方勇、李波译注：《荀子》，中华书局 2011 年版，第385 页。
⑦ 语出《孟子·告子下》，方勇译注：《孟子》，中华书局 2010 年版，第235 页。
⑧ 语出《荀子·性恶》，方勇、李波译注：《荀子》，中华书局 2011 年版，第379 页。
⑨ 语出《荀子·礼论》，方勇、李波译注：《荀子》，中华书局 2011 年版，第313 页。

子,或者更严格地限定为"雅儒"和"大儒"的贤德之处,不在于其全知全能、能人所不能、知人所不知;恰恰与之相反,在农、工、商以及辩术等领域,与专业人士相较,其之才能是多有不及的。① 儒者的贤德之处更在于其能"谪(谲)德而定次,量能而授官,使贤不肖皆得其位,能不能皆得其官,万物得其宜,事变得其应"②。在荀子看来,儒者修习的更应是如何更好地在现有的政权体系中服务的现实统御之术。所以,儒者在政权体系中切实供职时,可以做到"志意定乎内,礼节修乎朝,法则度量正乎官,忠信爱利形乎下,行一不义、杀一无罪而得天下,不为也"③。而周公作为被荀子所推崇的、"大儒"形象的卓越代表,更是做到了"以枝代主而非越""以弟诛兄而非暴""君臣易位而非不顺""因天下之和,遂文、武之业,明枝主之义,抑亦变化矣,天下厌然犹一"④。所以,以荀子所划定的"大儒"以及"雅儒"的理想治政形象观之,身处政权体系管理阶层的儒者,对处理日常政务之人君,实是有着极大助益的。当然,如果真按荀子所设想的,现行政权体系中皆为秉持荀子礼法之教的"法后王"之儒生,荀子所厘定的、以"虚君"为本的、礼法并重的典制体系也就能得到最有效的运行。

可以说,"大儒"代表着荀子的最高理想治政人格,而"雅儒"则代表着无数平凡资质之士人所可现实努力奋斗的方向。而无论

① 该观点参见《荀子·儒效》篇,方勇、李波译注:《荀子》,中华书局 2011 年版,第 95 页。
② 语出《荀子·儒效》,方勇、李波译注:《荀子》,中华书局 2011 年版,第 95 页。
③ 语出《荀子·儒效》,方勇、李波译注:《荀子》,中华书局 2011 年版,第 94 页。
④ 语出《荀子·儒效》,方勇、李波译注:《荀子》,中华书局 2011 年版,第 91 页。

是"大儒"的总理国政,抑或是"雅儒"的供职于一隅,其实都是对荀子所试图构建的典制体系有着不同程度的帮助作用的。所以,荀子对传统的儒家理想治政人格作出的这种阶梯式的划分处理,在更好地适应了不同层次士人的不同需求的同时,也是对自己礼法并重的典制理论体系的整体性完善。当然,在荀子看来,就算是修习儒学、最终亦未得禄进的普通士人,其对社会风气的整体革易、进而间接地匡助时君,亦是有所助益的,亦即"儒者在本朝则美政,在下位则美俗"①。这在完善荀子以虚君为实的典制体系、促进社会整体自行有序运转之余,也极大地鼓舞了士人阶层对于儒学的修习。毕竟与孟子立足于超越心性的诚身之教不同,荀子所倡之贤德,立足于实际之政治发用,其在更易"学而至"的同时,也将修习程度与社会等级体系中的具体权限联系起来,这对大多数仍需一官半职以立身事亲的士人而言,更具有现实的说服力。以上,我们评述荀子的理想治政人格若此。下面,我们便开始探讨,与儒家不同的诸学派,在贤正士人于君主助益与否这一问题上的不同观点。

六、其他学派对贤正辅臣作用的理解

考诸前文我们业已厘定的道、法、墨等诸家文本,我们不由发现,以上三家对于贤正士人之于君主、社稷所能起到的作用之看法,实为褒贬不一。

---

① 语出《荀子·儒效》,方勇、李波译注:《荀子》,中华书局 2011 年版,第92 页。

就道家而言,其在整体的学术倾向上,就并不推崇所谓贤者的存在。以《老子》言之,其于第三章就已明言"不尚贤,使民不争"①的基本观点。而对于儒家一贯崇奉的仁义礼智等可以区别其所认定的"贤圣"于普通士人、民众的基本道德标准,老子亦持以否定的基本态度,如《老子·第十八章》中的"大道废,有仁义;智慧出,有大伪;六亲不和,有孝慈;国家昏乱,有忠臣"②。所以在这种"绝圣弃智,民利百倍;绝仁弃义,民复孝慈;绝巧弃利,盗贼无有"③思想的指导下,老子所倾向的是使当世之人"见素抱朴,少私寡欲"④。而在"民无知无欲""知者不敢为"的客观社会环境下⑤,为儒家所提倡的、以仁义礼智而超脱于众人的"贤正"之士,也就失却了可以孕育的土壤。而老子的理想治政人格与儒家亦颇有区别。不同于儒家的以正己正人为务,老子理想中的圣人抑或"士"的形象,是"豫兮若冬涉川;犹兮若畏四邻;俨兮其若客;涣兮其若释;敦兮其若朴;旷兮其若谷;混兮其若浊"⑥、以所修之"道"

① 陈鼓应:《老子注译及评介》(修订增补本),中华书局 2009 年版,第67 页。

② 该章节见录于帛书老子和传世本文献,但陈鼓应先生以郭店简并无此简文,故删去。笔者倾向于将之保留。陈鼓应:《老子注译及评介》(修订增补本),中华书局 2009 年版,第132 页。

③ 语出《老子·第十九章》。此章节,陈鼓应先生据郭店简本,改"绝圣弃智"为"绝智弃辩",变"绝仁弃义"为"绝伪弃诈"。笔者此处仍倾向于传世本之说。陈鼓应:《老子注译及评介》(修订增补本),中华书局 2009 年版,第134 页。

④ 语出《老子·第十九章》,陈鼓应:《老子注译及评介》(修订增补本),中华书局 2009 年 2 月第 2 版,第134 页。

⑤ 以上小概念出自《老子·第三章》,陈鼓应:《老子注译及评介》(修订增补本),中华书局 2009 年版,第67 页。

⑥ 语出《老子·第十五章》,陈鼓应:《老子注译及评介》(修订增补本),中华书局 2009 年版,第116 页。

之绪余即可惠及自身、乡里、乃至天下的与"道"玄同之人。

考诸庄子,其亦绍继老子之学,认为儒家标榜仁义之圣人,实为"屈折礼乐以匡天下之形,县跂仁义以慰天下之心"①。所以,当今之世,民众的"踶跂好知,争归于利"②亦应归因于此。而世俗之所谓"至知""至圣"也不过是为"大盗"积,只有"攘弃仁义",方可使天下之德复归于玄同。③ 而这种儒家抑或是其他学派的士人,无法使天下"熙然而安"的客观境况之形成,则是因为那些热衷推行自身所习之学的学者本人,不过是所学"不该不遍"的"一曲之士";其"不见天地之纯,古人之大体",故亦不能绍继上古之学,发明"内圣外王"之道。④ 所以,其实也无可称其为贤明。而庄子在其理想治政形象上,虽然亦部分如儒家一般,宗法上古之先王,但

①　语出《庄子·马蹄》,方勇、陆永品:《庄子诠评》(增订新版),巴蜀书社2007年版,第292页。虽然《马蹄》篇分属《庄子》外篇,但据崔大华先生考证,其可于《庄子》内篇(《应帝王》)中寻找到与其标志性思想观念相一致的渊源。(崔大华:《庄学研究——中国哲学一个观念渊源的历史考察》,人民出版社1992年版,第89—90页)所以就庄学思想渊源之一致性来看,笔者以为《马蹄》篇亦可作为庄子思想研究之参照。更遑论笔者所引思想本身即是对老学的承继。后文笔者所使用的《胠箧》篇,亦与此相类。崔大华先生认为,其可在《大宗师》篇中,觅其根源。(崔大华:《庄学研究——中国哲学一个观念渊源的历史考察》,人民出版社1992年版,第90页)

②　语出《庄子·马蹄》,方勇、陆永品:《庄子诠评》(增订新版),巴蜀书社2007年版,第292页。

③　以上观点出自《庄子·胠箧》,方勇、陆永品:《庄子诠评》(增订新版),巴蜀书社2007年版,第305、307页。

④　以上观点出自《庄子·天下》,方勇、陆永品:《庄子诠评》(增订新版),巴蜀书社2007年版,第1051页。虽然《天下》篇在章目归类上,属于《庄子》杂篇,但王葆玹先生认为,《天下》篇实为《庄子》之后序。(王葆玹:《黄老与老庄》,中国人民大学出版社2012年版,第205—209页)所以,笔者秉承这一观点,将《天下》篇亦援引为所用材料。

其却将立论之角度转至心性,亦即《庄子·德充符》篇的"幸能正生,以正众生"①。而这也是其与重视名仪礼法的儒家相区别之处。当然,庄子所更善于描摹的还是"用心若镜,不将不迎,应而不藏,故能胜物而不伤"的"至人"②,以及"不知说生,不知恶死;其出不欣,其入不距"的"古之真人"。③

就法家而言,其对待可予时君以辅助的贤德士人之态度,仅在其学派之内,亦不是完全相同。依管子之见,贤人的选拔与恰当任用,是每一位致力于强国固本的君主所应关心的根本性事宜。《管子·五辅》篇有言:"明王之务,在于强本事,去无用,然后民可使富。"④而关于这个"本"的定位,在《管子·立政》篇中也早有疏解,亦即"君之所审者三:一曰德不当其位,二曰功不当其禄,三曰能不当其官。此三本者,治乱之原也"⑤。由此,君主原有的、治国理政的权力与职能也就下移给了只居于臣属之位的"贤人",而君主的主要职能也就重新界定为与选拔、任用贤人相关的一众事宜,如《管子·立政》篇中的"君之所慎者四:一曰大德不至仁,不可以授国柄。二曰见贤不能让,不可与尊位。三曰罚避亲贵,不可使主兵。四曰不好本事,不务地利而轻赋敛,不可与都邑。此四务者,安危之本也"⑥。所以,张分田先生所认为的,法家学说中包含着

---

① 方勇、陆永品撰:《庄子诠评》(增订新版),巴蜀书社 2007 年版,第170 页。
② 语出《庄子·应帝王》,方勇、陆永品撰:《庄子诠评》(增订新版),巴蜀书社 2007 年版,第 263 页。
③ 语出《庄子·大宗师》,方勇、陆永品撰:《庄子诠评》(增订新版),巴蜀书社 2007 年版,第 199 页。
④ 黎翔凤撰,梁运华整理:《管子校注》,中华书局 2004 年版,第 201 页。
⑤ 黎翔凤撰,梁运华整理:《管子校注》,中华书局 2004 年版,第 59 页。
⑥ 黎翔凤撰,梁运华整理:《管子校注》,中华书局 2004 年版,第 62 页。

相当丰富的规范、限制君权的思想①,以此观之,亦适用于管子。而管子心目中,以君为代表的理想治政形象,也就限定为了"圣人之所以为圣人者,善分民也"②。而不似传统儒家,需要"恭己正南面"的道德操守与情怀。

韩非子与管子则不同,其对所谓的贤臣,并不十分推崇。《韩非子·二柄》篇中曾明言,"人主有二患:任贤,则臣将乘于贤以劫其君"③。在韩非子看来,这是"君""臣"之间因"君臣之交,计也"④的相处模式,所可能导致的权势之争所造成的客观结果,亦即《韩非子·爱臣》篇中所认为的"爱臣太亲,必危其身;人臣太贵,必易主位"⑤。但这并不意味着所谓的"贤人"本身一定会对君主、社稷造成损害,而是强调要在人君可以掌控的范围内,对"贤臣"进行"量才任用",亦即"官贤者量其能,赋禄者称其功"⑥,如此,方可"贤者不诬能以事其主,有功者乐进其业"⑦,成就事实上的王图霸业;反之,如若"大臣太贵,左右太威"⑧,国家和人主就

①　张分田:《略论先秦法家规范君权的政治思想》,《天津师范大学学报》(社会科学版)2006 年第 2 期。
②　语出《管子·乘马》,黎翔凤撰,梁运华整理:《管子校注》,中华书局 2004 年版,第 102 页。
③　高华平、王齐洲、张三夕译注:《韩非子》,中华书局 2010 年版,第 56 页。
④　语出《韩非子·饰邪》,高华平、王齐洲、张三夕译注:《韩非子》,中华书局 2010 年版,第 184 页。
⑤　高华平、王齐洲、张三夕译注:《韩非子》,中华书局 2010 年版,第 30 页。
⑥　语出《韩非子·八奸》,高华平、王齐洲、张三夕译注:《韩非子》,中华书局 2010 年版,第 75 页。
⑦　语出《韩非子·八奸》,高华平、王齐洲、张三夕译注:《韩非子》,中华书局 2010 年版,第 75 页。
⑧　语出《韩非子·人主》,高华平、王齐洲、张三夕译注:《韩非子》,中华书局 2010 年版,第 749 页。

会在臣子"无法而擅行,操国柄而便私"①的威胁下、逐渐走向灭亡。对于韩非子而言,其之理想治政形象从未归属于人臣,而是集中于人君。② 其之理想在《韩非子·扬权》篇中得到了明确展示,亦即"事在四方,要在中央。圣人执要,四方来效"③。所以与儒家以贤正士人代替人君主持国政之理念的事实上的"虚君"不同,韩非子是立足"君"本、崇尚"君"之权威的。

就墨家而言,墨子在"尚贤"方面耗诸了相当笔墨的言说。魏义霞先生认为,"尚贤使能为政"毫无疑问是墨子政治哲学中的核心命题。④ 而阎学通先生也有类似的观点,认为对于墨子而言,"任人唯贤"的统治方术是关涉国家政治实力的核心要素。⑤ 对于墨子而言,"入国而不存其士,则亡国矣"⑥的客观原因在于,不独在丝染行业有"染于苍则苍,染于黄则黄,所入者变,其色亦变"⑦的客观规律,士人、辅臣之于国君亦有类似的影响,亦即"非独染丝然也,国亦有染"⑧。而这种影响也可以是正反两个方向的:舜、禹、汤和武王,因为"所染当,故王天下,立为天子,功名蔽天地";

---

① 语出《韩非子·人主》,高华平、王齐洲、张三夕译注:《韩非子》,中华书局 2010 年版,第 749 页。

② 刘小刚亦认为,韩非子以"明主""明君"为其设定的治国理想人物,从而假定了一个理念中的完美君主以安治天下。(刘小刚:《明君之道——韩非君主论思想研究》,《管子学刊》2010 年第 1 期)

③ 高华平、王齐洲、张三夕译注:《韩非子》,中华书局 2010 年版,第 59 页。

④ 魏义霞:《论墨子"以尚贤使能为政"的政治哲学》,《齐鲁学刊》2010 年第 1 期。

⑤ 阎学通:《先秦国家间政治思想的异同及其启示》,《中国社会科学》2009 年第 3 期。

⑥ 语出《墨子·亲士》,方勇译注:《墨子》,中华书局 2011 年版,第 2 页。

⑦ 语出《墨子·所染》,方勇译注:《墨子》,中华书局 2011 年版,第 13 页。(《吕氏春秋》的《当染》篇与此篇内容颇为类似。)

⑧ 语出《墨子·所染》,方勇译注:《墨子》,中华书局 2011 年版,第 14 页。

而夏桀、殷纣、周厉王、周幽王则因"所染不当,故国残身死,为天下僇"①。这种近臣、重臣对国君所起到的重要影响不独在上古如此,其于墨子所处的春秋战国之世亦然:齐桓公、晋文公、楚庄王、吴王阖闾和越王勾践都因为"所染当,故霸诸侯,功名传于后世";而范吉射、中行寅、吴王夫差、知伯摇、中山桓公和宋康王则因为"所染不当",而终致"国家残亡,身为刑戮,宗庙破灭,绝无后类,君臣离散,民人流亡"②。也正是因为君主在当时国家中所处的核心地位,以及其所能发挥的关键性影响,所以,墨子得出"夫尚贤者,政之本也"③的论断。

在推崇贤者以襄助时君、分薄君主权力这一点上,儒家与墨子还是颇有相似之处的。但是二者所划定的"贤者"之标准还是有所区别。以墨子所描摹的理想中的圣王形象观之:

> 古者圣王之为政,列德而尚贤,虽在农与工肆之人,有能则举之,高予之爵,重予之禄,任之以事,断予之令。曰:爵位不高,则民弗敬;蓄禄不厚,则民不信;政令不断,则民不畏。举三者授之贤者,非为贤赐也,欲其事之成。故当是时,以德就列,以官服事,以劳殿赏,量功而分禄。故官无常贵,而民无终贱,有能则举之,无能则下之,举公义,辟私怨,此若言之谓也。④

以儒家的思想倾向而言,虽然《中庸》曾强调"大德者必受命",但

---

① 以上观点出自《墨子·所染》,方勇译注:《墨子》,中华书局 2011 年版,第14 页。

② 以上观点出自《墨子·所染》,方勇译注:《墨子》,中华书局 2011 年版,第15 页。其中"范吉射"和"中行寅"皆为晋国六卿,后为赵简子所败。

③ 语出《墨子·尚贤上》,方勇译注:《墨子》,中华书局 2011 年版,第 54 页。

④ 语出《墨子·尚贤上》,方勇译注:《墨子》,中华书局 2011 年版,第 52 页。

是对于传统儒家而言,其之所论重点更在于贤人,亦即对士人阶层的培养。虽然教化家邦需要不同的能力与德行,但是传统儒家并不保证在具有与职位相匹配的德行后,一定可以获得相应的官职。对此,孟子将士人修习儒学的目标超拔至了"天爵",而非世人所钦崇的"人爵";甚至荀子在劝诱秦昭王采信儒教,备述儒者于国家裨益之时,亦不曾如墨子一般,直接索取高位、厚禄与专断之能。虽然在墨子的理解中,这并不是对贤者本身的赐予,而是为了促进民众对贤者的敬畏,进而使贤者更好地处理政事。但是我们不由得要问一句,为何墨子笃定民众会对任用的贤者不甚信服。笔者以为,固然其中有贤者"新用事"、声名不显,故民众对之有所怀疑的原因;但更重要的可能亦在于墨子所划定的"贤者"之"出身",可能并不在世人所可轻易接受之列。

由上文可知,墨子有"虽在农与工肆之人,有能则举之,高予之爵,重予之禄,任之以事,断予之令"之言。其中的"农"是传统士人阶级的重要补充,这点儒家亦不会予以否定。但是"工肆"之人,则不尽然。冯友兰先生认为,"墨家所主张乃墨子就下层社会穷人之观点所立之新制;儒家所主张,乃当时上层社会之君子所应行之成规"[1]。虽然随着"士"之阶层的扩大,儒家的主流受教群体更应定位为中层,但是,对小生产者的关切却是墨子、墨家所特有的。任继愈先生就认为,"墨子的学术思想主要来自对春秋末期社会政治变化的深刻认识,对小生产者生活现状和要求改变现实处境的愿望的实际体验"[2]。而墨子所传授之弟子,除却"谈辩"者游说从政、"说书"者继承和传播墨子学说,其本身亦包括

---

① 冯友兰:《原儒墨》,李绍强主编:《儒家学派研究》,中华书局 2003 年版,第 176 页。

② 任继愈:《墨子与墨家》,商务印书馆 1998 年版,第 17 页。

"从事"者,也即从事器械制造、负责守城保卫事宜的弟子们。① 所以,墨子所谓的"官无常贵,而民无终贱,有能则举之,无能则下之",其实亦是为其之弟子、其所代表的小生产者谋取晋身之路。由此,笔者以为,徐希燕所认为的,墨子之"尚贤"思想对其时的贵族世袭统治产生了巨大的冲击②,这一说法,其实颇为精当;而林振武所秉持的,墨子在公共权力分配上坚持"精英政治",从而忽视下层民众利益的观点③,还是未得墨子之真意的。

除却"贤人"之来源,在可襄助时君的"贤臣"所应具有的能力方面,墨子与传统儒家亦有所区别,传统儒家强调德行之类的道德情操往往胜于士人具体的治国理政才能。即使荀子应时代所需,对传统儒家作出了革易,但其也强调儒家所学之重点,在于"谪(谲)德而定次,量能而授官,使贤不肖皆得其位,能不能皆得其官,万物得其宜,事变得其应"④。而不是如同墨子一般,强调其之贤臣在日常政务之处理中,亦即"听狱治政""收敛关市、山林、泽梁之利""耕稼、树艺、聚菽粟"等专项事务中,所能发挥的具体才能。⑤ 笔者以为,墨子对"贤臣"所应拥有的、诸多具体才能的强调,可能在事实上更有益于其之门下、诸多出身不高的弟子,以艺晋身。而在诸多秉承墨子之学的弟子可以充斥朝廷之政务体系、渐染时君,甚至君主本人都成为墨学之拥趸的情况下,墨子所谓的

---

① 郑杰文:《中国墨学通史》,人民出版社 2006 年版,第 31—41 页。
② 徐希燕:《墨子的政治思想研究》,《政治学研究》2001 年第 4 期。
③ 林振武:《亚里士多德与墨子政治哲学比较研究》,《齐鲁学刊》2003 年第 5 期。
④ 语出《荀子·儒效》,方勇、李波译注:《荀子》,中华书局 2011 年版,第 95 页。
⑤ 以上观点参见《墨子·尚贤中》,方勇译注:《墨子》,中华书局 2011 年版,第 57 页。

"尚同一义之可而为政于天下也"①的理想也就真正得以实现。而墨子由"上本古者圣王之事""下原察百姓耳目之实""观其中国家百姓人民之利"的"三表"之法②,所得出的源自于天的"一义"③,其实也就是其一贯主张的、圣王所秉奉的"王公大人之所以安""万民衣食之所以足"的"兼相爱,交相利也"。④ 墨子这种希望借助其弟子于政权体系之渗透,以达到渐染时君、发用其学于政事、进而贯彻自身政治理想的做法,其实与孔子、荀子的治政理想都颇有相似。

综论前文之所陈,我们发现,贤正士人对于时君的襄助作用,是与其处于社会格局之大变动期的客观现实直接相关的。春秋战国以来,原有社会构成中分属公卿之下、庶民之上,作为上下流动汇合之所的"士"之阶层,其组成人数不断扩大。而儒家为了前文所言及的、其所构建的理想典制体系,可以在不考虑时君影响下自发、自主运行,而将对"士"——这一中国文化传统中既可为"臣属"、亦不局限于"臣属"的特殊群体的引导、教化,纳为自己学派学说体系的重要一环。而对"士"这一阶层的恰当引导,亦在客观上有益于其理想典制体系之维系与其必要的人员补充,乃至最终的匡协时君。哪怕"士"这一阶层中最终可能并不会涌现可以独立支撑礼法如常、贤正兼备的"无双国士"。

　　而为儒家所一向宗法的、见诸于史籍的周公,以其"一年救乱,二年克殷,三年践奄,四年建侯卫,五年营成周,六年制礼作乐,七年致政"①的卓越事迹,成为立志于成为"世之典范"的"君子"们的理想仿效对象。而其较之同类型的治政之能臣,亦即伊尹、管仲之流,其在德行操守上亦更符合儒家的思想理念。毕竟"有伊尹之志,则可;无伊尹之志,则篡也"②。儒家所重之根本,还是在于士人之德行,此亦即《论语·泰伯》篇所言的"如有周公之才之美,使骄且吝,其余不足观也已"③。然而,周公之完美,同时也意味着其为普通士人所法效的困难。所以,为了适应普通士人阶层之需要,孔子提出了可为之仿效的、理想的治政君子人格。但同时亦因为受教的"士人"阶层本身所具有的、可上可下的变动性特征,孔子之教以"德"为主、而"政"为辅。希望通过《诗》《书》《礼》《乐》《易》《春秋》的恰当引导,可以培育出"温柔敦厚""疏通知远""恭俭庄敬""广博易良""洁静精微""属辞比事"的君子之才。④

　　仲尼之后,世事衍易,儒学愈不见用于时君。所以,为了使广大受教于儒家的"士人"不至于失却儒学之真谛、沦落为仅以儒术糊口存身的"小人之儒",《大学》《中庸》两篇文献都对孔子的"正

① 语出《尚书大传·雒诰》,王闿运:《尚书大传补注》,《续修四库全书》第0055册,《续修四库全书》编纂委员会编,上海古籍出版社2002年版,第824页。
② 语出《孟子·尽心上》,方勇译注:《孟子》,中华书局2010年版,第273页。
③ 杨伯峻译注:《论语译注》,中华书局1980年版,第82页。
④ 此观点可见于《礼记·经解》,(清)孙希旦撰,沈啸寰、王星贤点校:《礼记集解》,中华书局1989年版,第1254页。

己为政"之学予以着重阐发,明夫"以身为家,以家为国,以国为天下。此四者,异位同本"①的絜矩诚身之义。而孟子则将这传统的"正己"之学进一步衍易,具现化为现实可蹈可履的"爱人不亲,反其仁;治人不治,反其智;礼人不答,反其敬。行有不得者皆反求诸己,其身正而天下归之"②的"尽心"之教。其之"大人"的理想形象,亦是对孔子的理想治政君子人格于心性之教上的重要补充。至于荀子的"雅儒"和"大儒",亦即与其礼法并重的典制体系相适应的、理想治政人格的提出,则是对儒家的理想治政人格作出了更易于士人仿效的、阶梯式区分。

若论与儒家之学尚有明显区分的其他学派于"贤人""贤臣"之见解,则老子、庄子俱以"非贤"为论,不以儒家之仁礼为致化之方;管子以尚贤为君本、君务,然其所贤,亦非儒家之德;韩非则以"君"权、"君"势为重,量"贤才"而非"贤臣";墨子虽于"尚贤使能"颇多论述,然其所划定之贤人,亦远超儒家所厘定之"士人"范围。

综上所论,儒家立足于教化士人德行的理论体系,既是为了培养将来之臣属,以自家学派之思想匡助人君;亦是立足于人伦之教,以士人之日用言行,化万民于无形。由此,受习儒家之教的士人,也就必然会因其独特的德行操守,而与其他士人、民众区分开来。据徐中舒先生之文字学考证,士王皇三字俱象人之端拱而坐之形,不过"王"字之"首"较之"士"字为大,而"皇"字则于"王"字

---

① 语出《吕氏春秋·执一》,许维遹:《吕氏春秋集释》,中华书局 2009 年版,第 469 页。
② 语出《孟子·离娄上》,方勇译注:《孟子》,中华书局 2010 年版,第132 页。

"首"上更著冠形。① 或许,对于儒家而言,"义以为质,礼以行之,孙以出之,信以成之"②亦是区别儒家之"君子""士人"与他者的"德"之冠冕。

行文至此,让我们将视线转回之前对弗雷泽《金枝》所做的附会之解。如果说前文我们业已阐明典制礼法之于君主,其实是希冀君主可以如同只能植根于大地的橡树一般,表现出为臣民所期待的特定行为模式,亦即君德之固化。而在儒家"虚君"理念的指导下,领受儒家之学的士人就如同督伊德教的祭司一般,既承担着对君主——这棵橡树的照料与保护的职责,亦肩负着向民众解释橡树诸种表征的真正寓意的执行之责。乍看起来,祭司拥有着建诸于橡树存在、高于民众的世俗权力。但是,事实上,就连橡树本身,也是因为民众对于天火的畏惧而确立了其之神圣地位。③ 如果有一天民众对于橡树失却了原有的敬畏之心,那么,曾经作为神圣代言的橡树也终究无法摆脱再次成为民众日用柴火之命运,而与橡树命运相依存的祭司体系亦将不复存在。所以,从始至终,民众才是决定橡树以及祭司命运的关键环节。那么,现实中的民众是否对君主亦起着相似的决定性作用,让我们于下章细观之。

---

① 徐中舒:《士王皇三字之探原》,《"国立中央研究院"历史语言研究所集刊》第四本,江苏古籍出版社 2008 年版,第 441 页。

② 语出《论语·卫灵公》,杨伯峻译注:《论语译注》,中华书局 1980 年版,第166 页。

③ [英]詹·乔·弗雷泽著,徐育新等译:《金枝》,大众文艺出版社 1998 年版,第 1000 页。

第六章 君道之宜——仁民教民之政治根本

民众，作为整个社会秩序建构中，基数最为广大的组成部分，其于人君，亦即其时社会秩序事实上的领导者，有着与其组成人数成正比的强大影响力。《吕氏春秋·用众》篇有言曰，"凡君之所以立，出乎众也。立已定而舍其众，是得其末而失其本。得其末而失其本，不闻安居"①。所以，民众的共同意愿，既是人君初始被擢立之原因，亦是以人君血脉为承继的国家能否真正地"国祚永延"的关键。由此，诞生于春秋之大争乱世、以平治天下为己务的儒家学人，也就必然会对民众与君主之间存在的相互影响进行一定的思考，乃至提出具有自身理论特色的相应学说，以解决其时前所未有之乱局。而儒家本有的"仁民教民"之心，其实也正是儒家所提出之君道理论体系的根本归结点，其亦对君道之所宜然、应然之发展，予以了前瞻性的引导。然而，任何理论学说的产生都不会是无源之水、无本之木。所以，我们在探讨儒家对于民众与人君之间的关系、具体可行的治民方略等基本问题之前，首先需要予以解决的，就是儒家产生之前，与儒家渊源相关的世人，对此类问题所秉持的大致看法。而这也就是我们在第一部分中所要解决的问题。

---

① 许维通：《吕氏春秋集释》，中华书局 2009 年版，第 102 页。

一、《尚书》文本中的"亲民"与"天民合一"

考诸《尚书》文本,上古之时,为儒家所宗法、崇奉的"圣王",就尽皆以"安民"为务。由之前我们业已对上古之时的典制初立所进行的相关研究,我们可知,帝尧曾命令羲氏和和氏四子,分居东南西北四个方向,参照新制定之时历,分别承担春夏秋冬四时的不同农事指导工作,而闰月的补充设定,亦使原有的历法更加完善,从而有效地促进了以农事为基础的、与民生相关的各项事业的发展。① 而对帝舜而言,其将"安民"的统治要义贯彻地更为全面。其命后稷主管农事,使黎民不失农时;使契为司徒,主管民众教化,务使父义、母慈、兄友、弟恭、子孝;以皋陶作士,使民众明信五刑。以上皆与民众日常之生产、生活直接相关。而由垂所督责的百工之事,其实也是为了民众更好的生产、生活而创制诸种工具;至于益所主管的山泽之事,则是为了指导民众如何斧斤以时入山林且渔猎有节;而龙,这一纳言职位的设立,则更是为了居于下位的民众可以及时知晓君主政令之真意。② 在此,笔者从余治平先生之见,将人君为了使下层民众"亲善"于己身政权、便于统治,而采取的一系列使民众安顿、富足的举措,概之以"亲民"之名。③

---

① 相关文本参见《虞书·尧典》,李民、王健:《尚书译注》,上海古籍出版社2004年版,第3—4页。

② 相关文本参见《虞书·舜典》,李民、王健:《尚书译注》,上海古籍出版社2004年版,第18—19页。

③ 余治平:《新民与亲民——作为中国古代政治哲学的一个问题》,《人文杂志》2005年第4期。

而在帝禹之时,其明确了君主与万民之间所存在的客观关联,亦即民众失去君主之引领、则茫然不知所之,君主失去民众的拥戴、则其自身与国家皆无法存续。这也就是《虞书·大禹谟》所强调的"可爱非君？可畏非民？众非元后何戴？后非众罔与守邦"①。可能也正是基于民众之于君主的这份重要性,帝禹将君主治政好坏与否之标准,直接总结为了"德惟善政,政在养民"②。在帝禹看来,人君之所以以"养民"为政,实际上是为了黎民可以感念君主之恩德,亦即"安民则惠,黎民怀之"③。而促使帝禹以及其时的皋陶作出此等决定的原因,可能就在于民众之共同意愿与彼苍者天之间的某种切实关联,亦即《虞书·皋陶谟》所言的"天聪明,自我民聪明。天明畏,自我民明威"④,也即"天民合一"。由此,君主对于下民所施行之"善政",其实是因为其畏惧上天之权威、祈愿天赐之恩宠。这也就展现了天与君主、君主与下民、下民与天的一种相互影响式的关联。而皋陶将之总结为"达于上下,敬哉有土"⑤。显然,这种说法使我们不由得联想到了之前所曾研究过的"予一人"这一称谓之真意以及《周书·洪范》篇中强调"君德三应"的王形政权体系。徐中舒先生曾断言,先秦之璀璨文化,在殷文化来源未明之前,实可肯定其孕育于殷商一代;至于周人,

① 李民、王健:《尚书译注》,上海古籍出版社 2004 年版,第 32 页。
② 语出《虞书·大禹谟》,李民、王健:《尚书译注》,上海古籍出版社 2004 年版,第 26 页。
③ 语出《虞书·皋陶谟》,李民、王健:《尚书译注》,上海古籍出版社 2004 年版,第 37 页。
④ 李民、王健:《尚书译注》,上海古籍出版社 2004 年版,第 38 页。
⑤ 语出《虞书·皋陶谟》,李民、王健:《尚书译注》,上海古籍出版社 2004 年版,第 38 页。

则不过是中国文化的大护法与传播者。① 笔者以为,如果《皋陶谟》的创作时间可以确定的话,可能殷商文化这一断代时间亦能推前。

至少在君主与下民、下民与天之关系上,夏、商、周三代都对源自上古之文化予以了有效传承。《夏书·五子之歌》就直言,"民惟邦本,本固邦宁"②。而在民众是君主与社稷得以长久存续的基础的前提下,"民可近,不可下"③也就并不是一条不可理解的治政原则。

而《商书》诸篇,其与此之思想承继亦较为明显。其中《仲虺之诰》篇认为,上天赐降人君之原因,就是为了人君可以教化万民,亦即"惟天生民有欲,无主乃乱"④,所以人君"懋昭大德,建中于民,以义制事,以礼制心"⑤,藉己身之能,克享天心、"垂裕后昆"⑥。由此,上古以及夏朝所流传的君、民相依,互利共生的观点在《商书》中亦予以延续。《商书·太甲中》篇有"民非后,罔克胥匡以生;后非民,罔以辟四方"⑦之载,《商书·咸有一德》亦云"后非民罔使,民非后罔事"⑧。至于传统的"天民相应"的观点,在这一时期,亦予以绍承,《商书·太甲下》就引伊尹之言,阐述了"惟

---

① 徐中舒:《殷周文化之蠡测》,台湾"国立中央研究院"历史语言研究所集刊第二本,江苏古籍出版社 2008 年版,第 280 页。

② 李民、王健:《尚书译注》,上海古籍出版社 2004 年版,第 93 页。

③ 语出《夏书·五子之歌》,李民、王健:《尚书译注》,上海古籍出版社 2004 年版,第 93 页。

④ 李民、王健:《尚书译注》,上海古籍出版社 2004 年版,第 110 页。

⑤ 李民、王健:《尚书译注》,上海古籍出版社 2004 年版,第 113 页。

⑥ 李民、王健:《尚书译注》,上海古籍出版社 2004 年版,第 113 页。

⑦ 李民、王健:《尚书译注》,上海古籍出版社 2004 年版,第 131 页。

⑧ 李民、王健:《尚书译注》,上海古籍出版社 2004 年版,第 140 页。

天无亲,克敬惟亲;民罔常怀,怀于有仁"①的思想。但是与《虞书·皋陶谟》的"天聪明,自我民聪明。天明畏,自我民明威"②以及"安民则惠,黎民怀之"③相较,我们不由发现,《太甲下》这一观点的表述,虽然不异于对以上两种观点的结合综论,但因为其省却了最重要的、关于天与民之间直接关系的论述,所以后人观之,或有"敬天而忘民"之嫌。晁福林先生就认为,商周之际,殷纣王始称"天子",自此,君、民之距离有如天渊。④

而时间演至西周,或许是推翻商王朝、寻求革命起兵之合法性的必然需要,天与民的直接关联得到了再次强调。《周书·泰誓中》即言"天视自我民视,天听自我民听"⑤;而《周书·泰誓上》在强调"天佑下民,作之君,作之师"⑥,以"民"为"君"所立之间接合法性之余,亦着重申明"天矜于民,民之所欲,天必从之"⑦的基本观点。陈来先生就认为,流行于周代的,谈及"君—民"关系的"天民合一论",其实是对国家政权之终极合法性的关涉与论及。⑧ 也正是因为"皇天无亲,惟德是辅;民心无常,惟惠之怀"⑨的客观现实,箕子在传授武王以"皇极"之道时,在其"稽疑"部分,亦重点强

① 李民、王健:《尚书译注》,上海古籍出版社 2004 年版,第 134 页。
② 李民、王健:《尚书译注》,上海古籍出版社 2004 年版,第 38 页。
③ 李民、王健:《尚书译注》,上海古籍出版社 2004 年版,第 37 页。
④ 晁福林:《"君民同构":孔子政治哲学的一个重要命题———上博简和郭店简〈缁衣〉篇的启示》,《哲学研究》2012 年第 10 期。
⑤ 李民、王健:《尚书译注》,上海古籍出版社 2004 年版,第 199 页。
⑥ 李民、王健:《尚书译注》,上海古籍出版社 2004 年版,第 195 页。
⑦ 李民、王健:《尚书译注》,上海古籍出版社 2004 年版,第 195 页。
⑧ 陈来:《中国早期政治哲学的三个主题》,《天津社会科学》2007 年第 2 期。
⑨ 语出《周书·蔡仲之命》,李民、王健:《尚书译注》,上海古籍出版社 2004 年版,第 334 页。

调了"庶民"在"卜以决疑"这一过程中,不输于人君、卿士,以及龟、筮的重要地位。而周公封其弟康叔为卫君时,也着重告诫其对民众要"若保赤子,惟民其康乂"①。由此,这种"天民合一"之理念,就伴随着周王朝分封制的推广,而盛行于周朝大地。

综上所陈,"亲民"与"天民合一"思想,实是在《尚书》的相关政治理念研讨中,占据了极其重要的地位。而儒家作为以"祖述尧舜,宪章文武",亦即先王之教,为自身学派之理论特色乃至仪式法则的独特学人,其也必然会对君民之关系产生极大的关切。但是,现实社会政治经济因素之演变与不同,往往会造成具体思想的产生与嬗变。那么,活跃于春秋时期的,儒家之始创者孔子,其之思想于其所意图绍继的上古之学,又有了怎样的革易与变化,让我们于下细观之。

二、孔子思想体系中的"德礼化民"

孔子其时,传统的天命观念,伴随着周王朝的日薄西山,业已逐渐走向衰落。所以,对孔子而言,其并不像《尚书》中一般,以"天民合一"之说,引起时君对于民众、民生的关切。事实上,考量到这一现实,孔子更倾向于直言"君、民"之关系,而非勾连以不可揣度之"天"。《孔子家语·六本》篇就将这种"君—民"关系表述为:

舟非水不行,水入舟则没;君非民不治,民犯上则倾。②

① 语出《周书·康诰》,李民、王健:《尚书译注》,上海古籍出版社 2004 年版,第 262 页。
② 王国轩、王秀梅译注:《孔子家语》,中华书局 2011 年版,第 202 页。

在孔子看来，人君如"舟"，庶民如"水"。虽然"舟"日行于"水"上，始终具有高于"水"之地位，但"水"才是"舟"真正可以前行的原因。而如果没有"水"之存在，"舟"亦不会有诞生之可能。当然，在"水"非平静常态之时，"舟"亦有倾覆之危。由此，孔子对于君民关系的舟水譬喻，实际上亦是对《周书·泰誓上》的"天佑下民，作之君，作之师"①之思想的承继。不过因为传统天命观之衰落，孔子于此不言"天之惩戒"，而代之以"民力"之说。

虽然孔子于此明言"民"之于"君"的重要性，但事实上，孔子并没有把"民"视为与自身的卿士阶层乃至时君同等的存在。囿于其时的生产水平，大多数普通民众几乎不可能获得完善的教育，自然其于学识、见闻等处，较之社会精英阶层多有不及。所以孔子以"师"字形容人君相对于民众所处的地位，这也是对《周书·泰誓上》之"惟天地万物父母，惟人万物之灵。亶聪明作元后，元后作民父母"②之理念的绍承。《礼记·缁衣》篇就有孔子之言曰：

> 民以君为心，君以民为体。心庄则体舒，心肃则容敬。心好之，身必安之；君好之，民必欲之。心以体全，亦以体伤；君以民存，亦以民亡。③

在这里，孔子进一步将"君"比作身之主宰"心"，而"民"则是为"心"所影响、操纵之"体"。由此，君主本人的德行、喜好，也就直接关涉着民众的倾向所之，也即"临之以庄，则敬；孝慈，则忠"④。

---

① 李民、王健：《尚书译注》，上海古籍出版社 2004 年版，第 195 页。
② 李民、王健：《尚书译注》，上海古籍出版社 2004 年版，第 192 页。
③ （清）孙希旦撰，沈啸寰、王星贤点校：《礼记集解》，中华书局 1989 年版，第 1329 页。
④ 语出《论语·为政》，杨伯峻译注：《论语译注》，中华书局 1980 年版，第 20 页。

然而,虽则如果没有"心"之存在,肉身亦会随之死亡;但是身体的严重损伤亦会导致"心"的消亡。正是因为这种民众对于人君的"反向性"影响,人君才必须正视民众的需求与力量。当然,也正是基于"君"为"心"的设定,所以孔子才有"政者,正也。子帅以正,孰敢不正"①之论。严格说来,这也是对《周书·君牙》"尔身克正,罔敢弗正;民心罔中,惟尔之中"②思想的承继。

而对于人君教化民众所采取之具体手段、方式,笔者以为,于孔子而言,其主要包括两个层面:一是立足于人君之德的"子欲善而民善矣。君子之德风,小人之德草。草上之风,必偃"③;二是基于"安上治民,莫善于礼"④理念的"坊民所淫,章民之别,使民无嫌,以为民纪"⑤。

孔子所提出的、基于人君德行的教化方式,固然是因为"上好礼,则民莫敢不敬;上好义,则民莫敢不服;上好信,则民莫敢不用情"⑥,也即《礼记·缁衣》篇所言及的"下之事上也,不从其所令,从其所行。上好是物,下必有甚焉者矣。故上之所好恶,不可不慎也,是民之表也"⑦。但可能其亦是考量到人君之情感倾向,对民

① 语出《论语·颜渊》,杨伯峻译注:《论语译注》,中华书局 1980 年版,第129 页。
② 李民、王健:《尚书译注》,上海古籍出版社 2004 年版,第 392 页。
③ 语出《论语·颜渊》,杨伯峻译注:《论语译注》,中华书局 1980 年版,第129 页。
④ 语出《礼记·经解》,(清)孙希旦撰,沈啸寰、王星贤点校:《礼记集解》,中华书局 1989 年版,第 1257 页。
⑤ 语出《礼记·坊记》,(清)孙希旦撰,沈啸寰、王星贤点校:《礼记集解》,中华书局 1989 年版,第 1294 页。
⑥ 语出《论语·子路》,杨伯峻译注:《论语译注》,中华书局 1980 年版,第135 页。
⑦ (清)孙希旦撰,沈啸寰、王星贤点校:《礼记集解》,中华书局 1989 年版,第 1323 页。

政之处理所可能带来的不同影响。在孔子看来，人君之"德"，实为"求善以仁"，亦即"民有小罪，必求其善以赦其过；民有大罪，必原其故以仁辅化"①，乃至"如有死罪，其使之生"②。由此，有"德者，政之始也"③之论。

而孔子于"君德"归正于"民心"外，另设以"礼"之缘由。固然是出于"礼"本身所具有的、无与伦比之优越性，亦即"礼"不仅经纬着社会等级秩序，亦规范着人们的日常言行乃至社会生活的方方面面。然而，孔子坚持"礼"的更深层次原因，恐怕还是在于"民之于仁也，甚于水火"④的客观现实，也即"君子怀德，小人怀土；君子怀刑，小人怀惠"⑤所表现的不同社会阶层所客观存在的价值取向差异。所以，孔子借由"礼"，规范民众人伦日用所可能涉及的各个方面，如"明长幼之序"的"乡饮酒之礼"和"明男女之

---

① 语出《孔子家语·入官》，王国轩、王秀梅译注：《孔子家语》，中华书局2011年版，第267页。

② 语出《孔子家语·入官》，王国轩、王秀梅译注：《孔子家语》，中华书局2011年版，第267页。

③ 语出《孔子家语·入官》，王国轩、王秀梅译注：《孔子家语》，中华书局2011年版，第267页。

④ 语出《论语·卫灵公》，杨伯峻译注：《论语译注》，中华书局1980年版，第169页。对于此句，诸方家向来有不同之义解。参照高尚榘先生之考证，笔者以王弼、黄怀信和孙钦善先生之解读为是，亦即"民之远于仁，甚于远水火也。见有蹈水火死者，未尝见蹈仁死者也"（此为王弼之解，高尚榘先生引自皇侃《论语集解义疏》卷八）；郑玄、马融、朱熹之"民之于水火，所赖以生，不可一日无。其于仁也亦然"（此为朱子之解，高尚榘先生引自《四书章句集注》）之解，较之文理，实有不通。（高尚榘主编：《论语歧解辑录》，中华书局2011年版，第846—847页）

⑤ 语出《论语·里仁》，杨伯峻译注：《论语译注》，中华书局1980年版，第38页。

别"的"昏姻之礼"①,以实现"禁乱之所由生"②"教民睦也"③"教
民顺也"④的客观目的。当然,"礼"之为用,不仅仅限定于普通民
众,臣属阶层、天子诸侯亦在其"规正"之列,如"明臣子之恩"的
"丧祭之礼"、"明君臣之义"的"朝觐之礼",乃至"使诸侯相尊敬"
的"聘问之礼"。⑤ 而囿于民众的文化素养与受教育程度,"礼"之
推行,有时亦是不得不"民可使由之,不可使知之"⑥。

综上所言,其实孔子之于人君的"治民"思想,完全可以用一
句话概而论之。此亦即《论语·为政》篇所言的"道之以政,齐之
以刑,民免而无耻;道之以德,齐之以礼,有耻且格"⑦。而《礼记·
缁衣》篇将此句进一步解为"夫民教之以德,齐之以礼,则民有格
心。教之以政,齐之以刑,则民有遁心"⑧。由此,孔子之"政教"
又再一次地归结于"心性之教"。所谓"君民者,子以爱之,则民亲

---

① 语出《礼记·经解》,(清)孙希旦撰,沈啸寰、王星贤点校:《礼记集解》,
中华书局 1989 年版,第 1257 页。
② 语出《礼记·经解》,(清)孙希旦撰,沈啸寰、王星贤点校:《礼记集解》,
中华书局 1989 年版,第 1257 页。
③ 语出《孔子家语·哀公问政》,王国轩、王秀梅译注:《孔子家语》,中华书
局 2011 年 3 月第 1 版,第 222 页。
④ 语出《孔子家语·哀公问政》,王国轩、王秀梅译注:《孔子家语》,中华书
局 2011 年版,第 222 页。
⑤ 以上小概念皆见于《礼记·经解》,(清)孙希旦撰,沈啸寰、王星贤点校:
《礼记集解》,中华书局 1989 年版,第 1257 页。
⑥ 语出《论语·泰伯》,杨伯峻译注:《论语译注》,中华书局 1980 年版,第
81 页。诸方家于此句之义解多有不同,笔者此处依高尚榘先生之考证,
从高尚榘先生之说,意指上位者应使民众明了,如何依礼行事;却不一定
非要使其通晓为何依礼行事。(高尚榘主编:《论语歧解辑录》,中华书局
2011 年 6 月第 1 版,第 424—428 页)
⑦ 杨伯峻译注:《论语译注》,中华书局 1980 年版,第 12 页。
⑧ (清)孙希旦撰,沈啸寰、王星贤点校:《礼记集解》,中华书局 1989 年版,
第 1323 页。

之;信以结之,则民不倍;恭以莅之,则民有孙心"①,考其究竟,其实不过"正己正人""以心化心"。《孔子家语·执辔》篇中,另有"德法者御民之本"②之论,相似文字亦见于《大戴礼记·盛德》。笔者推测,可能此为儒家之后学,为了响应兴起于战国的变法思潮,而对孔子思想作出的部分改易。

当然,除却上述之系统的"德礼化民"思想,孔子于时君之具体治民方略上亦有所疏解。如《孔子家语·贤君》篇中"省力役,薄赋敛""敦礼教,远罪疾"的"富民、寿民"之教,③亦如《论语·学而》篇的"使民以时"④。此皆为孔子对上古以来"亲民"思想的继承。以上,我们研究孔子之说若此。那么,其之后学孟子,又在君民关系以及治民之法上秉持着怎样的理念,让我们于下细观之。

三、孟子的"仁政保民"之教

考诸孟子之学,其于上古之说,亦有所继承。如《孟子·万章下》篇引伊尹之言曰,"天之生斯民也,使先知觉后知,使先觉觉后觉。予,天民之先觉者也;予将以此道觉此民也"⑤。这便与《周书·泰誓上》"天佑下民,作之君,作之师"⑥之思想相关。当然,考诸时代先后,伊尹诚早于武王,但是,既然我们之前已然论及周

---

① 语出《礼记·缁衣》,(清)孙希旦撰,沈啸寰、王星贤点校:《礼记集解》,中华书局 1989 年版,第 1323 页。
② 王国轩、王秀梅译注:《孔子家语》,中华书局 2011 年版,第 306 页。
③ 王国轩、王秀梅译注:《孔子家语》,中华书局 2011 年版,第 164 页。
④ 杨伯峻译注:《论语译注》,中华书局 1980 年版,第 4 页。
⑤ 方勇译注:《孟子》,中华书局 2010 年版,第 193 页。
⑥ 李民、王健:《尚书译注》,上海古籍出版社 2004 年版,第 195 页。

朝之文化本身就是对殷商文化的传承,那么,此二者之间,可能本身就存在着某种传承关系。至于伊尹本为臣属之身,如果考量到伊尹曾代太甲摄政当国、以朝诸侯的客观史实①,那么,将此段文字置于"君民关系"之论,亦未为不可。由此,在孟子看来,人君仍然承担着对民众予以引导、教化的重任。

而孟子关于君民关系的最著名理论,可能莫过于《孟子·尽心下》篇的:

　　　　民为贵,社稷次之,君为轻。②

在这里,由孙奭之解,"社稷者,盖先王立五土之神,祀以为社;立五谷之神,祀以为稷"③。所以,对孟子而言,民众甚至具有超越神灵的地位。当然,考虑到殷周以来的祭祀体系本身就有等级高低之分,民众之地位胜过以"社稷"为代表之地神,并不意味着民众的地位可以超过"至上之天",但是,我们至少可以肯定民众之地位远胜过居于世俗政权体系最高层级的国君。孟子认为,"得乎丘民而为天子,得乎天子为诸侯,得乎诸侯为大夫"④。由王念孙之解,"丘,众也"⑤;据孙奭之见,"丘"为"十六井",盖一万四千四百亩之地。⑥ 概而言之,此二者,皆言民之众多也。所以,孟子此处是试图说明,具有规模效应的民众对于君主的重要性。其甚至关系到君主们的王图霸业是否可以最终成就。此也即《孟子·尽

---

① 可见于《史记·殷本纪第三》,(汉)司马迁撰,(宋)裴骃集解,(唐)司马贞索隐,(唐)张守节正义:《史记》,中华书局 1999 年版,第 72—73 页。
② 方勇译注:《孟子》,中华书局 2010 年版,第 289 页。
③ 参见李学勤主编:《孟子注疏》,北京大学出版社 1999 年版,第 388 页。
④ 语出《孟子·尽心下》,方勇译注:《孟子》,中华书局 2010 年版,第 289 页。
⑤ 参见焦循撰,沈文倬点校:《孟子正义》,中华书局 1987 年版,第 974 页。
⑥ 参见李学勤主编:《孟子注疏》,北京大学出版社 1999 年版,第 388 页。

心下》篇所言的"诸侯之宝三：土地、人民、政事"①。虽然在孟子看来，民众之于人君，实是具有无可替代的重要性，但其时的社会现实却与孟子的理念大相径庭。正如孟子所言，"今夫天下之人牧，未有不嗜杀人者也。如有不嗜杀人者，则天下之民皆引领而望之矣"②。孟子周游列国，所试图寻找的，也正是一位可以在当今之世、以万乘之国而行仁政，解众民于倒悬的有为之君。③

由此，孟子充分把握时君皆欲称霸天下、逐鹿中原之野心，提出了"保民而王，莫之能御也"④的基本主张。孟子认为，夏桀殷纣之类的末代之君之所以失却天下之权柄，是因为其对治下民心的失却，亦即"桀纣之失天下也，失其民也；失其民者，失其心也"⑤。所以，反过来，人君欲主政天下，也必须做到万民归心，亦即"得天下有道，得其民，斯得天下矣；得其民有道，得其心，斯得民矣"⑥。而在孟子看来，得民心其实亦有道，不过"所欲与之聚之，所恶勿施尔也"⑦。这也就要求人君们可以正确把握民心之好恶、满足民众最基本的需求，亦即施行"仁政"。

① 方勇译注：《孟子》，中华书局 2010 年版，第 297 页。
② 语出《孟子·梁惠工上》，方勇译注：《孟子》，中华书局 2010 年版，第 10 页。
③ 典出《孟子·公孙丑上》，方勇译注：《孟子》，中华书局 2010 年版，第 46 页。
④ 语出《孟子·梁惠王上》，方勇译注：《孟子》，中华书局 2010 年版，第 11 页。
⑤ 语出《孟子·离娄上》，方勇译注：《孟子》，中华书局 2010 年版，第 136 页。
⑥ 语出《孟子·离娄上》，方勇译注：《孟子》，中华书局 2010 年版，第 136 页。
⑦ 语出《孟子·离娄上》，方勇译注：《孟子》，中华书局 2010 年版，第 136 页。

"仁政"之最低层次的要求,其实就是"使民养生丧死无憾也"①。而这也就要求人君必须"不违农时"。而诸种农业生产与采集活动的不受打扰却是建立在人君不过分剥削民力、不轻易发动战事的基础上的。正如龙国智所说,孟子所秉持之理想,实在是与时君在执政目标、民众观,以及用人观上存在着诸多不可调和的矛盾的。②《孟子·尽心下》篇的"有布缕之征,粟米之征,力役之征。君子用其一,缓其二。用其二而民有殍,用其三而父子离"③就反映了这种客观存在的矛盾。所以,孟子之"仁政"所要首先予以解决的就是这些可以"生民"的具体问题。由此,孟子提出了"夫仁政,必自经界始"④"取于民有制"⑤的、以具体的经济举措为其首要施政方向的、系统的"仁政"学说。具体说来,这就是我们所熟知的:

> 五亩之宅,树之以桑,五十者可以衣帛矣。鸡豚狗彘之畜,无失其时,七十者可以食肉矣。百亩之田,勿夺其时,数口之家可以无饥矣。谨庠序之教,申之以孝悌之义,颁白者不负戴于道路矣。七十者衣帛食肉,黎民不饥不寒,然而不王者,未之有也。⑥

---

① 语出《孟子·梁惠王上》,方勇译注:《孟子》,中华书局 2010 年版,第5页。
② 龙国智:《孟子仁政的王道理想与霸道的政治现实》,《南昌大学学报》(人文社会科学版)2011 年第 3 期。
③ 方勇译注:《孟子》,中华书局 2010 年版,第 296 页。
④ 语出《孟子·滕文公上》,方勇译注:《孟子》,中华书局 2010 年版,第91 页。
⑤ 语出《孟子·滕文公上》,方勇译注:《孟子》,中华书局 2010 年 6 月第 1版,第 90 页。
⑥ 语出《孟子·梁惠王上》,方勇译注:《孟子》,中华书局 2010 年版,第5页。

孟子在这里所首先要解决的,其实就是"人君"具体如何"制民之产"的问题。在孟子看来,"无恒产而有恒心者,惟士为能"①,所以为了规避"及陷于罪,然后从而刑之"②的"罔民"之举,这就要求时君可以保证民众的最基本生活需求,亦即对"五亩之宅"和"百亩之田"的"勿夺其时"。君主如果能切实做到这一点,也就在客观上实现了孟子"明君制民之产,必使仰足以事父母,俯足以畜妻子,乐岁终身饱,凶年免于死亡"③的基本理念。林振武认为,孟子这种从"民生"角度考察民众的方式,是只注重民众的经济权利、而忽视了民众的政治权利与政治要求。④ 但是,正如孟子所说:

> 今也制民之产,仰不足以事父母,俯不足以畜妻子,乐岁终身苦,凶年不免于死亡。此惟救死而恐不赡,奚暇治礼义哉?⑤

孟子并不是不重视民众的政治需求,而是在其时的社会现实下,实在无暇论及其他。事实上,在业已做到"施仁政于民,省刑罚,薄税敛,深耕易耨"的基础上,孟子是提倡人君可以使"壮者以暇日修其孝悌忠信"的,而这也是明君可以"使制梃以挞秦、楚之坚甲

---

① 语出《孟子·梁惠王上》,方勇译注:《孟子》,中华书局 2010 年版,第 13 页。
② 语出《孟子·梁惠王上》,方勇译注:《孟子》,中华书局 2010 年版,第 13 页。
③ 语出《孟子·梁惠王上》,方勇译注:《孟子》,中华书局 2010 年版,第 14 页。
④ 林振武:《孟子民本政治理论的内在坎陷》,《学术研究》2003 年第 7 期。
⑤ 语出《孟子·梁惠王上》,方勇译注:《孟子》,中华书局 2010 年版,第 14 页。

利兵","地方百里而王"的治政基础,此也即孟子所谓的"仁者无敌"。①

当然,虽然孟子提出的以"生民""保民"为基本立意的"仁政"理论,与法家之流所秉持的一贯主张,在其之理论起始的经济举措方面,有部分相似之处。然而,为了不使人君只知"民力",而不知"民生",孟子亦强调"善政民畏之,善教民爱之。善政得民财,善教得民心"②,希冀其时之君主可以采纳儒家之学说,"以德行仁者王"③。在魏义霞先生看来,孟子的这套做法,仍是儒家理想道德主义之表现,既是对孔子呼吁于百姓实应先富而后教之的思想之继承,亦是孟子其学之所以区别于墨、法诸家功利主义之处。④ 以上,我们总结孟子之教若此。下面,我们便对稍晚于孟子的、儒家另一卓越代表人物荀子于君民之关系、治民之理念的相关学说进行研究。

四、荀子礼法并重的"裕民"之道

首先在君民关系上,荀子秉承儒家的一贯观点,认为"天之生民,非为君也。天之立君,以为民也"⑤。而《荀子·荣辱》篇则将这个观点予以深入:

---

① 以上小概念俱出自《孟子·梁惠王上》,方勇译注:《孟子》,中华书局2010年版,第8页。

② 语出《孟子·尽心上》,方勇译注:《孟子》,中华书局2010年版,第263页。

③ 语出《孟子·公孙丑上》,方勇译注:《孟子》,中华书局2010年版,第56页。

④ 魏义霞:《王道与仁政:孟子政治哲学及其审思》,《东岳论丛》2012年第9期。

⑤ 语出《荀子·大略》,方勇、李波译注:《荀子》,中华书局2011年版,第453页。

夫天生蒸民,有所以取之。志意致修,德行致厚,智虑致
明,是天子之所以取天下也。政令法,举措时,听断公,上则能
顺天子之命,下则能保百姓,是诸侯之所以取国家也。志行
修,临官治,上则能顺上,下则能保其职,是士大夫之所以取田
邑也。①

在荀子看来,虽然人君统治百姓具有某种命定论色彩,但这却不是
由君主本身的意志决定的,起关键作用的,反而是被统治民众的需
要。而"天子""诸侯""士大夫"之所以拥有不同面积的封土、享
有不同等级的权禄,也正是因为他们所具有的、可对民众之管理有
助益之德行不同。而他们的能力也理应是与他们现实所获得的地
位相称的。当然,"之所以取天下""之所以取国家""之所以取田
邑"的句辞的使用,在血脉世袭的传承制度下,隐含着某种今日
"天子""诸侯""士大夫"不若往昔之先辈的慨叹意味。所以,荀
子引自古书的"君者,舟也;庶人者,水也。水则载舟,水则覆
舟"②,在其看来,恐怕是对现实的上位者有着明显的劝诫意味的。
民心、民力诚可用也,然其同时亦实可畏之。此为上位者所不可不
戒之处。

　　但是正如《荀子·君道》篇所言:

　　君者,民之原也,原清则流清,原浊则流浊。故有社稷者
而不能爱民、不能利民,而求民之亲爱己,不可得也。民不亲
不爱,而求为己用、为己死,不可得也。民不为己用、不为己
死,而求兵之劲,城之固,不可得也。兵不劲、城不固,而求敌

---

① 方勇、李波译注:《荀子》,中华书局 2011 年版,第 42 页。
② 语出《荀子·王制》,方勇、李波译注:《荀子》,中华书局 2011 年版,第
　　118 页。

之不至,不可得也。故至而求无危削、不灭亡,不可得也。①
虽则民众对人君之类"有社稷者"的作用十分关键,但是民众对人
君的支持却是由人君本身的情感与执政方向决定的。人君和民众
就分别如同一条河流的上、下流域,下游之水的洁净程度,在很大
程度上取决于源头之水是否洁净清澈。即便下游之水在流动的过
程中亦免不了受到沿途环境之影响,而有所污染,但若源头之活水
本身就早已失之纯粹,那么这条河流在任何一个流段都将失去可
利用之可能。所以,在荀子看来,即便上位者的爱民之心是出自
"求兵之劲,城之固"、欲使民众"为己用、为己死"的现实功利目
的,其也务须保证自己原初的一片爱民之心。而这应该也就是庞
慧所强调的,战国后期的诸子,较之前人,其所论言问题的方式由
"君主应当成为怎样的人"的"君道"向"君主具体应如何做、以谋
取相应利益"的"君术"转变。②

正是因为民众于君主以及治下之国家存亡所能起到的基础性
作用,荀子强调"裕民则民富,民富则田肥以易,田肥以易则出实
百倍"③的"裕民"之道。在荀子看来:

> 上好功则国贫,上好利则国贫,士大夫众则国贫,工商众
> 则国贫,无制数度量则国贫。下贫则上贫,下富则上富。故田
> 野县鄙者,财之本也。垣窌仓廪者,财之末也。百姓时和、事
> 业得叙者,货之源也;等赋府库者,货之流也。④

---

① 方勇、李波译注:《荀子》,中华书局 2011 年版,第 195 页。
② 庞慧:《"用非其有":战国后期君道论的整合与歧出》,《史学月刊》2008
年第 12 期。
③ 语出《荀子·富国》,方勇、李波译注:《荀子》,中华书局 2011 年版,第
140 页。
④ 语出《荀子·富国》,方勇、李波译注:《荀子》,中华书局 2011 年版,第
156 页。

不仅君主之流的上位者本身的治政倾向会对国家发展产生直接、现实的影响，不直接从事生产活动阶层人数的扩大，也会对国家的长久发展造成相应的冲击。相较而言，只有身处底层的普通百姓之财富真正增长，才意味着君主可以切实持有之资源的扩大。由此，不违农时，使民众可以有效、有序地进行相应的生产活动，对于时君而言，才是增长国家财富的根本。而所谓的用于储存实体赋税、财货的府库，只不过是处于表相的细枝末流。所以，只要君主可以做到"谨养其和，节其流，开其源，而时斟酌焉"①，那么一定会达成百姓财用富足、而君主亦无须为战事等用度忧心的客观结果。此亦即荀子所言的"潢然使天下必有馀而上不忧不足"②。

但是荀子既然身为儒家之杰出代表人物，那么，其之理论也必定不会只局限于经济政策上的"裕民""富民"之道。由《荀子·大略》篇所记载的：

> 不富无以养民情，不教无以理民性。故家五亩宅，百亩田，务其业而勿夺其时，所以富之也。立大学，设庠序，修六礼，明十教，所以道之也。③

我们发现，在先"富民以生"，继而"成民以教"上，荀子与孟子实为不谋而合。而这也是儒家与其他学派存在显著差异之处，亦即是否秉承以"礼"为核心的教化之道。在荀子看来，"水行者表深，使民无陷；治民者表乱，使人无失"④。而"礼"则是承担"表乱"这一

---

① 语出《荀子·富国》，方勇、李波译注：《荀子》，中华书局 2011 年版，第 156 页。

② 语出《荀子·富国》，方勇、李波译注：《荀子》，中华书局 2011 年版，第 156 页。

③ 方勇、李波译注：《荀子》，中华书局 2011 年版，第 446 页。

④ 语出《荀子·大略》，方勇、李波译注：《荀子》，中华书局 2011 年版，第 432 页。

任务的关键,亦即"礼者,其表也,先王以礼表天下之乱"①。然而,荀子认为现时民众的本性,亦即"以从俗为善,以货财为宝,以养生为己至道,是民德也"②,决定了人君不能直接使用"礼"之教化,而要代之以"法"之纲纪,亦即"由士以上则必以礼乐节之,众庶百姓则必以法数制之"③。而"礼"与"法"也并非是毫不相干的。《荀子·劝学》篇有言曰:"《礼》者,法之大分、类之纲纪也。"④宋志明先生认为,从礼对每个社会个体的强制约束作用,而非其教育感化的职能来看,礼与法实为相通,礼即是广义的法。⑤所以,在荀子看来,以法治教,只不过是当前社会情实所要求的客观结果,并不是对儒家传统的违背。荀子甚至用"君法明,论有常,表仪既设民知方。进退有律,莫得贵贱孰私王"⑥对"律民以法"的预期效果作出了保证。而"臣下、百吏至于庶人莫不修己而后敢安正,诚能而后敢受职,百姓易俗,小人变心,奸怪之属莫不反悫"⑦,以荀子之见,亦可为"政教之极"⑧。

---

① 语出《荀子·大略》,方勇、李波译注:《荀子》,中华书局 2011 年版,第432 页。
② 语出《荀子·儒效》,方勇、李波译注:《荀子》,中华书局 2011 年版,第100 页。
③ 语出《荀子·富国》,方勇、李波译注:《荀子》,中华书局 2011 年版,第141 页。
④ 方勇、李波译注:《荀子》,中华书局 2011 年版,第 7 页。
⑤ 宋志明:《荀子的政治哲学》,《中国人民大学学报》1999 年第 3 期。
⑥ 语出《荀子·成相》,方勇、李波译注:《荀子》,中华书局 2011 年版,第415 页。
⑦ 语出《荀子·君道》,方勇、李波译注:《荀子》,中华书局 2011 年版,第199 页。
⑧ 语出《荀子·君道》,方勇、李波译注:《荀子》,中华书局 2011 年版,第199 页。

由此，荀子基于"君者，民之原也"①而提出的治民之道，也就可以概括为"轻田野之税，平关市之征，省商贾之数，罕兴力役，无夺农时"②的"以政富民、裕民"之道和"奸言、奸说、奸事、奸能、遁逃反侧之民，职而教之，须而待之，勉之以庆赏，惩之以刑罚，安职则畜，不安职则弃"③的"以法教民"。而这也是荀子特有的、对儒家传统的"饮之食之，教之诲之"④的"生民纪民"方策的言说。以上我们研究荀子之学若此，下面，我们便来探讨其他学派于此一问题上，所表现的不同于儒家的观点与治教之方。

五、其他学派对君民关系的评述

考诸前文我们业已厘定的道、法、墨等诸家文本，我们发现，以上三家在君民关系之看法，以及具体的治民方策上，还是有着比较显著的区别的。

就道家而言，其之学派内部于这一问题的基本看法，还是颇为相类的。以老子言之，理想的君民关系应是民众模糊知晓君主的存在，而君主却不对民众妄加干涉，亦即"太上，下知有之"⑤。当然，这是明显有别于儒家对圣王、明君所设定之标准的。而为儒家

① 语出《荀子·君道》，方勇、李波译注：《荀子》，中华书局2011年版，第195页。
② 语出《荀子·富国》，方勇、李波译注：《荀子》，中华书局2011年版，第141页。
③ 语出《荀子·王制》，方勇、李波译注：《荀子》，中华书局2011年版，第114页。
④ 语出《诗经·小雅·绵蛮》，程俊英撰：《诗经译注》，上海古籍出版社2004年版，第400页。
⑤ 语出《老子·第十七章》，陈鼓应：《老子注译及评介》（修订增补本），中华书局2009年版，第128页。

所提倡的"亲而誉之"①,在老子看来,亦是略逊于"太上,下知有之"的。而要在治政实践中将"功成事遂,百姓皆谓:'我自然'"②落到实处,就需要"圣人处无为之事,行不言之教"③。依照李进的观点,君主之"无为",是广大民众可以"自然"的逻辑必然要求。④而老子对民众所限定的"自然",在笔者看来,则可以表相为《老子·第三章》所描述的"心虚""腹实""志弱""骨强"等一系列特征。⑤ 而这其实亦可以概括为《老子·第十九章》的"见素抱朴,少私寡欲"⑥。"民之难治,以其智多",所以老子认为,明君、圣王之"无为",实应仿效"古之善为道者","非以明民,将以愚之"才是正确的治民之策。⑦

但是老子这里所提到的"愚民"、抑或是"朴民"之策,与儒家所认为的"民可使由之,不可使知之"⑧还是略有区别的。儒家借由"有为"人君的领导,而将不识礼教的普通民众在蒙昧无知中引

---

① 语出《老子·第十七章》,陈鼓应:《老子注译及评介》(修订增补本),中华书局 2009 年版,第 128 页。

② 语出《老子·第十七章》,陈鼓应:《老子注译及评介》(修订增补本),中华书局 2009 年版,第 128 页。

③ 语出《老子·第二章》,陈鼓应:《老子注译及评介》(修订增补本),中华书局 2009 年版,第 60 页。

④ 李进:《民"自然"君"无为"——〈老子〉政治哲学发微》,《江西社会科学》2006 年第 9 期。

⑤ 陈鼓应:《老子注译及评介》(修订增补本),中华书局 2009 年版,第 67 页。

⑥ 陈鼓应:《老子注译及评介》(修订增补本),中华书局 2009 年版,第 134 页。

⑦ 以上小概念俱出自《老子·第六十五章》,陈鼓应:《老子注译及评介》(修订增补本),中华书局 2009 年版,第 299 页。

⑧ 语出《论语·泰伯》,杨伯峻译注:《论语译注》,中华书局 1980 年版,第 81 页。

向以"仁"居心、以"礼"存身的有序生存状态;而老子的"朴民"之策,不是困于民众之无知,而恰恰是囿于民众对自己本属天性以外的"知之甚多",其方不可"归根复命"①。所以,虽同是治民之策,儒家是试图将民众引导向自己所厘定的统一道德标准,而老子则是意欲通过"圣王"之"无为",而使民众回归"无知无欲"的自然天性。胡哲敷先生就认为,"儒家有为,道家无为,二者区分,由其对人民体察之异,而为此殊途之治术也"②。

在老子看来,其时在位之人君,实际上,是应为民众的诸种偏离本性的行为负责的。所谓"我无为,而民自化;我好静,而民自正;我无事,而民自富;我无欲,而民自朴"③,不仅仅是因为人君对民众所具有的现实引导力,更在于民众其时客观存在的生存状况与人君密切相关。方同义、黄瑞瑞认为,老子所生存之春秋晚期的"民不聊生"之状,除却政治动荡、兵祸连接等客观社会现实,亦与统治者之"有为",亦即骄奢淫逸、巧取豪夺、剥削民众,十分相关。④《老子·第五十三章》所描述的"朝甚除,田甚芜,仓甚虚;服文采,带利剑,厌饮食,财货有余;是谓盗夸"⑤,可能指代的就是这样一种社会现实。所以,以笔者之见,《老子·第十二章》中所

---

① 典出《老子·第十六章》:"夫物芸芸,各复归其根。归根曰静,静曰复命。复命曰常,知常曰明。不知常,妄作凶。"陈鼓应著:《老子注译及评介》(修订增补本),中华书局 2009 年版,第 121 页。

② 胡哲敷:《儒道两家对民众之体认与治术》,李景明、唐明贵主编:《儒道比较研究》,中华书局 2003 年版,第 31 页。

③ 语出《老子·第五十七章》,陈鼓应:《老子注译及评介》(修订增补本),中华书局 2009 年版,第 275 页。

④ 方同义、黄瑞瑞:《民生之维:老子政治哲学的内核》,《广西社会科学》2008 年第 10 期。

⑤ 陈鼓应:《老子注译及评介》(修订增补本),中华书局 2009 年版,第 262 页。

论及的"圣人为腹不为目",亦即"五色令人目盲;五音令人耳聋;五味令人口爽;驰骋畋猎,令人心发狂;难得之货,令人行妨"①,可能不仅仅是论述一种人君、圣人导引民众的治政所趋,更是为了强调执政之人自己本身亦应"为天下浑其心"②"见素抱朴,少私寡欲"③。哪怕其之治下的"百姓皆注其耳目"④,上位者、圣人亦应"以百姓心为心""皆孩之"⑤,如同对待己身之子女一般,予之以耐心、全面的引导、关切。由老子之"爱民治国,能无为乎"⑥观之,笔者以为,杨洋、路永照以《老子》之"圣人之治"的根本逻辑核心为"民"的观点⑦,亦不为失当。

而庄子在君民关系及民众引导等问题上,亦绍继了老子的基本观点。"上如标枝,民如野鹿"⑧,正是庄子所欣赏的君民理想关

① 陈鼓应:《老子注译及评介》(修订增补本),中华书局 2009 年版,第104 页。

② 语出《老子·第四十九章》,陈鼓应:《老子注译及评介》(修订增补本),中华书局 2009 年版,第 246 页。

③ 语出《老子·第十九章》,陈鼓应:《老子注译及评介》(修订增补本),中华书局 2009 年版,第 134 页。

④ 语出《老子·第四十九章》,陈鼓应:《老子注译及评介》(修订增补本),中华书局 2009 年版,第 246 页。

⑤ 语出《老子·第四十九章》,陈鼓应:《老子注译及评介》(修订增补本),中华书局 2009 年版,第 246 页。

⑥ 语出《老子·第十章》,陈鼓应:《老子注译及评介》(修订增补本),中华书局 2009 年版,第 93 页。

⑦ 杨洋、路永照:《〈老子〉"圣人之治"政治观的双重诠释逻辑》,《理论月刊》2012 年第 5 期。

⑧ 语出《庄子·天地》,方勇、陆永品撰:《庄子诠评》(增订新版),巴蜀书社2007 年版,第 393 页。据崔大华先生考证,《天地》篇于《齐物论》《应帝王》《人间世》几篇之思想,皆有所沿袭。(崔大华:《庄学研究——中国哲学一个观念渊源的历史考察》,人民出版社 1992 年版,第 90 页)所以,笔者以此篇引文为可据。

系的写照。而对上位者"行而无迹,事而无传"①的要求,其实也正是对老子之"无为"的沿袭。至于民众之本性,其于《庄子·马蹄》篇中亦有分疏:

> 彼民有常性,织而衣,耕而食,是谓同德;一而不党,命曰天放。②

据林希逸之解,"放肆自乐于自然之中,故命曰'天放'"③。由此,在庄子看来,民众就其本性而言,在不遭受不当打扰的情况下,是完全可以自食其力且自得其乐的。而这种"素朴"本性的复归,则是要在"同乎无知,其德不离;同乎无欲,是谓素朴"④的条件下方可实现,此亦为前文老子所言述的"见素抱朴,少私寡欲"⑤。所以,只要治教之圣人、君主不"屈折礼乐以匡正天下之形,县跂仁义以慰天下之心""残朴以为器""毁道德以行仁义"⑥,民众自然可以"含哺而熙,鼓腹而游"、而不至于"蹩躠好知,争归于利"。⑦

---

① 语出《庄子·天地》,方勇、陆永品:《庄子诠评》(增订新版),巴蜀书社 2007 年版,第 393 页。
② 方勇、陆永品撰:《庄子诠评》(增订新版),巴蜀书社 2007 年版,第 291 页。
③ 方勇、陆永品撰:《庄子诠评》(增订新版),巴蜀书社 2007 年版,第 294 页。
④ 语出《庄子·马蹄》,方勇、陆永品:《庄子诠评》(增订新版),巴蜀书社 2007 年版,第 291 页。
⑤ 语出《老子·第十九章》,陈鼓应:《老子注译及评介》(修订增补本),中华书局 2009 年版,第 134 页。
⑥ 语出《庄子·马蹄》,方勇、陆永品:《庄子诠评》(增订新版),巴蜀书社 2007 年版,第 292 页。
⑦ 语出《庄子·马蹄》,方勇、陆永品:《庄子诠评》(增订新版),巴蜀书社 2007 年版,第 292 页。

所以,对庄子而言,其只"闻在宥天下,不闻治天下也"①。而这无疑亦是对老学思想之"无为"的承继。

与道家主张不对民众施以过多干预不同,法家认为应对民众予以有效管理。而管子认为人君欲称霸于天下,应自"爱民"始。这也就是《管子·小匡》中记述的:"公曰:'安始而可?'管子对曰:'始于爱民。'"②管子认为,民心对于治政之人君而言,至关重要,"政之所兴,在顺民心;政之所废,在逆民心"③。但是与儒家为民众划定统一的道德标准与行为规范,以自身所学指导民众向"礼"之目标行进不同,管子虽然同样重视民心之所趋,但其却是为了上位者可以真正获得民众的信任、更有效地利用民力,此亦即《管子·牧民》篇所强调的"能佚乐之则民为之忧劳,能富贵之则民为之贫贱,能存安之则民为之危坠,能生育之则民为之灭绝"④。而在人君对民众之现实影响方面,管子的思想与儒家和老子都颇为相似,皆认为,上有所好、下必甚焉,此亦即《管子·牧民》篇所论及的"御民之辔,在上之所贵。道民之门,在上之所先。召民之路,在上之所好恶"⑤。但是与儒家所崇尚的人君之"生民"为务所立足的"仁民"之心不同,虽然在管子看来,人君在"用民"之前,

---

① 语出《庄子·在宥》,方勇、陆永品:《庄子诠评》(增订新版),巴蜀书社 2007 年版,第 322 页。从崔大华先生之见,《在宥》篇亦沿袭了《逍遥游》和《大宗师》的部分思想。(崔大华:《庄学研究——中国哲学一个观念渊源的历史考察》,人民出版社 1992 年版,第 90 页)故笔者以为,《在宥》篇亦可作为本书之参考资料。
② 黎翔凤撰,梁运华整理:《管子校注》,中华书局 2004 年版,第 411 页。
③ 语出《管子·牧民》,黎翔凤撰,梁运华整理:《管子校注》,中华书局 2004 年版,第 13 页。
④ 黎翔凤撰,梁运华整理:《管子校注》,中华书局 2004 年版,第 13 页。
⑤ 黎翔凤撰,梁运华整理:《管子校注》,中华书局 2004 年版,第 17 页。

首先还是需要满足民众的基本需求与欲望,亦即"凡治国之道,必先富民,民富则易治也,民贫则难治也"①,但这往往掺杂着更为功利的现实目的,亦即《管子·权修》篇所言的"欲为天下者,必重用其国。欲为其国者,必重用其民。欲为其民者,必重尽其民力"②。而在民众"仓廪实则知礼节,衣食足则知荣辱"③的情况下,在管子看来,方有更进一步的"上服度则六亲固,四维张则君令行"④。概而言之,管子的牧民之策可以总括为:

> 厚爱利足以亲之,明智礼足以教之。上身服以先之,审度量以闲之,乡置师以说道之,然后申之以宪令,劝之以庆赏,振之以刑罚,故百姓皆说为善,则暴乱之行无由至矣。⑤

虽则管子的牧民之策,乍看起来,也如儒家之重"民生"一般,强调"厚爱利足以亲之",亦即君主通过"厚其生""输之以财""遗之以利""宽其政""匡其急""赈其穷"等手段使民众"必得其所欲"⑥;亦如儒家之重"礼乐教化"一般,强调为政者的"明智礼足以教

---

① 语出《管子·治国》,黎翔凤撰,梁运华整理:《管子校注》,中华书局2004年版,第924页。

② 黎翔凤撰,梁运华整理:《管子校注》,中华书局2004年版,第49页。由黎翔凤先生之解,此处的"重"应为"矜惜"之意。(黎翔凤撰,梁运华整理:《管子校注》,中华书局2004年版,第49页)

③ 语出《管子·牧民》,黎翔凤撰,梁运华整理:《管子校注》,中华书局2004年版,第2页。

④ 语出《管子·牧民》,黎翔凤撰,梁运华整理:《管子校注》,中华书局2004年版,第2页。

⑤ 语出《管子·权修》,黎翔凤撰,梁运华整理:《管子校注》,中华书局2004年版,第50页。

⑥ 语出《管子·五辅》,黎翔凤撰,梁运华整理:《管子校注》,中华书局2004年版,第194—195页。

之",亦即"明行以导之义"①"饰八经以导之礼"②。但是即便不提其之"义之七体""礼之八经"所隐含的法度思想,单论管子之教民本身,其也是为了使民众在"知义""知礼"的情况下,人君方可更好地"布法以任力"③。所以,于管子而言,其之所重并不是儒家传统的礼乐教化,而是"申之以宪令,劝之以庆赏,振之以刑罚""贵爵服""重禄赏"的宪仪法度。由此,笔者以为,王光辉所认为的,《管子》中富含"民本"与"德治"思想之观点④,或许用"法制"替换"德治"更为恰当。毕竟"法者"于管子而言,其不仅可以使民"修小礼,行小义,饰小廉,谨小耻,禁微邪"⑤,其更是人君可以"用民力""用民能""用民之死命"的关键。⑥

　　而韩非与管子相较,其在根本上,亦承认法制对于时君治理国

---

① 语出《管子·五辅》,黎翔凤撰,梁运华整理:《管子校注》,中华书局 2004 年版,第 197 页。管子于此所申言的"义之七体",亦即"孝悌慈惠以养亲戚,恭敬忠信以事君上,中正比宜以行礼节,整齐撙诎以辟刑僇,纤啬省用以备饥馑,敦懞纯固以备祸乱,和协辑睦以备寇戎"(黎翔凤撰,梁运华整理:《管子校注》,中华书局 2004 年版,第 197—198 页),与儒家之教还是颇有相类的。

② 语出《管子·五辅》,黎翔凤撰,梁运华整理:《管子校注》,中华书局 2004 年版,第 198 页。此处"八经"是指"上下有义,贵贱有分,长幼有等,贫富有度"。(黎翔凤撰,梁运华整理:《管子校注》,中华书局 2004 年版,第 198 页)

③ 语出《管子·五辅》,黎翔凤撰,梁运华整理:《管子校注》,中华书局 2004 年版,第 198 页。

④ 王光辉:《王道政治的精致构想——〈管子〉民本思想与德治思想新探》,《暨南学报》2012 年第 8 期。

⑤ 语出《管子·权修》,黎翔凤撰,梁运华整理:《管子校注》,中华书局 2004 年版,第 56 页。

⑥ 以上分句中的小概念亦出自《管子·权修》,黎翔凤撰,梁运华整理:《管子校注》,中华书局 2004 年版,第 57—58 页。

家、民众之重要性,亦即"故当今之时,能去私曲就公法者,民安而国治"①。但其在君民关系这一问题上,却将传统儒家所推崇的、管子所部分肯定的"君民相谐"予以反转,认为"民者固服于势,寡能怀于义"②。而在韩非看来,亦不存在人君"顺民心"的问题。他认为:"夫不变古者,袭乱之迹;适民心者,恣奸之行也。"③所以,在"民愚而不知乱"的社会现实下,如果"上懦而不能更",亦即执政者一味顺从民心,而不知顺从时俗,以法制来严整邦国,那么这无疑是人君的"治之失也"。④ 当然,韩非对"民心"的否定并不意味着其放弃了对治国理政之本——民生、民力的关切。不过与管子"重民生以用民力"的观点相较,韩非之理念更为现实功利,其对民生的关切在很大程度上是为了保证君主的权柄不至于流失于下,亦即"徭役少则民安,民安则下无重权,下无重权则权势灭,权势灭则德在上矣"⑤。在韩非看来,即便人主不是如儒家所提倡的一般,以百姓之心为心,在有"法度"可依的、现实功利的诱引下,其亦可以达到驱使民众为己效力的目的,此亦即《韩非子·饰邪》篇所言的"赏刑明,则民尽死;民尽死,则兵强主尊"⑥。所以,在上位者治民之道这一问题上,与儒家的礼乐教化之道相较,韩非更倾

① 语出《韩非子·有度》,高华平、王齐洲、张三夕译注:《韩非子》,中华书局2010年版,第44页。
② 语出《韩非子·五蠹》,高华平、王齐洲、张三夕译注:《韩非子》,中华书局2010年版,第704页。
③ 语出《韩非子·南面》,高华平、王齐洲、张三夕译注:《韩非子》,中华书局2010年版,第169页。
④ 以上分句中诸小概念俱出自《韩非子·南面》,高华平、王齐洲、张三夕译注:《韩非子》,中华书局2010年版,第169页。
⑤ 语出《韩非子·备内》,高华平、王齐洲、张三夕译注:《韩非子》,中华书局2010年版,第163页。
⑥ 高华平、王齐洲、张三夕译注:《韩非子》,中华书局2010年版,第184页。

向于通过"明赏以劝之,严刑以威之"①的现实举措,而使民力在最短时间内可以得到最大程度地利用。概言韩非治民之目标,其可总括为:

> 故明主之国,无书简之文,以法为教;无先王之语,以吏为师;无私剑之捍,以斩首为勇。是境内之民,其言谈者必轨于法,动作者归之于功,为勇者尽之于军。②

所以,在韩非看来,世所推崇的、其之所学所行于整体法度无益的"贵生之士""文学之士""有能之士""辩智之士""磏勇之士""任誉之士"③,实是人君所应予以摒弃且予以打击的。而这一观点在《韩非子·五蠹》篇中亦得到了类似强调,不过韩非将该篇中对这些游离于法度之外的"逸民"之指称,换言为"学者""言谈者""带剑者"和"患御者",并基于秦国发展农业的现实需要,补充了对"商工之民"的贬斥之情。④ 韩非所推崇的,其实还是那些无甚过人之才,却可依从君主政令、顺服于国家整体法度之下的,为世人所贬斥的"失计之民""朴陋之民""寡能之民""愚戆之民""怯慑之民"和"谄谀之民"。⑤ 而这显然与儒家对民众的期待是相违背的。

就墨家而言,或许是因为墨子对小生产者和民众的同情倾向,

① 语出《韩非子·饰邪》,高华平、王齐洲、张三夕译注:《韩非子》,中华书局2010年版,第184页。
② 语出《韩非子·五蠹》,高华平、王齐洲、张三夕译注:《韩非子》,中华书局2010年版,第714页。
③ 语出《韩非子·六反》,高华平、王齐洲、张三夕译注:《韩非子》,中华书局2010年版,第654—655页。
④ 高华平、王齐洲、张三夕译注:《韩非子》,中华书局2010年版,第722页。
⑤ 语出《韩非子·六反》,高华平、王齐洲、张三夕译注:《韩非子》,中华书局2010年版,第655页。

墨子在其理论体系中赋予民众以极高地位的同时,也对人君之行为予以了最大程度的限制与规定。在墨子看来,"天之爱民之厚",所以在四时、万物等各个方面予以民众便利、衣食之财的同时,也擢立了现实社会等级中的"王公侯伯"以引导、管理民众。①往昔远古之尧舜禹汤文武等"圣王",皆是因为其之爱民之心、利民之实,而终获上天之垂青,此亦即《墨子·天志中》所言的"爱人利人,顺天之意,得天之赏"②。同理,三代之暴君桀纣幽厉,也是因为不以民心为意、苛政虐民之实,而终被上天剥夺至尊之位,其亦即"憎人贼人,反天之意,得天之罚者"③。至此,在墨子的理论体系中,民众与君王通过上天的意愿这一凭借,建立了现实的、相关之联结。甚至,在某种程度上,我们可以认为,民众才是居于主导地位的那一环。由此,民众之忧患也就理所应当的成为了君王之忧患。这也就是《墨子·七患》篇中所论及的"凡五谷者,民之所仰也,君之所以为养也。故民无仰,则君无养,民无食则不可事"④。在墨子看来,维持民众之日常生计所需,其实亦是关系人君自身之现实利益的。而民众亦无固定之本性,"时年岁善,则民仁且良;时年岁凶,则民吝且恶"⑤,由此观之,可能墨子本人亦是管子"仓廪实而知礼节,衣食足而知荣辱"理论的拥护者。

而当时民众之忧患相关亦不仅如此:

---

① 该观点参见《墨子·天志中》,方勇译注:《墨子》,中华书局 2011 年版,第229 页。

② 方勇译注:《墨子》,中华书局 2011 年版,第 231 页。

③ 语出《墨子·天志中》,方勇译注:《墨子》,中华书局 2011 年版,第233 页。

④ 方勇译注:《墨子》,中华书局 2011 年版,第 28 页。

⑤ 语出《墨子·七患》,方勇译注:《墨子》,中华书局 2011 年版,第 30 页。

> 饥者不得食,寒者不得衣,劳者不得息,三者,民之巨
> 患也。①

如果说,民众的饥寒交迫还可以部分归结于岁时之不和,而不可完全归责于时君之苛政虐暴对民众正常生产生活的扰乱;那么,"劳者不得息"则完全是对时君于民力之逼迫、压榨的直接指责。在墨子看来,其时之人君:

> 以其极赏以赐无功;虚其府库以备车马衣裘奇怪;苦其役
> 徒以治宫室观乐;死又厚为棺椁,多为衣裘;生时治台榭,死又
> 修坟墓。②

虽则此为墨子生活之春秋末世之常情,但这并不代表墨子认同时君的这种做法。时君自身的诸种享乐在虚耗国库,影响国家为征战、天灾储备必要战略物资之能力时,也对现实之民生造成了不必要的干扰。被拘役以治宫室台榭、陵墓坟茔的劳苦下民,是无法在恰当时间,从事正常的农业生产活动的。所以,墨子在对时君的此种行为予以否定的同时,亦呼吁汲汲于现实宏图霸业的君王,如上古之圣王一般,顺天意而谋天鬼之庆赏,"作为宫室,便于生,不以为观乐"③"为衣服、适身体,和肌肤而足矣,非荣耳目而观愚民"④"为食也,足以增气充虚,强体适腹而已矣"⑤。如此,人君通过"不厚作敛于百姓""不暴夺民衣食之财",自然可以使民众于饥馑之年外的日常生计免受人为之打扰。而人君的"菲于奉身"也自然会使国之府库盈余满仓,这也就为人力不可相抗的水旱之年做

---

① 语出《墨子·非乐》,方勇译注:《墨子》,中华书局 2011 年版,第 276 页。
② 语出《墨子·七患》,方勇译注:《墨子》,中华书局 2011 年版,第 32 页。
③ 语出《墨子·辞过》,方勇译注:《墨子》,中华书局 2011 年版,第 35 页。
④ 语出《墨子·辞过》,方勇译注:《墨子》,中华书局 2011 年版,第 36 页。
⑤ 语出《墨子·辞过》,方勇译注:《墨子》,中华书局 2011 年版,第 39 页。

出了必要的准备。在墨子看来,只要时君可以仿效禹汤等"其力时急,而自养俭也"①的古之圣王,亦即"生财密"而其"用之也节",那么,哪怕时君之封邑邦国再度遭受"禹七年水""汤五年旱"的无妄天灾,普通下民亦可免于罹受冻馁饥寒之苦。②

当然,其时人主治下疆域之广阔,决定了人君无法一人顾及社会民生管理的方方面面。所以,墨子认为,秉承天意、以效法上古圣王为己任之时君,亦应拔擢与自己持有相同治民理念之贤人,以共同"运役天下淫暴,而一同其义也"③。而这也就要求人君对于左右、臣属之选择,不可"为便譬,宗于父兄故旧"④。如此,则上下同义,赏誉足以劝善,而刑罚亦足以沮暴,君之治民也易。然而,墨子以"民"为本、"爱民谨忠,利民谨厚,忠信相连,又示之以利"⑤的治教方式,在虑及了民众的现实心理、基本所需的同时,却没有考虑居于上位之人与民众可能相似的"利己"情怀与其时社会的真实情境。正如荀子对墨子学说之评价,"上功劳苦,与百姓均事业,齐功劳,若是则不威,不威则罚不行。赏不行,则贤者不可得而进也"⑥。所以,墨子之学说理论,在彼时那个君民之现实地位有若天渊的社会,其实是非常不具有可接受度与现实推广性的。但我们无可非议的,却是墨子于此学说中所体现的拳拳爱民之心,以

① 语出《墨子·七患》,方勇译注:《墨子》,中华书局 2011 年版,第 31 页。
② 语出《墨子·七患》,方勇译注:《墨子》,中华书局 2011 年版,第 31 页。
③ 语出《墨子·尚同中》,方勇译注:《墨子》,中华书局 2011 年版,第 100 页。
④ 语出《墨子·尚同中》,方勇译注:《墨子》,中华书局 2011 年版,第 101 页。
⑤ 语出《墨子·节用中》,方勇译注:《墨子》,中华书局 2011 年版,第 186 页。
⑥ 语出《荀子·富国》,方勇、李波译注:《荀子》,中华书局 2011 年版,第 148 页。

及那片淳淳生民之意。

不论古今,普通民众就其权力而言,虽则一直处于社会金字塔之底层,但以其基数言之,却实为整个社会建构的主体部分。所以,整个社会以及时代的平稳、动荡在现实地影响着生活在其中的底层民众的同时,亦反向地为民众的现实祈愿所影响、推动。活跃于春秋战国时期的、以儒家为代表的先秦诸子,可能就是敏锐地意识到了民众在这一社会剧烈变革期所拥有的地位及其所可能发挥的现实影响,绍继上古之学,在其各自的学说中,都对当时的民治、民生都颇有关切。当然,笔者此言,并不是认为先秦诸子于民众之关切,皆内蕴功利之心。但是,我们却不得不承认,除却墨子及其学派,因其出身,对普通下层民众寄以天然之同情,视森严社会等级为可破,以儒家为代表的其他先秦诸子,虽则关切民众,却是始终在不同的层面,将己身置于民众之上。

其中,儒家绍承殷周之学,以己身为时代聪明睿智之先觉,故其欲引导蒙昧、不识礼教之民众同归于化,其为"智、礼"上于民者;而道家超凡于类,其之"大道"虽非世俗民众之可期,然其绪余亦可归民性为素朴,怡乐于无争之世,其为"道、德"上于民者;至于法家之属,明等级、严赏罚,编制民众于其治世之一环,以尽"民力",其为"位、功"上于民者。

而在笔者看来,无论先秦诸子之或治民教,或全民生①,或尽民力,其之所图无非是平治乱世于当下,救万千庶民于冻馁赋役之苦。妄加揣测以今人之所求,或许其中亦有己之学说见用于时君,

---

① 笔者认为,此处"生"字可为两解:对道家而言,此处之"生"应为"性"之假借,为归正民之本性之意;而对儒、法、墨家等偏重世俗治教之学派而言,其仍为本义,为民众生存、生活、生计之解。

显盛于后世的小小期待。然而，囿于古代社会之治政现实，哪怕以儒家为代表的先秦诸子之学说创制伊始，是以仁民、教民、利民为意，其之理论之见用，却在很大程度上取决于各自为政于邦国的时俗之君。笔者以为，这可能就是其之各自学说理论体系中，"仁民""教民"之说只能成为"君道"之论的附属一环的现实原因。

但是正如督伊德教所盛行之古代凯尔特人之社会，虽然祭司阶层依靠附有神性之橡树，获得了超脱于平凡民众的社会地位与现实利益，然而，如果祭司依靠"橡树"对民众妄加剥削、抑或"橡树"之存在本身极大地威胁了民众的现实生存，那么，民众在现实的紧迫压力下，也必然可以克服自身对于"天火"的畏惧，由此，附着着神性的"橡树"也无法逃脱其之同类的命运，终遭斧斤之祸；而依托"神树"存在的祭司，也将不复以往的超然地位，泯于众人。所以，民众实是以儒家为代表的先秦诸子学说中不可规避的、具有国之基石地位的重要一环。正如《吕氏春秋·本生》篇所言：

> 始生之者，天也。养成之者，人也。能养天之所生而勿撄之，谓之天子。天子之动也，以全天为故者也。①

天子、诸侯、各国主之职司设立之初，实是上天其以生民为务。而切尽己身之天责，亦是上位者之所以超拔于万千庶民之根本。即便世俗之君主因此而暂获高居于民众之上的社会地位、执掌万民生死之权柄，但是"天下非一人之天下也，天下之天下也""万民之主，不阿一人"②，其之统治在其倒行逆施的情况下，亦无法"国祚永延"。所以，虽则人君居于君道体系之核心地位，其不顺民心、不体民意、不兴民利，亦无法永保己身之天命，更遑论依附人君而

---

① 许维遹撰：《吕氏春秋集释》，中华书局 2009 年版，第 12—13 页。
② 以上分句概念俱出自《吕氏春秋·贵公》，许维遹撰：《吕氏春秋集释》，中华书局 2009 年版，第 25 页。

存在的臣属阶层乃至匡扶时君而存在的典制仪则。所以，虽则广大民众无论是从现实权利、还是社会地位而言，都只居于彼时以人君为核心的治政体系之底层，但其却正是家国存续、社会发展的不二根基。这一点，如今视之，其理依然。

结语　君道之冀

　　历览前文所述君道之说，我们发现，君主本人才是三代之时统一的中央政权体系中当之无愧的核心。由君位之传承来看，为了适应当时社会发展、疆域扩大、人口众多之现实，人们无法再如早先时期一般，通过世人公论以及相应的执政能力测试来确定政权未来之承继人。这或许不仅是出于其时执政氏族首领之私心，更在于规避因为现实的巨大利益而引发长期争端、自败基业之风险。而此种选择亦见于其后的三代之世，无论是夏朝的父死子继，还是商朝间或的兄终弟及，抑或是西周所基本奉行的嫡长子继承制，其皆莫违于是，毕竟只有相对稳定的政权交接才可以尽量保证自家王朝的治世永延。

　　而在保证了君位传承以及自身氏族统治权威之正当性与延续性的基础上，我们也就获得了真正论及君道之核心的资格。其时君道之本，正是在于历任之人君，或者更严格地说，在于历代承袭王位之君主是否可以恰如其分地保有其与上天和臣民之间的关联。所以其时君道之要，也就在于时任之君主是否可以真正维系关联着天地神人的"王"形政权体系。其既要保持关涉各方的真正联通，又要不使各方力量的配比失衡。这也就是"人心惟危，道心惟微,惟精惟一,允持厥中"①执政纲领之精义:民心动荡而难安,天心精微而难测,但是只要人君恪尽其诚、矢志不二,那么,人君一定可以真正的谨守"中道",切实引领治下臣民一并优游于天地之间且无失天地神人之序,而这亦是《洪范》篇中所着重论述的"皇极"之道。

考诸史书,此种政权体系之行状可以大致描摹、具现为:

> 天生民而立之君,使司牧之,勿使失性。有君而为之贰,使师保之,勿使过度。是故天子有公,诸侯有卿,卿置侧室,大夫有贰宗,士有朋友,庶人、工、商、皂、隶、牧、圉皆有亲昵,以相辅佐也。善则赏之,过则匡之,患则救之,失则革之。自王以下各有父兄子弟以补察其政。史为书,瞽为诗,工诵箴谏,大夫规诲,士传言,庶人谤,商旅于市,百工献艺。②

至此,当时以君德为核心的"王"形政权体系就使社会的全部有生力量都参与进了国家治理中来。可以说这是君、臣、民各得其所的理想建制。其时之君,实为"神之主而民之望也"③。但是,我们不得不说,实为君道之本的"王"形政道体系的切实维系只存于构建伊始的理想之中。在君位只能血脉承继的先决条件下,我们无从保证居于政权体系核心、享有无上尊权的继位君主本人之操守德行。而人君之德行却又是勾连天地神人的真正之关键,其亦是维持整个"王"形政道体系有序运转之灵魂。所以,这也就有了君道

---

① 语出《尚书·大禹谟》,李民、王健:《尚书译注》,上海古籍出版社 2004 年版,第 32 页。

② 语出《左传·襄公十四年》,杨伯峻编:《春秋左传注》,中华书局 1981 年版,第 1016—1017 页。

③ 语出《左传·襄公十四年》,杨伯峻编:《春秋左传注》,中华书局 1981 年版,第 1016 页。

之基,亦即关系着君主、王朝统治之合法性的"君权神授"之神道信念。然而世上永无不灭之王朝,上天也不可能长久地无视其时君主的才能与诚意,所以对于推翻前朝方得入主中央的新氏族来说,其通过对神道体系的沿革以论证自身王朝、族系基于天命与民心的无上正统性乃至邀宠于上、希求福佑,都是维系王朝前期政局稳定的不二法门。而通过对前朝神道信仰体系的沿革,新王朝的确立者们不仅解决了自"革命"之初就不断申明的自身统治的正当性问题,更以祖灵可与帝或天直接沟通的设定,在因循往复的祭祀典礼中不断强调着时君仅次于上天的现世威权。当然,前朝衰败之由也必然会纳入考虑,所以周人在对前朝祭祀体系之革新中增设了民意直达上天的新诉求通道。这也是先人对后世子孙所预留的警诫,以防自家创立的王朝因为同一理由而终至倾颓。但是上天对君道的正定作用在殷周以来的"君—天"关联的反向构建中,受到了事实上的削弱。

　　而时光演至春秋战国的大争之世,天命之可易,更是成为意欲问鼎天下的大小诸国之邦君,申明己身"僭居尊位""争霸天下"之合法性的必要依据。其之反向的、于人君之约束、限定,业已不复存在。所以,先贤们就转而尝试以基于臣属而非上天的典制体系来对时君加以现实的规范。而"典制"所指代的也不仅仅是固定的礼法仪制、典章制度,其亦涵括切实维持这些典制体系的、处于流动之中的臣属阶层。这也就进入了君道之"治道"的讨论范围。正常的典制虽是为匡扶理念上的君道而生,但是其理论上却始终无法拥有超越其时君主之威权。而这一现实也使得典制匡扶君道之本意在臣属进谏无果下,只能流于空谈。而人世对君主无从限制的政权体系的基本设定,也使得人君既可以一言以兴邦,亦可以一念而亡国。西周时期的政权体系、祭祀体系以及配套的典制,相较传说时代以及夏、商两朝而言,已经具有了前朝所无法比拟的完备性与健全性。但就是这样看似稳固的"王"形政道体系却也始终无法敌得过主持这一体系的君主本人之失德所带来的日益蚕食。

在此种情况下,我们也只能说,昔日仰仗上天之威权的"王"形政道体系已经不适用于这个信仰动荡、名实不符的大争之世。而在西周原有的君道体系无从维系的现实下,日益兴起的大小方伯必将身体力行地攫取自己心中的霸主之位。与这一社会现实相适应,因时代风云流转而激荡产生的、以儒家为代表的先秦诸子恰逢其会,其必会将自己心中的治世理念予以必要之诠释以及阐发,以构建自己理念之中适应于当下之世、抑或是恒为万世不易之法的崭新的政权模型。

就道家而言,为其之首创者老子所推崇的,是战乱无有、"天下有道,却走马以粪"①的"小国寡民"的理想社会:

> 小国寡民。使有什伯之器而不用;使民重死而不远徙。虽有舟舆,无所乘之;虽有甲兵,无所陈之。使民复结绳而用之。
>
> 甘其食,美其服,安其居,乐其俗。邻国相望,鸡犬之声相闻,民至老死,不相往来。②

在老子看来,"天之道,损有余而补不足"③,而世间目前的战乱不

---

① 语出《老子·第四十六章》,陈鼓应:《老子注译及评介》(修订增补本),中华书局 2009 年版,第 238 页。

② 语出《老子·第八十章》,陈鼓应:《老子注译及评介》(修订增补本),中华书局 2009 年版,第 344 页。其中的"安其君"应为"安其居",由后文译文可知此处实为印刷讹误。

③ 语出《老子·第七十七章》,陈鼓应:《老子注译及评介》(修订增补本),中华书局 2009 年版,第 334 页。

止,恰恰是当位之人"损不足以奉有余"造成的。所以老子倡人君"无为"之说,以为其之圣人者,应"为而不恃,功成而不处,其不欲见贤"①。我们发现,在老子的理想治政体系中,"君"因"无为"而不显,"臣"因"非贤"而不见。其之政治体系所实有的,只是争战无有,"民"之"甘食""美服""安居""乐俗"的素朴怡然。这种"小国寡民"的治世理想,因其对进步生产、生活工具之应用的否定,亦即"使有什伯之器而不用""虽有舟舆,无所乘之;虽有甲兵,无所陈之",对于姜涌而言,其只是不现实之理想国、是虚幻之乌托邦。② 但是,笔者以为,正如高秀昌所说,这种小国寡民的理想社会,应该只是老子针对其时存在的现实政治经济危机而提出的一种全新解决方案③;白彤东先生亦认为,此处之"小国寡民",实是老子为自身"无为而治"之政治学说之切实可行,所划定的现实前提条件。④

　　而对于绍继老子之学的庄子而言,其之理想治世与老子之"小国寡民"亦颇有相类之处:

　　　　夫至德之世,同与禽兽居,族与万物并,恶乎知君子小人哉? 同乎无知,其德不离;同乎无欲,是谓素朴。⑤
在庄子之理想治世中,其之论述中心,仍是民性之素朴,亦即"织

---

①　语出《老子·第七十七章》,陈鼓应:《老子注译及评介》(修订增补本),中华书局2009年版,第334页。

②　姜涌:《老子"无为而治"的政治哲学》,《武汉科技大学学报》(社会科学版)2009年第5期。

③　高秀昌:《〈老子〉"无为而治"思想阐释》,《社会科学研究》1995年第1期。

④　白彤东:《旧邦新命——古今中西参照下的古典儒家政治哲学》,北京大学出版社2009年版,第111—112页。

⑤　语出《庄子·马蹄》,方勇、陆永品:《庄子诠评》(增订新版),巴蜀书社2007年版,第291页。

而衣,耕而食""一而不党,命曰天放"的民之常性。① 张松辉认为,庄子之总体政治理想,就是试图建立一个无知无欲、天放素朴的"有道之世"。② 对庄子而言,"如标枝"之人君,以及"蹩躠为仁,踶跂为义"③之"圣人"都不在其主要考量之列;其所构建"理想治世"之关注重点,还是如何"正民之生"、使民性复归素朴怡然的道家基本问题。以笔者之管见,道家之理想治世实是颇为超越,其关注民性、无意民力的理论倾向,虽不失为对当时现实社会问题之回应,当时群雄并起的现实情境,也决定了其之理论构建的不可见用。而由于其于治世之外之理论的缥缈超越,后人多附会以方术丹砂之说,《魏书·释老志》就解道家之学为"上处玉京,为神王之宗;下在紫微,为飞仙之主"④,意在长生、羽化的飞升之说。而在笔者看来,其于某种程度上,业已失却道家创建伊始,于民生的关切之情。故其实为道"术",而非道"家"。

而就墨家而言,墨子所划定之理想治世,在笔者看来,较之道家之学,恐怕更不可行。其之理想治世:

> 诸侯相爱则不野战,家主相爱则不相篡,人与人相爱则不相贼,君臣相爱则惠忠,父子相爱则慈孝,兄弟相爱则和调。天下之人皆相爱,强不执弱,众不劫寡,富不侮贫,贵不敖贱,

---

① 以上分句中概念俱出自《庄子·马蹄》,方勇、陆永品:《庄子诠评》(增订新版),巴蜀书社 2007 年版,第 291 页。

② 张松辉:《评庄子的无为与权谋并重的政治观》,《孔子研究》1995 年第 3 期。

③ 语出《庄子·马蹄》,方勇、陆永品:《庄子诠评》(增订新版),巴蜀书社 2007 年版,第 291 页。

④ (北齐)魏收撰:《魏书》,中华书局 1974 年版,第 3048 页。

诈不欺愚。①

在墨子看来,其之理想治世,人人"兼相爱、交相利",其"爱人者,人必从而爱之;利人者,人必从而利之"②,故"天下祸篡怨恨"之毋起,诸侯"视人之国若视其国",家主"视人之家若视其家",百姓"视人之身若视其身"。③ 墨子之理想治世,其实源于其对其之理念中"行广而无私""施厚而不德""明久而不衰"之"上天"的法效④,此亦即《墨子·法仪》篇所论及的"以天为法,动作有为必度于天,天之所欲则为之,天所不欲则止"⑤。而在墨子以天为参照物的观想下,"天下无大小国,皆天之邑也;人无幼长贵贱,皆天之臣也"⑥。所以,天子、诸侯、官长,在墨子眼中,与万千庶民并无实质差别。只不过是其之先祖因其才能,领受天鬼明赏,方有如今之位。如果其之后继,未曾绍承天之志意,其之尊位亦不可永延。而墨子对其理想中之人君提出的要求,除却其本人接受墨子之"兼相爱、交相利"之学,其更需拔擢秉持此种理念之贤人,以辅政事,此亦即墨子所言的"审以尚同,以为正长"⑦。而这种人君推"兼爱"于上、贤臣行"相利"于下的治政模式,在墨子看来,就可在一定程度上保证"上下情请为通","上有隐事遗利,下得而利之;下

① 语出《墨子·兼爱中》,方勇译注:《墨子》,中华书局 2011 年版,第 126 页。
② 语出《墨子·兼爱中》,方勇译注:《墨子》,中华书局 2011 年版,第 127 页。
③ 语出《墨子·兼爱中》,方勇译注:《墨子》,中华书局 2011 年版,第 126 页。
④ 语出《墨子·法仪》,方勇译注:《墨子》,中华书局 2011 年版,第 22 页。
⑤ 方勇译注:《墨子》,中华书局 2011 年版,第 22 页。
⑥ 语出《墨子·法仪》,方勇译注:《墨子》,中华书局 2011 年版,第 23 页。
⑦ 语出《墨子·尚同中》,方勇译注:《墨子》,中华书局 2011 年版,第 103 页。

有蓄怨积害,上得而除之"①。如此方有天子、诸侯、贤臣治官之属与普通百姓一并的"上同于天"②,而墨子的治政理想也因之而得以实现。然以笔者蠡测,虽则在墨子本人看来,其之学说"苟有上说之者,劝之以赏誉,威之以刑罚"③,其必"不可防止于天下"④。然而这种在一定程度上泯灭当时社会所存在之天然等级,且对推行主政之人君本人提出"约食、焚舟、苴服"⑤等不可能实现之要求之学说,恐怕于春秋战国之世的现实推行难度,较之"小国寡民""至德之世",亦不遑多让。

至于,当时甚为人君推重的、法家之理想治政模型,较之道、墨两家,具有明显的易接受性与可推行性。管子之理想治政模型可以概之为:

> 明王之务,在于强本事,去无用,然后民可使富。论贤人,用有能,而民可使治。薄税敛,毋苟于民,待以忠爱,而民可使亲。三者,霸王之事也。⑥

"本事",就是民众现实赖以生计的农政之事,而管子认为,这是明君可建宏图霸业之根本。《管子·治国》篇就有"粟者,王之本事

---

① 语出《墨子·尚同中》,方勇译注:《墨子》,中华书局 2011 年版,第103 页。
② 语出《墨子·尚同上》,方勇译注:《墨子》,中华书局 2011 年版,第 89 页。
③ 语出《墨子·兼爱下》,方勇译注:《墨子》,中华书局 2011 年版,第149 页。
④ 语出《墨子·兼爱下》,方勇译注:《墨子》,中华书局 2011 年版,第149 页。
⑤ 语出《墨子·兼爱下》,方勇译注:《墨子》,中华书局 2011 年版,第149 页。
⑥ 语出《管子·五辅》,黎翔凤撰,梁运华整理:《管子校注》,中华书局 2004年版,第 201 页。

也,人主之大务,有人之涂,治国之道也"①之论。而人主对农政的不同推进程度也必然会对其之王图霸业带来不同程度之影响。在管子看来,"不生粟之国亡,粟生而死者霸,粟生而不死者王"②。"粟"在管子之学说体系中之所以具有如此的重要性,是因为其是普通民众赖以生存的重要物资,而在邦国之农政体系得到有效发展的情况下,国家的人口数量必然会相应地增多,而为普通民众所创造的物质财富也会现实地增长于国君之府库,这一切都为国君更好地征战四方、攫取土地创造了必要的现实条件。这也就是管子所试图陈述的"粟也者,民之所归也。粟也者,财之所归也。粟也者,地之所归也。粟多,则天下之物尽至矣"③。所以管子的治政体系所立足的,就是如何在一位致力于王图霸业、万世之基的时君领导下,任贤使能,将民众有效地编制起来,以充分地发挥民力。虽然管子亦如墨子一般,认为"玩好""珍怪""文绣"之类耗竭民力之物,实为"无用",并号召人君应予以摒弃。④ 但是因为管子之立足点实是为"人君"计,而非单独地为"民生"谋,所以时君在远景可期的宏图霸业的激励下,还是可以心甘情愿地对自己的奢靡之行予以约束的。由此,管子的法家之学也就获得了广泛的接受度。

而韩非对管子之学予以了进一步的发展。他认为权柄集中于

---

① 黎翔凤撰,梁运华整理:《管子校注》,中华书局 2004 年版,第 927 页。
② 语出《管子·治国》,黎翔凤撰,梁运华整理:《管子校注》,中华书局 2004 年版,第 926 页。
③ 语出《管子·治国》,黎翔凤撰,梁运华整理:《管子校注》,中华书局 2004 年版,第 926 页。
④ 此观点参见《管子·五辅》,黎翔凤撰,梁运华整理:《管子校注》,中华书局 2004 年版,第 201 页。

人君一人、而非分散于重臣①，会更有利于法制的推行。此即是"事在四方，要在中央。圣人执要，四方来效"②。笔者以为，韩非此种集中君权的倾向，是与其在其学说体系中将法家所推崇之"法"推临高位这一设定，密不可分的。在韩非看来，理想治政体系应为：

> 明主之国，无书简之文，以法为教；无先王之语，以吏为师；无私剑之捍，以斩首为勇。是境内之民，其言谈者必轨于法，动作者归之于功，为勇者尽之于军。③

在这个治政体系中，我们可以说"法"才是一切治政之核心。正是因为韩非试图使"法之所加，智者弗能辞，勇者弗敢争""刑过不辟大臣，赏善不遗匹夫"，④所以，才需要将所有现实之权柄集于君手，只有如此，才可以保证最大限度地"法不阿贵，绳不挠曲"⑤。而在"法"所代表的"赏罚"之教遍及四境，国家日常运转恒有"法度"时，所谓的贤德之"能臣"，在韩非的理论体系中就不再如此重要。与管子所提倡的"君臣相得"，亦即才能平庸之君主对有能力之贤臣予以最大程度的权柄与信任相较，韩非更倾向于将一切国事置于法度的恒常规量下，在赏功而退不能的现实激励下，即使人

---

① 由于创作年代不定，其实我们这里并不能完全肯定韩非此种观点的提出，不是为了取悦被吕不韦压制多年的秦王。

② 语出《韩非子·扬权》，高华平、王齐洲、张三夕译注：《韩非子》，中华书局2010年版，第59页。

③ 语出《韩非子·五蠹》，高华平、王齐洲、张三夕译注：《韩非子》，中华书局2010年版，第714页。

④ 语出《韩非子·有度》，高华平、王齐洲、张三夕译注：《韩非子》，中华书局2010年版，第50页。

⑤ 语出《韩非子·有度》，高华平、王齐洲、张三夕译注：《韩非子》，中华书局2010年版，第50页。

君无有尧舜之德,民众亦会因为本有之利己私心,而任人君驱策。笔者以为,韩非表面上虽持"尊君"之说,然其学说之本质实为以"法"代"贤"、以"法"虚"君"。其对君权的推崇,实是为其之法度之最大限度地有效推行而张本。可以说,在治国理政之各项事宜都有"法度"可依的情况下,时君治下之臣民在明确囿定己身的诸种职责之时,也会同时明了通过己身之努力,自己及家族所能达到的权力之限,所以,在有效激励臣民的功利之心、利用臣民之力上,法家之学实为先秦诸子之魁首,而其亦为先秦诸子之学中,唯一短期之内、成效可期的王霸之术。但是法家之学亦有其缺陷。秦朝奉法度而有天下,亦因持法教而二世亡,其事亦非出于偶然。《吕氏春秋·长见》篇有载:

> 吕太公望封于齐,周公旦封于鲁,二君者甚相善也,相谓曰:"何以治国?"太公望曰:"尊贤上功。"周公旦曰:"亲亲上恩。"太公望曰:"鲁自此削矣。"周公旦曰:"鲁虽削,有齐者亦必非吕氏也。"其后齐日以大,至于霸,二十四世而田成子有齐国。鲁公以削,至于觐存,三十四世而亡。[1]

由上文所引述齐、鲁二国先祖不同治政倾向,以及其之封国最终结局观之,以"尊贤上功"为其主旨的法家之学,虽然可以使国力迅速提高,但是因为其本身为政时所必有的刻薄寡恩、失之人情,若将其作为邦国长期的治政方针,长此以往,国之臣民也必失去原有的"亲上"之心。在对国主本身之敬畏亦为法度所替代时,为功利之心所蛊惑之臣民,在其现实条件允许之时,也必然会有"代齐"之心。笔者以为,法家之学,犹如渔场中为鱼群划定行动范围的诸多罗网,其以渔网网眼疏密之设定,以及具体之张弛时间,将渔场

① 许维遹撰:《吕氏春秋集释》,中华书局 2009 年版,第 255 页。

的养殖效益发挥至最大;然而一朝网破,向所畜之鱼群,却必不会对此视己为"利之所在"的渔场存保半分留恋之心,故有鱼群散而渔场竭。① 而绍承周公"亲亲上恩"之说的儒家之学,则是另外一条发展理路。虽然其囿于人君治教之发展,无法如法家一般,在短期之内,为人君带来现实的巨大收益,但其基本的人心、人伦之教却会在外部条件无有甚大改易的前提下,保证君位、国家的基本存续。这也就是有若所言的"其为人也孝弟,而好犯上者,鲜矣;不好犯上,而好作乱者,未之有也"②。以上,我们借由法家与儒家治政方向之大略比较,笼统讨论二者之发展前景若此,下面,我们便来具体研究儒家理想治政模型之演变。

上古三代以来,时世衍易,儒家之始创者孔子,有感于此,其首先对其之理想治政模型作出了"实然目标"与"应然目标"的区分。在孔子看来,尧舜之时的"大同"社会,实是秉习儒家之学的士人所应追寻的最高目标:

> 大道之行也,天下为公,选贤与能,讲信修睦。故人不独亲其亲,不独子其子,使老有所终,壮有所用,幼有所长,矜、寡、孤、独、废、疾者皆有所养,男有分,女有归。货恶其弃于地也,不必藏于己;力恶其不出于身也,不必为己。是故谋闭而不兴,盗窃乱贼而不作,故外户而不闭。是谓大同。③

孔子所描绘的这个承载着其"公天下"理念的、实为其"应然目标"

---

① 笔者此处以"鱼"喻"民",故并不将自然界未经驯化之鱼群之智商指数纳入考量。
② 语出《论语·学而》,杨伯峻译注:《论语译注》,中华书局1980年版,第2页。
③ 语出《礼记·礼运》,(清)孙希旦撰,沈啸寰、王星贤点校:《礼记集解》,中华书局1989年版,第582页。

的治政模型，我们可以大致述其情状为：人人"讲信修睦"、友爱谦让、以他人之子为己子、以他人之亲眷为己之亲眷；社会职位之选拔亦各依其能，只求尽己力于公；世不好财货之利，贼盗无有，夜不闭户；甚至，民之穷而无告者，亦有其取生、赡养之道。所以，这个上古社会，其实是一个人皆得其所、人皆有其乐的不争之世。虽然，其时尧、舜亦有帝君之名，但以"公天下"之实，其必未享君位之利。这实在是一个"天下共主"率先垂范，非以天下之私奉己，反以己身奉天下的"至公"时代。然而三代以来，"大道既隐，天下为家，各亲其亲，各子其子，货力为己"①，君者有国，疆界并起。虑及当时社会之情实，孔子亦知，上古之"大同"必不复现于"私天下"之世。故其为春秋之君主划定了其于现世亦可效仿的"小康"之教。此亦为儒家士人当下所应追寻的"实然目标"。其之具体为教也，纪以礼义，"刑仁讲让"，示民以常，"以正君臣，以笃父子，以睦兄弟，以和夫妇，以设制度，以立田里，以贤勇、知，以功为己"②。其虽不若至公之世，要求人君完全地无己而奉公，但即便是这次一等级的"小康"之治，亦对人君德行提出了不小的要求。毕竟孔子之君臣、父子、夫妇之各本其道，是通过"君君、臣臣、父父、子子"③而实现的。可以说，人君之"恭己而正南面"在其中发挥了至关重要的作用。在孔子看来，民众实是需要人君之感化、熏染的，此亦即《论语·颜渊》篇所言的"子欲善而民善矣。君子之

---

① 语出《礼记·礼运》，（清）孙希旦撰，沈啸寰、王星贤点校：《礼记集解》，中华书局 1989 年版，第 583 页。
② 语出《礼记·礼运》，（清）孙希旦撰，沈啸寰、王星贤点校：《礼记集解》，中华书局 1989 年版，第 583 页。
③ 语出《论语·颜渊》，杨伯峻译注：《论语译注》，中华书局 1980 年版，第 128 页。

德风,小人之德草。草上之风,必偃"①。张维新就以孔子之理想
社会为基于统治者个人表率作用的"圣王之治"②。笔者以为,
《吕氏春秋·精通》篇中的一段记载,与孔子此处于时君所提出之
要求甚为相合:

> 德也者,万民之宰也。月也者,群阴之本也。月望则蚌蛤
> 实,群阴盈;月晦则蚌蛤虚,群阴亏。③

人君就如同天上不时消盈之月主,以己身德行之消长,切实地影响
着其之治下臣民。"类同相召,气同则合,声比则应"④,笔者以为,
亦此之谓也。

而时至战国之世,诸侯之争愈烈,各邦国之君,意在国力守备
之实有,而非礼义德操之虚名。所以孔子所划定之"小康"标准,
已不适用于这个诸侯竞相变法图强、动荡不已的时代。有感于此,
其之后学,孟子、荀子进一步将孔子的"小康"之治予以析分,提出
了退可使邦君争霸于时、进可使天子临诸侯于下的霸道、王道之
辨。甫一观之,孟、荀所言之"王道""霸道",似为对诸侯势力的现
实区分。其中,"王道"皆祖古之先王,故其实为"天子"之政;"五
霸者,搂诸侯以伐诸侯者也"⑤,"霸道"所代表的也就是诸侯中实
际上的盟主、引领者之地位。但是,实际上,"霸道""王道"之于
孟、荀,实为其贯彻儒家之学的、阶段性的治政倾向。

---

① 杨伯峻译注:《论语译注》,中华书局 1980 年版,第 129 页。
② 张维新:《孔子和亚里士多德的政治学说之比较》,《湖北社会科学》2010
   年第 12 期。
③ 许维遹撰:《吕氏春秋集释》,中华书局 2009 年版,第 212 页。
④ 语出《吕氏春秋·召类》,许维遹撰:《吕氏春秋集释》,中华书局 2009 年
   版,第 558 页。
⑤ 语出《孟子·告子下》,方勇译注:《孟子》,中华书局 2010 年版,第
   244 页。

在孟子看来,霸道其实是不及王道之可为的,因为王道并不对诸侯之领土等现实势力予以过多之限制要求,此亦即孟子所言的"以力假仁者霸,霸必有大国。以德行仁者王,王不待大"①。而在荀子明确了霸道、王道之不同治政倾向的同时,也在一定程度上暗示时君,其可以先霸道而后王道。在荀子看来,"臣诸侯者王,友诸侯者霸"②,所以,时君完全可以在其实力渐进之后,改霸道而行王道。所谓"信立而霸"③是说,如果时君可以"乡方略,审劳佚,谨畜积,修战备,齺然上下相信",其必可凭"僻陋之国"而终"威动天下"。④ 而"义立而王"⑤则是表明,只要时君在霸道之基础上,可以"本政教""致隆高""綦文理""服人心",其必终可臣诸侯。所以,在荀子这里,"辟田野,实仓廪,便备用,案谨募选阅材伎之士,然后渐庆赏以先之,严刑罚以纠之"⑥之"霸道"与"仁眇天下,义眇天下,威眇天下"⑦之"王道",只不过是时君于己身势力扩张之不同阶段之关注点不同。而这也是荀子与孟子存在明显区别之处。虽然二者皆在孔子坎陷上古之"大同"为近世之"小康"后,继

---

① 语出《孟子·公孙丑上》,方勇译注:《孟子》,中华书局 2010 年版,第56 页。
② 语出《荀子·王制》,方勇、李波译注:《荀子》,中华书局 2011 年版,第119 页。
③ 语出《荀子·王霸》,方勇、李波译注:《荀子》,中华书局 2011 年版,第162 页。
④ 语出《荀子·王霸》,方勇、李波译注:《荀子》,中华书局 2011 年版,第165 页。
⑤ 语出《荀子·王霸》,方勇、李波译注:《荀子》,中华书局 2011 年版,第162 页。
⑥ 语出《荀子·王制》,方勇、李波译注:《荀子》,中华书局 2011 年版,第121 页。
⑦ 语出《荀子·王制》,方勇、李波译注:《荀子》,中华书局 2011 年版,第121 页。

而坎陷近世之"小康"为现时之"王道""霸道"之辨。但是与荀子之"君人者,隆礼尊贤而王,重法爱民而霸"①,强调时君在不同阶段可有不同之为政倾向相反,孟子认为,其时之秉习霸道者亦应与承袭王道者拥有共同的治政倾向,此所谓"尧、舜,性之也;汤、武,身之也;五霸,假之也。久假而不归,恶知其非有也"②。由此,笔者以为,同为儒家之后学应对于变革之世,荀子之学较之孟子,更见用于时君,实乃理固宜然也。与孔子对人君所提出之要求相较,孟、荀笔下之时君,就如同引领雁群南迁之头雁,承担着引领方向、为后方之雁群减小风之阻力的职责。只不过与孟子之头雁必须不断向南直行相比,荀子允许时君在达到最终目标前,做出积蓄力量的暂时转向。笔者以为,儒家与其他先秦诸子相较,实是对三代的"王形"政权模型予以了最好的绍承,其力图构建"道德礼义之天"于时君之上,而非法家之纯粹藉"法度仪则"以匡其君。

纵览先秦诸子于新政权体系模型的不同构建,他们绝无在理论上完全摆脱君主之影响之可能。但这些新的政权体系模型在解决君主本人如何正确游走于整个政权体系的各方组成力量之间的问题时,亦将相当重要的笔墨分与似乎始终游离于体系构建之外的普通民众。正是这些普通民众整体的期待太平盛世的恒常祈愿,决定着以君主为核心的政权体系是否可以长远维系以及以儒家为代表的先秦诸子所构建的政权模型中所存在的理论倾斜。所以三代以降,君道观因众民之祈愿而创制,其亦因众民之诉求而沿革。

---

① 语出《荀子·大略》,方勇、李波译注:《荀子》,中华书局 2011 年版,第428 页。
② 语出《孟子·尽心上》,方勇译注:《孟子》,中华书局 2010 年版,第272 页。

对于当下的我们来说,国家政府作为一个理论上的整体,他们承载着原先由君主所担负的现世的统治力与影响力。所以,君位传承之正当就相当于如何使民众确信政府实为人民之政府,亦即政府存在的合理性;祭祀体系中的天地神祇则代之以现实政府在民众心中的公信程度,亦即怎样确立整个可持续的政权体系在民众心中出于虔敬而非畏惧的无上权威。至于原为君道之本的、以君主为核心的政道体系之维系,则因为当下君主的不复存在,而与先前居于辅助地位的典制之治道相合,组成了当下以各级机关层层构建而成的国家体制。而这种将国家政权有如机器一般加以固化的理念,也在某种程度上部分实现了中国古代以来从未能真正实现的畅想,亦即前文所提及的使历任君主如同弗雷泽《金枝》中所提到的只能植根于大地、为凯尔特人督伊德教的祭司们所崇奉的橡树一般,表现出为臣民所期待的特定的行为模式。但是正如表皮附着(音 zhuó)着槲寄生的橡树为人们所崇奉的根本原因是因为其独特的外表标记着其中可能残存的某种神性,仅存体系而无灵性贯通的西方理念下的固化的政权体系却充其量也只能是这种橡树,而远非真正可以牵动民众心绪、决定民众祸福的神灵。所以固化而无灵性的政权体系所能保证的也仅仅是特定的行为模式,而因自身灵性的缺失,也无法真正地回应民众的期待与心声。

由此,我们在政权体系构建理论的探索中所应致力的基本目标,或许就应是如何使现行的政权体系在与民众的交互过程中可以自发的产生并维系这种因民众强烈祈愿而诞生的某种神性或灵性,亦即如同任何时代因众生需求而自发产生的神灵或偶像崇拜一般,使现有的政权体系成为民众心目与现实中真正的神灵。所以我们当下的政权体系建设,既需"法制",亦需"人治"。非"法制",无以兴公益、摒私欲、除奸邪于未萌;非"人治",无以体民心、立公信、奠万世之良基。笔者相信,真正的神灵既非人君般肆意,亦非器械般冰冷,其如冬日之阳、夏日之阴,永远代表着我们内心深处以及现实境遇中的真正渴望与需求。如何融往圣绝学于当今时世,塑造独属于我们这一时代的国民信念,并在政权体系的自洽运转中切实贯彻、日益完善,这也是我们现今研习以儒家为代表的诸子之学的现实意义之所在。法制全备、依"理"而行,固然可以使政权体系有效、高速运转,但无数志士仁人救亡图存、惠民兴国之拳拳初"心",才是政权体系可以永动不息的活的灵魂。所谓"仁、义、礼、知,人道具矣"①,于吾辈而言,"视思明,听思聪,色思温,貌思恭,言思忠,事思敬,疑思问,忿思难,见得思义"②,"正己为政",亦是肇人道之基。

① 语出《礼记·丧服四制》,(清)孙希旦撰,沈啸寰、王星贤点校:《礼记集解》,中华书局 1989 年版,第 1468 页。
② 语出《论语·季氏》,杨伯峻译注:《论语译注》,中华书局 1980 年版,第 177 页。

附录　先秦大事记兼诸子部分活动年表

笔者囿于所学,于历史考证之处恐有不逮,故综合整理翦伯赞先生之《中外历史年表》①,柏杨先生之《中国历史年表》②,以及钱穆先生之《先秦诸子系年》③中于本书行文有所助益的相关年表,汇校辑录,兹附如下:④

一、夏朝帝位传承谱系

公元前 2095 年,启,禹之子,嗣帝位→

公元前 2085 年,太康,启之子,嗣帝位→

公元前 2056 年,仲康,太康之弟,继帝位→

公元前 2043 年,相,仲康之子,嗣帝位→

公元前 2015 年,少康,相之子,嗣帝位→

---

① 翦伯赞主编:《中外历史年表》(校订本),中华书局 2008 年版。
② 柏杨:《柏杨全集 15 历史卷:中国历史年表上》,人民文学出版社 2010 年版。
③ 钱穆:《先秦诸子系年》,河北教育出版社 2002 年版。
④ 笔者此表以翦伯赞先生的《中外历史年表》为底本,以其最为完备,且于 1987 年曾重新校订。其他年表则主要是用来参校翦伯赞先生所未录入之史实,相同史实的时间还是以翦伯赞先生的年表为基准。

公元前 1999 年,杼①,少康之子,嗣帝位→

公元前 1977 年,槐,杼之子,嗣帝位→

公元前 1951 年,芒,槐之子,嗣帝位→

公元前 1933 年,泄,芒之子,嗣帝位→

公元前 1917 年,不降,泄之子,嗣帝位→

公元前 1858 年,扃,不降之弟,继帝位→

公元前 1837 年,廑,扃之子,嗣帝位→

公元前 1816 年,孔甲,不降之子,继帝位→

公元前 1785 年,皋,孔甲之子,嗣帝位→

公元前 1774 年,发,皋之子,嗣帝位→

公元前 1763 年,桀,名履癸,发之子,嗣帝位

二、殷商帝位传承谱系

公元前 1711 年,汤,灭夏,践帝位→

公元前 1698 年,外丙,汤之子,嗣帝位→

公元前 1696 年,仲壬,外丙之弟,继帝位→

公元前 1692 年,太甲,太丁之子、汤嫡长孙,继帝位→

公元前 1659 年,沃丁,名绚,太甲之子,嗣帝位→

公元前 1630 年,太庚,沃丁之弟,继帝位→

公元前 1605 年,小甲,名高,太庚之子,嗣帝位→

公元前 1569 年,雍己,名伷,小甲之弟,继帝位→

公元前 1557 年,太戊,雍己之弟,继帝位→

---

① 《国语·鲁语》为"纾",《史记》为"予"。

公元前 1482 年,仲丁,太戊之子,嗣帝位→

公元前 1471 年,外壬,仲丁之弟,继帝位→

公元前 1456 年,河亶甲,名整,外壬之弟,继帝位→

公元前 1447 年,祖乙,名胜,河亶甲之子,嗣帝位→

公元前 1428 年,祖辛,祖乙之子,嗣帝位→

公元前 1412 年,沃甲,名逾,祖辛之弟,继帝位→

公元前 1392 年,祖丁,祖辛之子,继帝位→

公元前 1360 年,南庚,名庚,沃甲之子,继帝位→

公元前 1331 年,阳甲,祖丁之子,继帝位→

公元前 1324 年,盘庚,名旬,阳甲之弟,继帝位→

公元前 1296 年,小辛,名颂,盘庚之弟,继帝位→

公元前 1275 年,小乙,名敛,小辛之弟,继帝位→

公元前 1254 年,武丁,小乙之子,嗣帝位→

公元前 1195 年,祖庚,名跃,武丁之子,嗣帝位→

公元前 1187 年,祖甲,名载,祖庚之弟,继帝位→

公元前 1154 年,廪辛,名先,祖甲之子,嗣帝位→

公元前 1148 年,庚丁,廪辛之弟,继帝位→

公元前 1142 年,武乙,庚丁之子,嗣帝位→

公元前 1138 年,太丁,武乙之子,嗣帝位→

公元前 1135 年,帝乙,太丁之子,嗣帝位→

公元前 1098 年,纣,又名辛,帝乙之子,嗣帝位

三、西周大事记

公元前 1066 年,周武王十一年,武王伐纣,牧野之战→

公元前 1063 年,周成王元年,周公听政→

公元前 1057 年,周成王七年,周公反政于成王→

公元前 1026 年,周康王元年,康王名钊,释丧冕作诰申戒诸
侯→

公元前 1018 年,周康王九年,晋侯作宫而美,康王责之→

公元前 1000 年,周昭王元年→

公元前 976 年,周穆王元年,穆王作祇宫于南郑,都西郑→

公元前 975 年,周穆王二年,鲁幽公弟杀幽公自立,号魏公→

公元前 921 年,周共王元年,共王灭密→

公元前 909 年,周懿王元年,懿王自镐徙都犬丘→

公元前 884 年,周孝王元年→

公元前 869 年,周夷王元年→

公元前 867 年,周夷王三年,周夷王烹齐哀公,立胡公,齐胡公
迁都→

公元前 857 年,周厉王元年→

公元前 841 年,国人流周厉王于彘,召公、周公二相行政,号曰
共和。中国历史自该年始有准确年代,《史记·十二诸侯年表》亦
始于是年→

公元前 827 年,周厉王死于彘,太子静立,为周宣王,周、召二
公辅政→

公元前 781 年,周幽王元年,晋太子仇率其徒袭杀殇叔而自
立,是为文侯→

公元前 780 年,周幽王二年,岐山崩、三川竭→

公元前 779 年,周幽王三年,烽火戏诸侯

四、春秋大事记兼诸子活动年表

公元前 770 年,周平王元年,自是年起,史称东周,王室衰微①→

公元前 753 年,周平王十八年,秦国始有信史②→

公元前 747 年,周平王二十四年,秦作陈宝祠,祠宝鸡→

公元前 745 年,周平王二十六年,晋昭侯元年,晋昭侯封其叔父成师于曲沃,大于晋,晋由是分裂→

公元前 724 年,周平王四十七年,晋曲沃庄伯入翼杀晋孝侯;晋大夫逐曲沃庄伯,立孝侯子郄,是为鄂侯。曲沃势日强,晋无力抵抗→

公元前 722 年,周平王四十九年,鲁国编年史《春秋》始于是年→

公元前 719 年,周恒王元年,春,卫州吁杀卫桓公自立,此为春

---

① 笔者以为,此年方为周王室衰微之始,而不是翦伯赞先生援引《礼记·郊特牲》"下堂而见诸侯,天子之失礼也,由夷王以下"[(清)孙希旦撰,沈啸寰、王星贤点校:《礼记集解》,中华书局 1989 年版,第 678 页]所论证的"周益衰"(公元前 869 年)。[翦伯赞主编:《中外历史年表》(校订本),中华书局 2008 年版,第 16 页]由第三年(公元前 867 年)周夷王就能做出烹齐哀公、立齐胡公的行径,[翦伯赞主编:《中外历史年表》(校订本),中华书局 2008 年版,第 16 页]周夷王拥有"夷"这个在中华文化中颇具歧视与贬义的谥号,以及继位的齐胡公除了迁都以外并无其他即时的报复性举动,笔者推论其时周王室在诸侯中的影响力仍不容忽视,周夷王的失礼于诸侯应该只是其自身的某种先天性思维能力不足,而不是周王室衰微的表征。

② 柏杨:《柏杨全集 15 历史卷:中国历史年表上》,人民文学出版社 2010 年版,第 57 页。

秋弑君之始。① 九月,卫臣石碏杀州吁。十二月,卫立桓公弟晋,是为宣公→

公元前 707 年,周恒王十三年,周恒王伐郑,周师败绩,郑人射王中肩→

公元前 696 年,周庄王元年,冬,卫惠公朔出奔齐,卫臣立公子黔牟→

公元前 685 年,周庄王十二年,齐桓公即位,杀公子纠,而以**管仲执国政**→

公元前 683 年,周庄王十四年,鲁庄公十一年,秋,宋大水,鲁侯遣使吊之→

公元前 681 年,周釐王元年,春,齐会宋、陈、蔡、邾于北杏,商讨平定宋国动乱。夏,齐灭遂。冬,齐桓公与鲁庄公会盟于柯,鲁大夫曹刿劫齐公,反所亡地→

公元前 679 年,周釐王三年,春,齐桓公与宋桓公、陈宣公、卫惠公、郑厉公会盟于鄄邑,号召"尊王攘夷",②被尊为霸主。冬,曲沃武公灭晋侯,以宝献周,周釐王列之为诸侯,尽有晋地③→

公元前 676 年,周惠王元年→

公元前 672 年,周惠王五年,春,陈杀其太子御寇,公子完出奔齐,齐桓公任以为卿,是为齐田氏之祖→

公元前 669 年,周惠王八年,冬,晋献公尽杀曲沃桓伯、庄伯之

---

① 柏杨:《柏杨全集 15 历史卷:中国历史年表上》,人民文学出版社 2010 年版,第 65 页。

② 柏杨:《柏杨全集 15 历史卷:中国历史年表上》,人民文学出版社 2010 年版,第 107 页。

③ 《左传》记载此事于周釐王四年,亦即鲁庄公十六年。(杨伯峻编:《春秋左传注》,中华书局 1981 年版,第 203 页)

子,从此晋无公族→

公元前 659 年,周惠王十八年,鲁僖公元年,鲁僖公封邑"三桓"(因三家均为桓公之子),①季孟叔三家鼎立,共执鲁政→

公元前 651 年,周襄王元年,夏,齐桓公会宰周公、鲁侯、宋公、卫侯、郑伯、许男、曹伯于葵丘,此为齐桓公所主持最盛大之国际会议。襄王使宰孔赐齐侯胙。九月,诸侯同盟于葵丘。九月,晋献公诡诸卒,荀息立奚齐,里克杀之;荀息立卓子,里克又杀之。齐隰朋帅师会秦穆公纳晋公子夷吾,是为惠公→

公元前 645 年,周襄王七年,**管仲死**→

公元前 632 年,周襄王二十年,城濮之战,晋文公称霸北方诸侯→

公元前 623 年,周襄王二十九年,秦穆公开地千里,称霸西戎,周襄王使召公以金鼓十二贺之→

公元前 621 年,周襄王三十一年,秦穆公卒,杀一百七十人殉葬,中有子车氏三子,皆秦之贤大夫,号称三良。秦人哀之,为作《黄鸟》之诗→

公元前 618 年,周顷王元年,春,周使毛伯赴鲁求金,鲁使叔孙得臣至周会葬襄王→

公元前 612 年,周匡王元年,齐懿公商人元年,十一月,晋侯会宋、卫、蔡、陈、郑、许、曹之君,盟于扈,谋攻齐,齐赂晋侯,不果攻→

公元前 606 年,周定王元年,楚庄王问鼎于周→

公元前 585 年,周简王元年,吴王寿梦元年,吴始大。晋自绛迁都新田,号新绛→

---

① 柏杨:《柏杨全集 15 历史卷:中国历史年表上》,人民文学出版社 2010 年版,第 127 页。

公元前 575 年,周简王十一年,鄢陵之战,晋复兴霸业→

公元前 571 年,周灵王元年,春,齐侵莱,莱人赂齐牛马百匹,齐还师。七月,晋会诸侯之大夫于戚,冬,又会于戚,遂城虎牢,谋攻郑,郑乞和→

公元前 562 年,周灵王十年,鲁国建立三军,三桓各统一军,鲁国分裂为三①→

公元前 551 年,周灵王二十一年,**孔子**生→

公元前 544 年,周景王元年,晋用鲁、齐、宋、卫、郑、曹、莒、滕、薛、小邾人为杞修城。吴使公子季札历聘诸国。吴公子季札来晋,预言晋政将归赵韩魏三家→

公元前 519 年,周敬王元年,周王子朝入于周大夫尹氏之邑,尹氏助王子朝攻王城,敬王出奔于刘(周邑);尹氏立王子朝,敬王避居狄泉→

公元前 500 年,周敬王二十年,**孔子**为鲁相→

公元前 498 年,周敬王二十二年,齐馈鲁女乐,**孔子**去鲁适卫②→

公元前 496 年,周敬王二十四年,**孔子**自卫适陈→

公元前 494 年,周敬王二十六年,**孔子**自陈适卫→

公元前 493 年,周敬王二十七年,**孔子**如蔡→

公元前 492 年,周敬王二十八年,四月,鲁地震,**孔子**在陈。**孔子**适宋,与弟子习礼于树下→

---

① 柏杨:《柏杨全集 15 历史卷:中国历史年表上》,人民文学出版社 2010 年版,第 227 页。

② 据翦伯赞先生考证,《史记·十二诸侯年表》与《鲁世家》记载相同,均为敬王二十二年,《仲尼世家》却为十四年。[翦伯赞主编:《中外历史年表》(校订本),中华书局 2008 年版,第 45 页]

公元前 484 年,周敬王三十六年,**孔子**自卫返鲁,季孙氏访**孔子**以田赋→

公元前 481 年,周敬王三十九年,齐陈恒弑君,专国政→

公元前 479 年,周敬王四十一年 **孔子**卒→

公元前 478 年,周敬王四十二年,**墨子**生于此时前后①

五、战国大事记兼诸子活动年表

公元前 476 年,周元王元年②,卫出公辄复元元年→

公元前 468 年,周定王元年,四月,鲁季康子卒。八月,鲁哀公为三桓所逼,出奔越→

公元前 453 年,周定王十六年,赵韩魏三家灭智伯,三分其地,是为"三晋"→

公元前 444 年,周定王二十五年,楚惠王四十五年,**墨子**止楚攻宋(当在此时或稍后)③→

公元前 440 年,周考王元年,周考王封弟揭于王城,是为西周桓公,亦称西周君→

公元前 439 年,周考王二年,楚惠王五十年,**墨子**献书惠王不遇,去楚(至晚不出此年)④→

---

① 钱穆:《先秦诸子系年》,河北教育出版社 2002 年版,第 556 页。

② 翦伯赞先生以公元前 481 年,《春秋》绝笔之年为春秋时代之止。[翦伯赞主编:《中外历史年表》(校订本),中华书局 2008 年版,第 48 页]笔者则以史学界通常的周元王元年为分界。

③ 钱穆:《先秦诸子系年》,河北教育出版社 2002 年版,第 559 页。

④ 钱穆:《先秦诸子系年》,河北教育出版社 2002 年版,第 560 页。

公元前 438 年,周考王三年,宋昭公三十一年,**墨子**仕宋见囚(当在此时稍后)①→

公元前 425 年,周威烈王元年,秦庶长晁杀其君怀公,太子早亡,秦臣立太子之子,是为灵公→

公元前 415 年,周威烈王十一年,鲁缪公元年,**子思**、**墨子**在鲁②→

公元前 406 年,周威烈王二十年,魏文侯之臣**李悝**作尽地力之教,行平籴之法,著《法经》六篇→

公元前 405 年,周威烈王二十一年,齐宣公五十一年,**墨子**游齐当在此时稍后③→

公元前 403 年,周威烈王二十三年,晋大夫韩虔、魏斯、赵籍自立为诸侯,司马光《资治通鉴》托始于此年④→

公元前 402 年,周威烈王二十四年,鲁缪公十四年,**子思**卒(至晚在是年)⑤→

公元前 401 年,周安王元年→

公元前 396 年,周安王六年,魏武侯使**吴起**守西河→

公元前 393 年,周安王九年,楚悼王九年,**墨子**与鲁阳文君论伐郑⑥→

公元前 392 年,周安王十年,楚悼王十年,**墨子卒**(当在此时前后)⑦→

---

① 钱穆:《先秦诸子系年》,河北教育出版社 2002 年版,第 560 页。
② 钱穆:《先秦诸子系年》,河北教育出版社 2002 年版,第 562 页。
③ 钱穆:《先秦诸子系年》,河北教育出版社 2002 年版,第 564 页。
④ 蒯伯赞先生以此年为战国之始年。
⑤ 钱穆:《先秦诸子系年》,河北教育出版社 2002 年版,第 565 页。
⑥ 钱穆:《先秦诸子系年》,河北教育出版社 2002 年版,第 566 页。
⑦ 钱穆:《先秦诸子系年》,河北教育出版社 2002 年版,第 566 页。

公元前391年,周安王十一年,齐田和迁齐康公于海上,遂有齐国→

公元前389年,周安王十三年,鲁缪公二十七年,**孟子**当生于此时稍后①→

公元前386年,周安王十六年,齐田和立为齐侯→

公元前382年,周安王二十年,**吴起**奔楚,楚悼王任为令尹。**吴起**教悼王裁抑贵族之权,厚赏选练之士,徙贵人于边境,以实广虚之地,楚贵族恨之→

公元前381年,周安王二十一年,楚悼王卒,贵族攻杀吴起→

公元前376年,周安王二十六年,三晋灭晋而分其地→

公元前375年,周烈王元年→

公元前368年,周显王元年,宋桓侯十三年,**庄子**生于此时稍后,**惠施**生于此时稍前②→

公元前361年,周显王八年,宋桓侯二十年,宋牼(宋钘)当生于此时前后③→

公元前367年,周显王二年,赵与韩攻周,分周为二。自是王畿七城,始有东周、西周之称→

公元前359年,周显王十年,秦孝公以**卫鞅**为左庶长,丌始变法→

公元前351年,周显王十八年,赵成侯二十四年,齐威王七年,韩以申不害为相。**慎到**当生于此时前后。**田骈**当生于此时前后④→

公元前 349 年,周显王二十年,秦初置秩史。**商君**之法,斩一首者爵一级,爵凡二十等→

公元前 348 年,周显王二十一年,齐威王十年,**陈仲**当生于此时前后①→

公元前 346 年,周显王二十三年,秦孝公十六年,太子犯法,**卫鞅**刑其傅公子虔②→

公元前 343 年,周显王二十六年,秦孝公获封“西伯”,各国君主致贺③→

公元前 341 年,周显王二十八年,秦封**卫鞅**于邬,改名曰商④→

公元前 339 年,周显王三十年,赵肃侯十一年,**荀子**当生于此时稍前⑤→

公元前 338 年,周显王三十一年,秦惠王立,杀商鞅,灭其家→

公元前 337 年,周显王三十二年,韩相**申不害**卒→

公元前 335 年,周显王三十四年,齐威王二十三年,**孟子**游齐与匡章游(当在此时稍前)⑥→

公元前 334 年,周显王三十五年,**惠施**相魏惠王→

公元前 325 年,周显王四十四年,齐威王三十三年,**荀子**游学

---

① 钱穆:《先秦诸子系年》,河北教育出版社 2002 年版,第 573 页。
② 钱穆:《先秦诸子系年》,河北教育出版社 2002 年版,第 573 页。
③ 柏杨:《柏杨全集 15 历史卷:中国历史年表上》,人民文学出版社 2010 年版,第 425 页。
④ 方诗铭、王修龄:《古本竹书纪年辑证》(修订本),上海古籍出版社 2005 年版,第 142 页。
⑤ 钱穆:《先秦诸子系年》,河北教育出版社 2002 年版,第 575 页。
⑥ 钱穆:《先秦诸子系年》,河北教育出版社 2002 年版,第 575 页。

于齐(当在此时稍前)①→

公元前 324 年,周显王四十五年,宋君偃十四年,**孟子**游宋(当在此时或稍前)②→

公元前 323 年,周显王四十六年,**孟子**自宋过薛,孟子归鲁之滕③→

公元前 321 年,周显王四十八年,**孟子**在滕、**许行**游滕④→

公元前 320 年,周慎靓王元年,齐威王三十八年,荀子游燕(当在此时稍后)⑤→

公元前 319 年,周慎靓王二年,**孟子**说梁惠王(魏惠王)行仁政⑥,魏惠王卒,**孟子**见魏襄王,退曰:"望之不似人君。"遂去魏适齐,说齐宣王→

公元前 314 年,周赧王元年,秦侵义渠,得二十五城。秦侵魏,取曲沃而迁其人。秦樗里疾攻魏,降焦。秦封公子通于蜀,以陈壮为相,置巴郡,以张若为蜀国守,移秦民万家实之。秦败韩师于岸门,韩太子仓入质于秦以和。齐宣王伐燕,燕王哙、子之皆被杀,燕太子平先为子之所杀→

公元前 312 年,周赧王三年,宋君偃二十六年,**孟子**去齐,孟

---

① 钱穆:《先秦诸子系年》,河北教育出版社 2002 年版,第 577 页。
② 钱穆:《先秦诸子系年》,河北教育出版社 2002 年版,第 577 页。
③ 钱穆:《先秦诸子系年》,河北教育出版社 2002 年版,第 577 页。
④ 钱穆:《先秦诸子系年》,河北教育出版社 2002 年版,第 577 页。
⑤ 钱穆:《先秦诸子系年》,河北教育出版社 2002 年版,第 578 页。
⑥ 翦伯赞先生认为《史记》所载的周显王三十三年应为讹误,《孟子事实录》的说法则颇为正确。笔者对此说不甚明了,故于《孟子事实录》细考之,其观点为,惠王本称魏侯,僭称王,故改元,而非其子襄王即位。[崔述:《孟子事实录》,商务印书馆,民国二十九年(1940 年)版,第 6 页]

子、宋钘遇于石邱(宋地)(当在此年或稍前)①→

公元前 310 年,周赧王五年,**张仪逐惠施**于魏,**惠施**适楚→

公元前 301 年,周赧王十四年,齐宣王十九年,邹衍生于此时稍前②→

公元前 289 年,周赧王二十六年,**庄子**卒于此时或稍后③→

公元前 288 年,周赧王二十七年,十月,秦昭王自称西帝,遣魏冉立齐王为东帝,十二月复称王→

公元前 286 年,周赧王二十九年,**荀子**自齐适楚④→

公元前 284 年,周赧王三十一年,楚顷襄王十五年,荀子为楚兰陵令或在此时稍后⑤→

公元前 281 年,周赧王三十四年,韩釐王十五年,**韩非子**生于此时前后⑥→

公元前 278 年,周赧王三十七年,齐襄王六年,燕惠王元年,秦白起攻楚,拔郢,烧夷陵,楚迁都于陈;秦置南郡,封起为武安君。周君朝秦。屈原投江。稷下复兴,**荀子**返齐为稷下祭酒(当在此时或稍后)。**邹衍游燕**在此后⑦→

公元前 270 年,周赧王四十五年,**范雎**任秦客卿,教秦以远交近攻之策→

公元前 264 年,周赧王五十一年,秦昭襄王四十三年,齐王建

---

① 钱穆:《先秦诸子系年》,河北教育出版社 2002 年版,第 580 页。
② 钱穆:《先秦诸子系年》,河北教育出版社 2002 年版,第 582 页。
③ 钱穆:《先秦诸子系年》,河北教育出版社 2002 年版,第 585 页。
④ 钱穆:《先秦诸子系年》,河北教育出版社 2002 年版,第 586 页。
⑤ 钱穆:《先秦诸子系年》,河北教育出版社 2002 年版,第 586 页。
⑥ 钱穆:《先秦诸子系年》,河北教育出版社 2002 年版,第 587 页。
⑦ 钱穆:《先秦诸子系年》,河北教育出版社 2002 年版,第 587 页。

元年,**荀子**游秦约在此时。**陈仲**卒于此时前后①→

公元前 261 年,周赧王五十四年,赵孝成王五年,**荀子**自秦来赵当在此时前后②

公元前 260 年,周赧王五十五年,秦赵长平之战→

公元前 257 年,周赧王五十八年,秦杀白起。魏公子无忌夺军救赵,大破秦军。秦太子之子异人自赵逃归→

公元前 256 年,周赧王五十九年,秦昭王灭西周,周民东亡。秦取九鼎,周不再称王,**史家遂以秦王纪年**→

公元前 250 年,秦孝文王元年→

公元前 249 年,秦庄襄王元年,吕不韦为秦相,灭东周,周亡→

公元前 246 年,秦王政元年,水工郑国为秦凿泾水为渠,灌田四万余顷,收皆亩一钟,秦益富饶→

公元前 240 年,秦王政七年,吕不韦宾客著书③→

公元前 235 年,秦王政十二年,吕不韦自杀→

公元前 233 年,秦王政十四年,**韩非**入秦,秦杀**韩非**→

公元前 228 年,秦王政十九年,秦将王翦尽取赵地,获赵王迁。赵公子嘉自立为代王→

公元前 227 年,秦王政二十年,荆轲刺秦王→

公元前 225 年,秦王政二十二年,秦将王贲攻魏,水淹大梁,获魏王嘉,尽取其地,魏亡→

公元前 224 年,秦王政二十三年,秦将王翦、蒙武破楚军,获楚王。楚将项燕立昌平君于淮南→

① 钱穆:《先秦诸子系年》,河北教育出版社 2002 年版,第 589 页。
② 钱穆:《先秦诸子系年》,河北教育出版社 2002 年版,第 590 页。
③ 钱穆:《先秦诸子系年》,河北教育出版社 2002 年版,第 592 页。

　　公元前223年,秦王政二十四年,秦将王翦、蒙武破楚军。楚昌平君死,项燕自杀,楚亡→

　　公元前222年,秦王政二十五年,秦将王贲击燕,虏燕王喜。燕亡。又击代,虏王嘉,赵亡→

　　公元前221年,秦始皇帝二十六年,秦兵入临淄,俘齐王田建,齐亡。秦王嬴政以统一之业成,更号为皇帝,命为制,令为诏,自称朕,并废谥法,自号**始皇帝**。

先秦大事记兼诸子部分活动年表终

参 考 文 献

一、传统文献

1. 陈鼓应:《老子注译及评介》(修订增补本),中华书局 2009 年版。

2. 陈国庆编:《汉书艺文志注释汇编》,中华书局 1983 年版。

3. 程俊英:《诗经译注》,上海古籍出版社 2004 年版。

4. 程树德撰,程俊英、蒋见元点校:《论语集释》,中华书局 1990 年版。

5. 方诗铭、王修龄:《古本竹书纪年辑证》(修订本),上海古籍出版社 2005 年版。

6. 方勇译注:《孟子》,中华书局 2010 年版。

7. 方勇译注:《墨子》,中华书局 2011 年版。

8. 方勇、李波译注:《荀子》,中华书局 2011 年版。

9. 方勇、陆永品:《庄子诠评》(增订新版),巴蜀书社 2007 年版。

10. 高华平、王齐洲、张三夕译注:《韩非子》,中华书局 2010 年版。

11. 高明注译:《大戴礼记今注今译》,台湾商务印书馆 1977 年版。

12. 高尚榘主编:《论语歧解辑录》,中华书局 2011 年版。

13. 顾颉刚、刘起釪:《尚书校释译论》,中华书局 2005 年版。

14. 何宁:《淮南子集释》,中华书局 1998 年版。

15. 黄怀信:《逸周书校补注译》,西北大学出版社 1996 年版。

16. 黄寿祺、张善文:《周易译注》,上海古籍出版社 2004 年版。

17. 焦循撰，沈文倬点校：《孟子正义》，中华书局 1987 年版。

18. 李民、王健：《尚书译注》，上海古籍出版社 2004 年版。

19. 黎翔凤撰，梁运华整理：《管子校注》，中华书局 2004 年版。

20. 李学勤主编：《孟子注疏》，北京大学出版社 1999 年版。

21. 刘武撰，沈啸寰点校：《庄子集解内篇补正》，中华书局 1987 年版。

22. 苏舆撰，钟哲点校：《春秋繁露义证》，中华书局 1992 年版。

23. 孙钦善：《论语本解》，三联书店 2009 年版。

24. 王国轩、王秀梅译注：《孔子家语》，中华书局 2011 年版。

25. 王闿运：《尚书大传补注》，《续修四库全书》第 0055 册，《续修四库全书》编纂委员会编，上海古籍出版社 2002 年版。

26. 王叔岷：《左传考校》，中华书局 2007 年版。

27. 许维遹：《吕氏春秋集释》，中华书局 2009 年版。

28. 徐元诰，王树民、沈长云点校：《国语集解》，中华书局 2002 年版。

29. 杨伯峻编：《春秋左传注》，中华书局 1981 年版。

30. 杨伯峻译注：《论语译注》，中华书局 1980 年版。

31. 杨柳桥：《荀子诂译》，齐鲁书社 2009 年版。

32. 朱谦之：《老子校释》，中华书局 1984 年版。

33. 钟泰：《庄子发微》，上海古籍出版社 1988 年版。

34. (汉)孔安国传，(唐)孔颖达疏，李学勤主编：《尚书正义》，北京大学出版社 1999 年版。

35. (汉)司马迁撰，(宋)裴骃集解，(唐)司马贞索隐，(唐)张守节正义：《史记》，中华书局 1999 年版。

36. (汉)宋衷注，(清)秦嘉谟等辑：《世本八种》，商务印书馆 1957 年版。

37. (汉)许慎撰，(宋)徐铉校订：《说文解字》，中华书局 1963 年版。

38. (汉)许慎撰，(清)段玉裁注：《说文解字注》，上海古籍出版社

1981 年版。

39. (晋)郭璞注,(宋)邢昺疏,李学勤主编:《尔雅注疏》,北京大学出版社 1999 年版。

40. (北魏)郦道元著,陈桥驿校证:《水经注校证》,中华书局 2007 年版。

41. (梁)萧统编,(唐)李善注:《昭明文选》,吉林人民出版社 1998 年版。

42. (北齐)魏收:《魏书》,中华书局 1974 年版。

43. (后晋)刘昫等:《旧唐书》,中华书局 1975 年版。

44. (宋)蔡沈:《书经集传》,文渊阁《四库全书》第 58 册,台湾商务印书馆 1982 年版。

45. (宋)邵雍著,郭彧整理:《邵雍集》,中华书局 2010 年版。

46. (宋)司马光编,张舜徽审订,李国祥等主编:《资治通鉴全译》,贵州人民出版社 1994 年版。

47. (宋)朱熹:《四书章句集注》,中华书局 1983 年版。

48. [明]宋濂著,顾颉刚标点:《诸子辩》,朴社出版民国十七年(1928 年)版。

49. (清)陈立撰,吴则虞点校:《白虎通疏证》,中华书局 1994 年版。

50. (清)郭庆藩撰,王孝鱼点校:《庄子集释》,中华书局 1961 年版。

51. (清)刘宝楠撰,高流水点校:《论语正义》,中华书局 1990 年版。

52. (清)马骕撰,王利器整理:《绎史》,中华书局 2002 年版。

53. (清)皮锡瑞著,周予同注释:《经学历史》,中华书局 1959 年版。

54. (清)孙希旦撰,沈啸寰、王星贤点校:《礼记集解》,中华书局 1989 年版。

55. (清)孙星衍:《尚书今古文注疏》,中华书局 1986 年版。

56. (清)孙诒让,王文锦、陈玉霞点校:《周礼正义》,中华书局 1987 年版。

57.（清）王先谦撰,沈啸寰、王星贤点校：《荀子集解》,中华书局
1988 年版。

58.（清）吴乘权辑：《纲鉴易知录》,中华书局 1960 年版。

59.（清）朱骏声撰,朱师辙校：《尚书古注便读》,华西大学《国学丛
书》本,华西协和大学民国二十四年(1935 年)版。

二、考古资料

1. 陈梦家：《殷墟卜辞综述》,中华书局 1988 年版。

2. 荆门市博物馆：《郭店楚墓竹简》,文物出版社 1998 年版。

3. 李学勤主编：《清华大学藏战国竹简(一)》,中西书局、上海文艺
出版有限公司 2010 年版。

4. 银雀山汉墓竹简整理小组编：《银雀山汉墓竹简——孙子兵法》,
文物出版社 1976 年版。

三、史料汇编、工具书

1. 柏杨：《柏杨全集》(历史卷),人民文学出版社 2010 年版。

2. 柏杨：《中国帝王皇后亲王公主世系录》,人民文学出版社 2011
年版。

3. 翦伯赞主编：《中外历史年表》(校订本),中华书局 2008 年版。

4. 钱穆：《先秦诸子系年》,石家庄：河北教育出版社 2002 年版。

5. 万国鼎编,万斯年、陈梦家补订：《中国历史纪年表》,中华书局
1978 年版。

6. 韦政通编：《中国哲学辞典》,台湾水牛出版社、世界图书出版公
司 1993 年版。

7. *Encyclopaedia Britannica 2012 Ultimate Reference Suite*,Chicago：En-
cyclopaedia BritannicaInc.,2012.

四、近现代著作

1. 白寿彝总主编：《中国通史》，上海人民出版社 1989 年版。

2. 白彤东：《旧邦新命——古今中西参照下的古典儒家政治哲学》，北京大学出版社 2009 年版。

3. 晁福林：《春秋战国的社会变迁》，商务印书馆 2011 年版。

4. 陈来：《古代宗教与伦理——儒家思想的根源》，三联书店 1996 年版。

5. 陈槃：《古谶纬研讨及其书录解题》，台湾"国立编译馆"1991 年版。

6. 陈致主编：《当代西方汉学研究集萃（上古史卷）》，上海古籍出版社 2012 年版。

7. 崔大华：《庄学研究——中国哲学一个观念渊源的历史考察》，人民出版社 1992 年版。

8. 崔述：《孟子事实录》，商务印书馆民国二十九年（1940 年）版。

9. 冯友兰：《中国哲学史新编》（上卷），人民出版社 1998 年版。

10. 傅佩荣：《儒道天论发微》，中华书局 2010 年版。

11. 傅亚庶：《中国上古祭祀文化》，东北师范大学出版社 1999 年版。

12. 干春松：《重回王道——儒家与世界秩序》，华东师范大学出版社 2012 年版。

13. 耿振东：《〈管子〉研究史（战国至宋代）》，学苑出版社 2011 年版。

14. 顾颉刚编：《古史辩》第二册，景山书社，民国十八年（1929 年）版。

15. 姜广辉主编：《中国经学思想史》第一卷，中国社会科学出版社 2003 年版。

16. 李桂民：《荀子思想与战国时期的礼学思潮》，中国社会科学出版社 2012 年版。

17. 李泽厚：《中国古代思想史论》，人民出版社 1985 年版。

18. 梁家荣：《仁礼之辨：孔子之道的再释与重估》，北京大学出版社 2010 年版。

19. 梁涛：《郭店竹简与思孟学派》，中国人民大学出版社 2008 年版。

20. 刘梦溪主编：《中国现代学术经典章太炎卷》，河北教育出版社 1996 年版。

21. 刘泽华主编：《中国政治思想史》(先秦卷)，浙江人民出版社 1996 年版。

22. 罗安宪主编：《中国孔学史》，人民出版社 2008 年版。

23. 吕思勉：《先秦史》，上海古籍出版社 2005 年版。

24. 欧阳哲生编：《胡适文集》，北京大学出版社 1998 年版。

25. 钱穆：《国史大纲》，商务印书馆 1994 年版。

26. 钱穆：《庄老通辨》，三联书店 2005 年版。

27. 饶宗颐：《饶宗颐二十世纪学术文集》，台湾新文丰出版股份有限公司 2003 年版。

28. 任继愈：《墨子与墨家》，商务印书馆 1998 年版。

29. 任继愈主编：《中国哲学发展史(先秦)》，人民出版社 1983 年版。

30. 童书业：《春秋左传研究》，中华书局 2006 年版。

31. 王葆玹：《黄老与老庄》，中国人民大学出版社 2012 年版。

32. 王杰：《先秦儒家政治思想论稿》，人民出版社 2011 年版。

33. 熊铁基、马良怀、刘韶军：《中国老学史》，福建人民出版社 1995 年版。

34. 徐旭生：《中国古史的传说时代》(增订本)，文物出版社 1985 年版。

35. 杨向奎：《宗周社会与礼乐文明》，人民出版社 1992 年版。

36. 余英时:《士与中国文化》,上海人民出版社 1987 年版。

37. 张立文:《中国哲学范畴发展史(天道篇)》,中国人民大学出版社 1988 年版。

38. 张立文:《中国哲学范畴发展史(人道篇)》,中国人民大学出版社 1995 年版。

39. 张立文:《中国哲学逻辑结构论——中国文化哲学发微》,中国社会科学出版社 1989 年版。

40. 张岂之主编,刘宝才、方光华分卷主编:《中国思想学说史·先秦卷》,广西师范大学出版社 2008 年版。

41. 郑杰文:《中国墨学通史》,人民出版社 2006 年版。

42. 钟泰:《中国哲学史》,东方出版社 2008 年版。

43. [美]阿拉斯代尔·麦金太尔著,龚群译:《伦理学简史》,商务印书馆 2004 年版。

44. [美]本杰明·史华兹著,程钢译,刘东校:《古代中国的思想世界》,江苏人民出版社 2004 年版。

45. [美]路易斯·亨利·摩尔根著,杨东莼、马雍、马巨译:《古代社会》,商务印书馆 1981 年版。

46. [英]爱德华·泰勒著,连树生译:《原始文化》,上海文艺出版社 1992 年版。

47. [英]詹·乔·弗雷泽著,徐育新等译:《金枝》,大众文艺出版社 1998 年版。

48. Michael Loews and Edward L.Shaughnessy: *The Cambridge History of Ancient China : From the Origins of Civilization to 221 B. C.* , Cambridge : Cambridge University Press , 1999.

五、研究论文

1. 蔡尚思:《孔子的礼学体系——纪念孔子诞辰两千五百四十周

年》,孔凡岭主编:《孔子研究》,中华书局 2003 年版。

2. 蔡尚思:《孔子的政治思想》,王曰美主编:《儒家政治思想研究》,中华书局 2003 年版。

3. 柴永昌:《先秦儒家、道家、法家君道论研究》,西北大学博士学位论文,2014 年。

4. 晁福林:《"君民同构":孔子政治哲学的一个重要命题——上博简和郭店简〈缁衣〉篇的启示》,《哲学研究》2012 年第 10 期。

5. 陈鼓应:《尧舜禹在先秦诸子中的意义与问题》,《安徽大学学报》(哲学社会科学版)1985 年第 2 期。

6. 陈来:《中国早期政治哲学的三个主题》,《天津社会科学》2007 年第 2 期。

7. 陈炎:《韩非子与马基雅维里的政治哲学》,《复旦学报》(社会科学版)2012 年第 1 期。

8. 程二行:《造士·选士·命士——先秦士人文化的发展道路(二)》,《湖北师范学院学报》(哲学社会科学版)2001 年第 1 期。

9. 成中英:《中道、中和与时中——论儒家的中庸哲学》,杨春梅主编:《儒家文化思想研究》,中华书局 2003 年版。

10. 池桢:《战国君主论探析》,郑州大学硕士学位论文,2001 年。

11. 丁鼎:《"伪〈古文尚书〉案"平议》,《古籍整理研究学刊》2010 年第 2 期。

12. 董恩林:《试论历史正统观的起源与内涵》,《史学理论研究》2005 年第 2 期。

13. 方同义、黄瑞瑞:《民生之维:老子政治哲学的内核》,《广西社会科学》2008 年第 10 期。

14. 冯友兰:《原儒墨》,李绍强主编:《儒家学派研究》,中华书局 2003 年版。

15. 干春松:《儒家王道政治秩序的构建及其遇到的困境——以"管

仲之器小哉"的诠释为例》,《哲学研究》2011 年第 4 期。

16. 高秀昌:《〈老子〉"无为而治"思想阐释》,《社会科学研究》1995
   年第 1 期。

17. 高彦平:《孟、荀政治思想异同之比较》,《西北大学学报》(哲学
   社会科学版)2005 年 9 月第 5 期。

18. 郭沂:《〈中庸〉成书辨正》,《孔子研究》1995 年第 4 期。

19. 何显明:《儒家政治哲学的内在理路及其限制》,《哲学研究》2004
   年第 5 期。

20. 胡厚宣:《释"余一人"》,《历史研究》1957 年第 1 期。

21. 胡哲敷:《儒道两家对民众之体认与治术》,李景明、唐明贵主编:
   《儒道比较研究》,中华书局 2003 年版。

22. 胡治洪:《原始儒家德性政治思想的遮蔽与重光——〈缁衣〉郭店
   本、上博本与传世本论》,《孔子研究》2007 年第 1 期。

23. 黄海烈:《荀子"法王说"及其对战国诸子的攻驳》,《齐鲁学刊》
   2010 年第 4 期。

24. 黄怀信:《由清华简〈尹诰〉看〈古文尚书·咸有一德〉》,简帛网,
   http://www.bsm.org.cn/show_article.php? id = 1424,2011 年 3 月
   25 日发表。

25. 黄茂林:《试论先秦诸子关于国家起源的学说》,《厦门大学学报》
   (哲学社会科学版)1994 年第 3 期。

26. 黄心川:《论中国历史上的宗教与国家的关系》,《世界宗教研究》
   1998 年第 1 期。

27. 黄有东:《"同归而殊途":孔子与老子"无为而治"治道思想之比
   较》,《船山学刊》2007 年第 1 期。

28. 蒋重跃:《五德终始说与历史正统观》,《南京大学学报》(哲学·
   人文科学·社会科学版)2004 年第 2 期。

29. 姜涌:《老子"无为而治"的政治哲学》,《武汉科技大学学报》(社

会科学版)2009 年第 5 期。

30. 李宝垒:《齐国陶文与田氏代齐研究》,《齐鲁文化研究》总第 9 辑
　　(2010 年)。

31. 李进:《民"自然"君"无为"——〈老子〉政治哲学发微》,《江西社
　　会科学》2006 年第 9 期。

32. 李玲玲:《先秦诸子书中的尧舜禹传说研究》,河北师范大学硕士
　　学位论文,2006 年。

33. 李启谦:《结合鲁国社会的特点了解孔子的思想》,刘德增主编:
　　《儒学传播研究》,中华书局 2003 年版。

34. 李启谦:《论孟子思想与邹鲁文化》,刘德增主编:《儒学传播研
　　究》,中华书局 2003 年版。

35. 李艳芳:《东晋古文〈尚书〉真伪研究》,辽宁师范大学硕士研究生
　　学位论文,2009 年。

36. 梁漱溟:《治道和治世》,杜豫、刘振佳主编:《儒家管理思想研
　　究》,中华书局 2003 年版。

37. 梁涛:《清华简〈保训〉的"中"为中道说》,清华大学出土文献研
　　究与保护中心编:《清华简研究》第一辑,中西书局 2012 年版。

38. 廖名春:《清华简〈保训〉篇"中"字释义及其他》,《孔子研究》
　　2011 年第 2 期。

39. 廖名春:《清华简〈尹诰〉研究》,《史学史研究》2011 年第 2 期。

40. 林存光:《先秦儒家政治思想简论》,《管子学刊》1995 年第 3 期。

41. 林存光、肖俏波:《古典儒家政治哲学论纲》,《天津社会科学》
　　2013 年第 5 期。

42. 林宏跃:《论三家分晋形成的社会机制》,《山西师大学报》(社会
　　科学版)1992 年第 1 期。

43. 林振武:《亚里士多德与墨子政治哲学比较研究》,《齐鲁学刊》
　　2003 年第 5 期。

44. 林振武:《孟子民本政治理论的内在坎陷》,《学术研究》2003 年第 7 期。

45. 刘传红:《〈吕氏春秋〉君道思想探析》,西南政法大学硕士学位论文,2010 年。

46. 刘小刚:《明君之道——韩非君主论思想研究》,《管子学刊》2010 年第 1 期。

47. 刘宗贤:《孟、荀对孔子仁—礼学说的发展及得失》,《东岳论丛》2009 年第 1 期。

48. 龙国智:《孟子仁政的王道理想与霸道的政治现实》,《南昌大学学报》(人文社会科学版)2011 年第 3 期。

49. 楼宇烈:《儒家思想与官僚文化》,王曰美主编:《儒家政治思想研究》,中华书局 2003 年版。

50. 罗安宪:《老子"虚心说"简论》,《江南大学学报》(人文社会科学版)2012 年第 4 期。

51. 马德邻:《论〈老子〉的政治哲学思想——一种作为政治学基础的形而上学》,《上海师范大学学报》(哲学社会科学版)2006 年第 6 期。

52. 欧阳镇:《老子无为而治的社会观论析》,《江西社会科学》2007 年第 3 期。

53. 盘剑波:《论春秋战国时期"士"的崛起及其贡献》,《中南民族大学学报》(人文社会科学版)2007 年第 4 期。

54. 庞慧:《"用非其有":战国后期君道论的整合与歧出》,《史学月刊》2008 年第 12 期。

55. 彭洪俊、韩杰:《帝王与五德:二十四史中所见受命帝符瑞略说》,《历史文献研究》总第 29 辑(2010 年)。

56. 彭永捷:《略论中国哲学之开端》,《中国哲学史》2004 年第 3 期。

57. 钱耀鹏:《尧舜禅让的时代契机与历史真实——中国古代国家形

成与发展的重要线索》,《社会科学战线》2000 年第 5 期。

58. 钱耀鹏:《尧舜禅让故事的考古学研究》,《中原文物》2002 年第 4 期。

59. 乔健:《从"制约权力"到"自我约束"——春秋时期政治的重要 特点与孔子政治思想的局限》,《陕西师范大学学报》2001 年第 4 期。

60. 乔健:《论韩非对老子的修正》,《思想战线》2008 年第 3 期。

61. 申波:《从"君""道"关系看士大夫的话语分裂》,《社会科学论 坛》(学术评论卷)2009 年第 8 期。

62. 邱景华:《先秦儒家君主论探析》,河南大学硕士学位论文, 2011 年。

63. 邵先锋:《论齐国发展商业的举措和功效》,《管子学刊》2012 年 第 2 期。

64. 沈锦发:《先秦儒家"圣王原理"探析——兼论先秦儒家政治与道 德的关系》,《南昌大学学报》(人文社会科学版)2010 年第 2 期。

65. 沈素珍:《中国传统政治哲学中的"德治"与"和谐"——以〈大 学〉为中心的解析》,《安徽大学学报》(哲学社会科学版)2009 年 9 月第 5 期。

66. 宋鹤:《〈孔子家语〉的成书及真伪研究》,辽宁师范大学硕士研究 生学位论文,2009 年。

67. 宋洪兵:《韩非子政治思想再研究》,东北师范大学博士学位论 文,2007 年。

68. 宋惠昌:《论〈庄子〉的自然主义政治哲学》,《中共中央党校学 报》2006 年 12 月第 6 期。

69. 宋志明:《荀子的政治哲学》,《中国人民大学学报》1999 年第 3 期。

70. 宋志明:《简论中国哲学的发端》,《中华文化论坛》2009 年第

1 期。

71. 孙宝山:《黄宗羲与孟子的政治思想辨析》,《孔子研究》2006 年第 4 期。

72. 檀莉:《论韩非子"势"的政治思想》,《理论探索》2004 年第 1 期。

73. 田旭东:《20 世纪中国古史研究主要思潮概论》,中国社会科学院研究生院博士学位论文,2001 年。

74. 王爱平:《从韩非子看道法合流及其对传统政治文化的影响》,《南开学报》(哲学社会科学版)2004 年第 6 期。

75. 王承略:《论〈孔子家语〉的真伪及其文献价值》,《烟台师范学院学报》(哲学社会科学版)2001 年第 3 期。

76. 王光辉:《王道政治的精致构想——〈管子〉民本思想与德治思想新探》,《暨南学报》2012 年第 8 期。

77. 王杰:《论孔子的天命、人性及政治价值依据》,《孔子研究》2005 年第 6 期。

78. 王树民:《尧、舜、禹禅让的历史真相》,《河北学刊》1999 年第 4 期。

79. 王铁峰:《秦国富强及东并六国之地理条件研究》,吉林大学硕士学位论文,2004 年。

80. 魏建震:《禹治水与夏代社祭祀》,《古籍整理研究学刊》2008 年第 2 期。

81. 魏义霞:《论墨子"以尚贤使能为政"的政治哲学》,《齐鲁学刊》2010 年第 1 期。

82. 魏义霞:《王道与仁政:孟子政治哲学及其审思》,《东岳论丛》2012 年第 9 期。

83. 吴根友:《道义论——简论孔子的政治哲学及其对治权合法性问题的论证》,《孔子研究》2007 年第 2 期。

84. 吴浩坤:《商朝王位继承制度论略》,《学术月刊》1989 年第

参 考 文 献

12 期。

85. 吴一德:《管仲·管子·〈管子〉》,新浪博客,2012 年 6 月 1 日发表,http://blog.sina.com.cn/s/blog_65b85c1601015uub.html。

86. 夏世华:《禹、契、后稷的感生神话:三代天命观的政治隐喻》,《江汉大学学报》(人文科学版)2009 年第 3 期。

87. 向世陵:《"三知"为先与君子人格的塑造》,中国人民大学孔子研究院编:《儒学评论》第八辑,河北大学出版社 2012 年版。

88. 肖绍俊:《德、仁、礼:孔子政治和谐思想之精髓》,《郑州大学学报》(哲学社会科学版)2011 年第 5 期。

89. 徐希燕:《墨子的政治思想研究》,《政治学研究》2001 年第 4 期。

90. 徐中舒:《士王皇三字之探原》,"国立中央研究院"历史语言研究所集刊第四本,江苏古籍出版社 2008 年版。

91. 徐中舒:《殷周文化之蠡测》,《"国立中央研究院"历史语言研究所集刊》第二本,江苏古籍出版社 2008 年版。

92. 阎学通:《先秦国家间政治思想的异同及其启示》,《中国社会科学》2009 年第 3 期。

93. 杨庆中:《先秦儒学的开展与中国文化的历史命运》,《中国哲学史》1996 年第 3 期。

94. 杨世文:《汉代灾异学说与儒家君道论》,《中国社会科学》1991 年第 3 期。

95. 杨世文:《天道与君道——殷周君主观念与儒家君主理论的一个视角》,《孔子研究》1992 年第 3 期。

96. 杨阳:《荀子政治思维及其对君权合理性的构建》,《政治学研究》2003 年第 3 期。

97. 杨洋、路永照:《〈老子〉"圣人之治"政治观的双重诠释逻辑》,《理论月刊》2012 年第 5 期。

98. 杨永俊:《论尧舜禹禅让的政治原则与历史形态》,《信阳师范学院学报》(哲学社会科学版)2005年8月第4期。

99. 佚名:《甲骨文:凤雏甲骨文选释(1)》,三秦游网,2010年8月16
日发表,http://www. sanqinyou. com/wenwu/info/10816143-
90785720.html。

100. 余敦康:《先秦诸子哲学对宗教传统的继承与转化》,《文史哲》
2004年第6期。

101. 余江:《士之溯源及其早期衍变》,《文史哲》2006年第3期。

102. 喻立平:《〈中庸〉政治哲学略论》,《江汉论坛》2005年第3期。

103. 虞万里:《由清华简〈尹诰〉论〈古文尚书·咸有一德〉之性质》,
《史林》2012年第2期。

104. 余治平:《新民与亲民——作为中国古代政治哲学的一个问题》,
《人文杂志》2005年第4期。

105. 藏明:《五德终始说的形成与演变——从邹衍到董仲舒、刘向》,
西北大学博士学位论文,2012年4月。

106. 张分田:《略论先秦法家规范君权的政治思想》,《天津师范大学
学报》(社会科学版)2006年第2期。

107. 张怀通:《"王若曰"新释》,《历史研究》2008年第2期。

108. 张林祥:《〈商君书〉研究》,西北师范大学博士学位论文,2006年
5月。

109. 张强:《董仲舒的天人理论与君权神授》,《江西社会科学》2002
年第2期。

110. 张松辉:《评庄子的无为与权谋并重的政治观》,《孔子研究》1995
年第3期。

111. 张维新:《孔子和亚里士多德的政治学说之比较》,《湖北社会科
学》2010年第12期。

112. 赵永恒:《唐虞夏商天象考》,《重庆文理学院学报》(社会科学
版)2011年第2期。

113. 赵芝荃:《夏社与桐宫》,《考古与文物》2001 年第 4 期。

114. 郑臣:《道德与政治的分与合——〈论语〉的思想启示》,《孔子研究》2009 年第 3 期。

115. 郑宏卫:《商代王位继承之实质——立壮》,《殷都学刊》1991 年第 4 期。

116. 周苏平:《尧、舜、禹"禅让"的历史背景》,《西北大学学报》1993 年第 2 期。

117. 周予同:《从孔子到孟荀——战国时的儒家派别和儒经传授》,李绍强主编:《儒家学派研究》,中华书局 2003 年版。

118. 朱小丰:《论禅让制度》,《社会科学研究》2003 年第 3 期。

119. 佐藤贡悦:《试论孔、孟、荀天道观的比较——兼论东方伦理学的滥觞》,刘厚琴主编:《日本韩国的儒学研究》,中华书局 2003 年版。

责任编辑：方国根

封面设计：汪　莹

图书在版编目(CIP)数据

正德配天:先秦儒家君道观研究/黄星 著. —北京:人民出版社,
　　2021.9
ISBN 978－7－01－023743－5

Ⅰ.①正… Ⅱ.①黄… Ⅲ.①儒家-哲学思想-研究-中国-
　　先秦时代 Ⅳ.①B222.05

中国版本图书馆 CIP 数据核字(2021)第 184273 号

正德配天
ZHENGDE PEITIAN
——先秦儒家君道观研究

黄　星　著

人民出版社 出版发行
(100706　北京市东城区隆福寺街 99 号)

北京汇林印务有限公司印刷　新华书店经销

2021 年 9 月第 1 版　2021 年 9 月北京第 1 次印刷
开本:880 毫米×1230 毫米 1/32　印张:10.375
字数:240 千字

ISBN 978－7－01－023743－5　定价:36.00 元

邮购地址 100706　北京市东城区隆福寺街 99 号
人民东方图书销售中心　电话 (010)65250042　65289539